RADICAL

岐路に立つソーシャルワーク

SOCIAL

WORK TODAY

現代の
ラディカル・
ソーシャル
ワーク

編　マイケル・ラバレット
Michael Lavalette

監訳　深谷弘和・石倉康次
　　　岡部　茜・中野加奈子
　　　阿部　敦

クリエイツかもがわ
CREATES KAMOGAWA

日本語版への序文　　7

執筆者紹介　　12

謝辞　　15

まえがき　Roy Bailey　　17

序　　論　Michael Lavalette　　　　　　　　　　　　　　　　　　20

第 1 章　1970 年代における雑誌『ケース・コン（Case Con）』と
　　　　　ラディカル・ソーシャルワーク―急進的な革命家たち　　　　33
　　　　　Jeremy Weinstein

第 2 章　最良で最悪の時代
　　　　　― 1970 年代におけるイギリスのソーシャルワーク教育に対する　51
　　　　　　ラディカリズムの影響についての考察
　　　　　Chris Jones

　　　　　・1970 年代初期のソーシャルワーク教育　　53
　　　　　・政府の反応　　62

第 3 章　現代のソーシャルワークと女性への抑圧　　　　　　　　　　71
　　　　　Laura Penketh

　　　　　・歴史的概観　　71
　　　　　・今日のイギリスでの不平等と抑圧　　74
　　　　　・不平等と抑圧―批判的な分析　　80

第 4 章　道化師のジョーク　　　　　　　　　　　　　　　　　　　87
　　　　　Charlotte Williams

　　　　　・ラディカルな道　　90
　　　　　・反人種差別主義とソーシャルワークの非ラディカル化の
　　　　　　傾向　　93
　　　　　・現代的な和解　　100
　　　　　・未完成の事業―前へ進む道　　104

第5章　LGBT への抑圧、セクシャリティと現代の
ラディカル・ソーシャルワーク　　　　109
Laura Miles

・1975 年以来の LGBT 経験の変化　111
・「比率 (prevalence)」をめぐる諸問題　120
・ソーシャルワーク教育　125
・結論　126

第6章　ラディカル・ソーシャルワークとサービス利用者　　128
　　　　―極めて重要な結びつき
Peter Beresford

・サービス利用者運動の登場　129
・ラディカル・ソーシャルワークとサービス利用者　130
・サービス利用者の価値、ソーシャルワークの価値　133
・異議申し立てに応えることへの失敗　135
・ソーシャルワークの弱いリーダーシップ　136
・ラディカル・ソーシャルワークとサービス利用者の現在　138
・ラディカル・ソーシャルワークの形態　140
・結論　149

第7章　なぜ今も階級が問題なのか　　　　151

・イアン・ファーガスン
・社会的区分とライフ・チャンスの決定要因としての階級　153
・世帯資産の格差　154
・階級、ジェンダー、「人種」　155
・不平等―それは問題なのか？　157
・説明枠組みとしての階級　160
・個人―属性アプローチ (individual-attributes approach)　161
・ヴェーバー的アプローチ　163
・マルクス主義的アプローチ　166
・変革の主体としての階級―階級の政治学　168
・「今や私たちはみな中流階級だ」　170
・脱工業化とグローバリゼーション　171
・結論―「Party（パーティ／政党）は終わった」　173

第 8 章　国際ソーシャルワークか、ソーシャルワークの国際協力か
　　　　　　―ラディカル・ソーシャルワークをグローバル視点で捉える　　175
　　　　　　Michael Lavalette/Vasilios Ioakimidis

　・「公認の（official）ソーシャルワーク」と「民間（popular）ソー
　　シャルワーク」　180
　・国際ソーシャルワークの形成期　184
　・帝国主義とソーシャルワーク　185
　・ギリシャ―兵士と共にやってきたソーシャルワーカー　188
　・結論―ソーシャルワークの国際化か、国際主義か　192

第 9 章　ソーシャルワークにおけるラディカリズムと
　　　　　人間性の再発見　　194
　　　　　Mary Langan

　・問題は個人の自律である　194
　・ニューレイバーの治療的政策への転換　196
　・優しい警察、怖い警察　198
　・ポジティブ心理学　201
　・押しつけがましい権威主義者　203
　・現代のラディカル・ソーシャルワーク　205

第 10 章　スラム地域の再開発（Re-gilding the ghetto）
　　　　　　― 21 世紀イギリスのコミュニティワークと
　　　　　　　コミュニティ・ディベロップメント　　208
　　　　　　サラ・バンクス

　・コミュニティワークとコミュニティ・ディベロップメント　210
　・歴史的視野　213
　・コミュニティ・ディベロップメントの主流化　218
　・ラディカルな潜在能力の復権　221
　・コミュニティオーガナイジング　223
　・批判的教育学　225
　・政府によって統制されたコミュニティ・ディベロップメントの実践　226
　・価値に基づく長期にわたる実践としてのコミュニティ・ディベ
　　ロップメント　229
　・結論―価値の表明（statements）から
　　価値の誓約（commitments）へ　231

第 11 章　イージー・ケア・モデルに対抗する
　　　　　──未来のためのラディカルでコミュニティを基盤とした
　　　　　　反権威主義的なソーシャルワークの構築　　　　　　　　233
　　　　　Mark Baldwin

　・Bailey と Brake のテーマから　　　236
　・現代的なラディカル・ソーシャルワークの実践のための五つの
　　活動　245
　・ラディカルな実践のための六つの活動　　　251
　・結論　252

監訳者を代表してのあとがき　　　255

監訳者による推薦文　　　263

参照文献　　　268

[凡例]
・原文の注はアラビア数字（1.2.3.……）でページ末尾に示した。
・訳者による注はローマ数字（ⅰ.ⅱ.ⅲ.……）でページ末尾に示した。
・人名や文献などは日本語表記で定着しているもの以外は原著のままのアルファベット
　表記にした。
・文章を読みやすくするために訳者により付け加えた言葉は［　］に入れて示した。
・原文で強調のために斜体になっている箇所はゴシック体にした。

日本語版への序文

マイケル・ラバレット
Michael Lavalette

　私は、"*Radical Social Work Today: social work at the crossroads*" の原著編者として、日本語版への簡潔な序文を書くよう依頼を受けたことを光栄に思います。

　この本は、Roy Bailey と Mike Brake による "*Radical Social Work*"（1975）の出版35周年を記念した2010年の会合で発表された論文をもとに編まれたものです。Roy Bailey はその会合を開き、ソーシャルワーク教育に携わっていた頃のことや、Mike Brake と共同で論文集をまとめることにした理由などを振り返りました。また Roy は、本書の「まえがき」を書くことを引き受けてくれました。

　Bailey と Brake の編著は、ラディカルなソーシャルワークアプローチを発展させる上で影響力のあった論文の選集であり、1960年代後半のラディカルな社会運動の息吹に深く染まったものでもありました。彼らの論文集は、戦後の福祉国家拡大の一環としての、イギリス（そしてヨーロッパ、北米）における公的ソーシャルワークの成長に注目しています。そこでは重要な問いが投げかけられています。その問いとは、「ソーシャルワークとは、そもそも何なのか？」「それは誰のための活動なのか？」「ソーシャルワークと社会運動（彼らの場合は1960年代の人種差別反対運動、女性運動、LGBT+運動、労働組合運動）との結びつきはどうなっているのか？」「サービスを利用する人々との関係はどうなっているか？」「そうした人々の声をどのように取り入れているのか？」、さらに「ソーシャルワークは、どうすれば国家の内部で国家に対峙して活動することができるのか？」などです。

　Bailey と Brake は、ラディカル・ソーシャルワークを「発明」も「発見」もしたわけではありませんでした。むしろ、永く続く「ラディカルな伝統」に、私たちの関心を向け直させるものでした。それは、ソーシャルワークの起源から内在していた伝統であると同時に、ソーシャルワーク専門職の歴史からは、長らく伏せられてきた伝統でもありました。

BaileyとBrakeによる編著の刊行は、壁を打ち破る瞬間でした。同書は、学会とソーシャルワーク専門職養成コースにおけるラディカルなソーシャルワークの展望を確立するのに役立つものでした。その運動の反対派にとっては、批判の論拠としてこの刊行された著書がいつも用いられることとなりました。いわく、「ラディカルなソーシャルワークは、理論的には大学等で非常にうまく展開されているが、『現実の生活』には適合していない、ソーシャルワーク実践が切り離された理論にすぎない…」と。

　しかし、そのような主張は、たいてい見当違いなものでした。実際、19世紀後半以降、イギリスおよびその他の国々では、セツルメント運動、地域組織化ネットワーク、その他さまざまな社会運動の中で、ラディカルなソーシャルワークの実践が積み重ねられてきました。しかも、ラディカル・ソーシャルワークは、常にラディカルな理論とラディカルな実践とを結びつけてきました。こうした傾向は、1970年代にも当てはまるものでした。

　1970年代のイギリスでは、アカデミーにおける「ラディカルなソーシャルワーク」の運動は、ソーシャルワーカーのラディカルな運動を取り扱った雑誌『ケース・コン（*Case Con*）』[i]の成長と、事実上、軌を一にしていました。雑誌『ケース・コン（*Case Con*）』は、福祉制度の中でソーシャルワーカーとクライアントが直面している諸問題に取り組むために、ラディカルで革新的なソーシャルワーカーを結集させました。それは、国および地方公共団体（NALGO）の専門職とソーシャルワーカーの労働組合を基盤にした現業労働者の運動（rank and file movement）だったのです。

　雑誌『ケース・コン（*Case Con*）』とラディカル・ソーシャルワーク運動は、1970年代から1980年の初頭にかけて、そのいずれもがとても重要な役割を果たしました。例えば、雑誌『ケース・コン（*Case Con*）』は、1977年にイギリスで初めて行われた全国規模のソーシャルワーク・ストライキに深く関与していました。しかし、イギリスにおけるニューライトの台頭と、1979〜1997年に保守党政権によって開始された福祉国家への攻撃により、ソーシャルワークにおけるラディカルな組織は衰退していきました。

　1980年代のイギリスでは、労働者階級の共同組織や社会運動のネットワークに対して、国家や大資本による非常に深刻な攻撃が数多く見られました。こ

---

i　1970年代のソーシャルワーカー向けの革新的な雑誌。

8

の一連の対立の中で、政府は労働組合運動と対峙したわけですが、特に1985年の全国鉱山労働組合が攻撃に屈した後、階級的力関係のバランスは、資本の側に有利な方向に大きくシフトすることとなりました。この労働者側の敗北は、多くの活動家に甚大な衝撃を与え、その士気を著しく低下させることとなりました。

ラディカル・ソーシャルワークの内部では、全体的に好ましくない政治的雰囲気が、政府のスポークスマンや一部メディアなどによるソーシャルワークに対する一連の攻撃によって悪化しました。ソーシャルワークは「政治的公正」にこだわりすぎる、とみなされたのです。ソーシャルワークは、生活困窮者を無条件に支援することにより、福祉依存を助長すると指摘されたのです。それは、1993年のジョン・メージャー首相の言葉を借りれば、「ほとんどの人」が間違っているとみなす行動を「非難すること」よりも、その「行動を理解すること」に過剰に関心をもちすぎた、というわけです[ii]。

1980年代半ばまでに、雑誌『ケース・コン(*Case Con*)』は挫折しました。また、学界では、福祉とソーシャルワークに対する一連の「ポストモダン」アプローチによって、ラディカル・ソーシャルワークはますます脇に追いやられるようになっていきました。

ラディカル・ソーシャルワークの復活は、20世紀の変わり目に前進し始めたばかりです。2003年のグローバル・ジャスティス運動(Global Justice Movement)と大規模な反戦運動を背景に、ラディカル・ソーシャルワークは生まれ変わったのです。

2004年に、Chris Jones、イアン・ファーガスン、Michael Lavalette、そしてLaura Penkethが、"*Social Work and Social Justice: a Manifesto for a New Engaged Practice*"(ソーシャルワークの新しい実践のためのマニュフェスト)[iii]を、オンライン上で刊行しました。全国各地で行われた(『私たちはこんなことの

---

ii 1993年リバプールの2歳児James Bulgerが10歳の少年2人に誘拐され殺害された「ジェームス・バルガー事件」の後に、ジョン・メージャー首相は「社会は理解を示すのを少し緩めて、もう少し批判をする必要がある」と述べ、刑期をめぐって市民やメディア、法務大臣を巻き込んだ大論争になった(D. McIntyre "Major on crime: 'Condemn more, understand less'" The Independent 21 Feb 1993)。

iii 伊藤文人(2007)「ソーシャルワーク・マニュフェスト―イギリスにおけるラディカル・ソーシャルワーク実践の一系譜」日本福祉大学社会福祉学部『日本福祉大学社会福祉論集』第116号で翻訳および解題を日本語で読むことができる。

ために、ソーシャルワーカーになったのではない』と呼ばれた）一連のイベントには、多くのソーシャルワークの実践家が結集し、ソーシャルワークにおける市場化と新自由主義の影響に対する怒りを露わにさせました。そしてこの流れにより、ソーシャルワーク・アクション・ネットワーク（SWAN）が設立されたのです。

　SWAN はソーシャルワークに関わる組織活動のネットワークであり、実践者、研究者、サービス利用者、そして学生らが結集しています。2008年以降、SWAN は、ソーシャルワークに関連する組織的活動に活発に取り組んでいます。これには、難民支援、人種差別反対、女性の権利侵害への取り組み、気候変動への危惧、緊縮財政に反対する労働組合への支援などを含みます。そして2008年以降、毎年開催される大会では少なくとも300人の参加者が集まってきています。

　SWAN はニューズレター 'frontline briefings' を発行し、ウェブ上でも存在感を誇示しています。SWAN に関与する少なくない者が（本書の刊行元であるPolicy Press 社に限らず）著書を刊行しています。また、"Critical and Radical Social Work" [iv] という雑誌も有し、現在、刊行7年目を迎えています。このジャーナルには、学術論文や「ラディカルな先駆者たち」「最前線からの声」のセクションを含んでおり、ワーカーや学生、活動家などを引きつけることを目的に「オープン・アクセス」となっています。

　2011年に初版が出版された "Radical Social Work Today" は、1970年代のラディカル・ソーシャルワークと、21世紀の SWAN に装いを新たにしたラディカル・ソーシャルワークとの間の関連性を描き出そうとする試みでした。前半の章は、二つの運動の間に類似点を見出すことを目的に「振り返り」を行っています。そして本書の中心部分では、女性の解放、人種差別反対、階級闘争、LGBT+の権利、国際主義へのラディカルな関与を再び主張しています。

　初版が刊行されて10年を経て、日本語版が刊行されるのは誠に喜ばしいことです。ソーシャルワークにおけるラディカルなネットワークは成長を続けています。現在では SWAN グループあるいは同種のネットワークが、オーストラリア、アメリカ合衆国、カナダ、アイルランド、トルコ、ギリシャ、ハンガリー、香港、台湾、南アフリカ、そしてもちろん日本にも存在しています。

---

iv　https://policy.bristoluniversitypress.co.uk/journals/critical-and-radical-social-work

　もし本書が、世界中のラディカルなワーカーたちに役立つ情報を届けること
ができたならば、それはラディカルな復興に小さな役割を果たしたことになる
でしょう。一つ確かなことがあります。それは、ラディカルなソーシャルワー
クが、今日かつてないほど必要とされている、ということです。世界各地で、
極右のポピュリストが台頭し、難民や移民に対する攻撃が世界各地で発生し、
さらなる戦争の脅威が常態化し、さらに世界経済は（また別の）破滅的な下落
の瀬戸際にあり、さらに地球自体に至っては、気候変動による実存的な脅威に
直面しています。人類に対するこれらの脅威に直面して、私たちの豊かな生活
と人間社会の確立を展望するには、私たちが確立したい世界のための代替的で
ラディカルな計画が必要となっています。ラディカルな政治思想と活動に根ざ
した優れたソーシャルワークは、より良い世界を創造する過程で果たすべき役
割を有しているのです。

執筆者紹介 [2011年、執筆当時]

Roy Bailey は、『ラディカル・ソーシャルワーク（*Radical social work*)』（Edward Arnold, 1975）と続編の『ラディカル・ソーシャルワークと実践（*Radical social work and practice*)』（Macmillan, 1980）という二つの書籍の独創的な編者のひとりであった。彼は、これまでイギリスやドイツ、ベルギー、アメリカ、カナダ、オーストラリアの総合大学や単科大学で教鞭をとってきたが、今では研究者生活を引退している。近年では、彼はフォークシンガーおよびミュージシャンとして大きな成功をおさめ、それに没頭している。2003年、Roy は Tony Benn と一緒に彼らの非常に成功した番組である "The Writing on the Wall" に、BBC ラジオ2フォーク賞の最優秀ライブ番組賞を与えられた。2000人の受勲者リストで Roy は「フォークミュージックへの貢献」に対して MBE 勲章を与えられた。彼は政府の外交政策への抗議の意味で、この賞を返上した（2006年8月22日）。

Mark Baldwin は、バース大学のソーシャルワークの上級講師である。彼の研究上の関心は、総合的な保健・ソーシャルケアサービスの開発とコミュニティケア政策の実施（とりわけ、最前線の実践者の役割および、異なる知識形式によるケアマネジメントの構築）に向けられている。Mark は、ソーシャルワーク・アクション・ネットワーク（SWAN）の全国運営委員会メンバーのひとりである。

サラ・バンクス（Sarah Banks） は、ダラム大学の応用社会科学の教授であり、「社会正義とコミュニティアクションのための研究センター」の共同ディレクター、『倫理と社会福祉（*Ethics and Social Welfare*)』誌の共同編集者でもある。彼女は、ボランタリーセクターと制度化されたセクターでのコミュニティ・ディベロップメントの実践経歴を有し、現在では主として、コミュニティワークとユースワークの専門職資格プログラムの教育に携わっている。彼女の出版物の中には、Hugh Butcher と Paul Henderson、Jim Robertson との共著『批判的なコミュニティ実践（*Critical community practice*)』（The Policy Press, 2007）がある。

Peter Beresford は、ブルネイ大学のソーシャルワークの教授である。彼は、市民参加センターのディレクターであり、「Shaping our Lives（私たちの生活形成）」の会長であり、イースト・アングリア大学のソーシャルワーク・社会心理学研究学科の客員研究員、イギリス王立芸術協会の会員である。彼はまた、Social Care Institute for Excellence（SCIE）の評議員でもある。Peter は、SWAN の全国運営委員会のメンバーである。

イアン・ファーガスン（Iain Ferguson） は、スターリング大学（当時）のソーシャ

ルワークの上級講師であり、SWANの設立メンバーのひとりである。彼は、近年、『ソーシャルワークの復権（*Reclaiming social work*）』（Sage, 2008）（石倉康次・市井吉興監訳、クリエイツかもがわ、2012）と（Rona Woodwardとの）『ラディカル・ソーシャルワークの実践（*Radical social work in practice*）』（The Policy Press, 2009）を出版した。

Vasilios Ioakimidisは、リバプール・ホープ大学のソーシャルワークの講師である。彼は現在、ギリシャのラディカル・ソーシャルワークに関する著作を編集中である。彼は、最近、Michael Lavaletteと共に『瀕死のソーシャルワーク（*Social work in extremis*）』（Policy Press, 2011）を出版した。

Chris Jonesは、リバプール大学のソーシャルワークの名誉教授である。彼は、ソーシャルワーク教育、貧困と不平等とそれに関する政府の監視、周辺化されたコミュニティの調査と管理について幅広く執筆を行っている。彼の著作である（『公務員ソーシャルワークと労働者階級（*State social work and the working class*）』（Macmillan, 1983）は、元々は『ソーシャルワークと福祉国家に関する批判的双書（Critical Texts in Social Work and the Welfare State)』シリーズの一つとして出版され、1980年代に多くのラディカル・ソーシャルワークのテーマを発展させていった。彼は現在（Michael Lavaletteと共に）ヨルダン川西岸のパレスチナ人の若者の諸経験に関する著作を完成させつつある。

Mary Langanは、オープンユニバーシティで社会政策と犯罪学を教えている。1970年代、彼女はインナーシティのソーシャルワーカーであり、ラディカル・ソーシャルワーク運動における活動的なメンバーだった。彼女はソーシャルワークと社会政策について幅広い著作や論文を執筆している。彼女は、ロートリッジ社会政策シリーズの『福祉国家（The State of Welfare)』を編集した。自閉症と重度の学習障害をもつ男の子の親として、彼女は障害をもつ人々と彼／彼女らの家族の諸権利に関してキャンペーンや執筆活動を行ってきた。

Michael Lavaletteは、リバプール・ホープ大学のソーシャルワークの准教授であり、SWANの創設メンバーのひとりである。ソーシャルワーク、社会政策、社会学におけるさまざまな問題について執筆している。イアン・ファーガスンと共に彼は最近、『ベビーPの虐待死以後のソーシャルワーク（*Social work after Baby P*）』（Liverpool Hope University Press, 2009）を出版し、Vasilios Ioakimidisと共に、『瀕死のソーシャルワーク（*Social work in extremis*）』（The Policy Press, 2011）を出版、現在は（Chris Jonesと共に）ヨルダン川西岸のパレスチナ人の若者の経験に関する著書を執筆中である。

Laura Milesは、ブラッドフォード大学のソーシャルワークプログラムで教えてい

る。彼女は、大学およびカレッジ教員組合の全国役員に選出され、レズビアン、ゲイ、バイセクシャル、トランスジェンダー（LGBT）問題に関する組合の政策と実践を検討する任務を担っている。

　Laura Penketh は、リバプール・ホープ大学のソーシャルワークの上級講師である。彼女は、女性やジェンダーとソーシャルワークの問題と同様に、社会政策とソーシャルワークにおける「人種」と反レイシズムの問題について執筆をしてきた。彼女は、『制度的なレイシズムとの格闘（*Tackling institutional racism*）』（The Policy Press, 2000）の著者であり、現在はリバプールとチェンナイ（インド）の貧困地域の女性たちと共に調査研究を行っている。彼女は、SWAN の全国運営委員会のメンバーである。

　Jeremy Weinstein は、ランベス区とワンズワース区でソーシャルワーカーとして働いた後、ロンドン・サウスバンク大学（LSBU）の大学院ソーシャルワークプログラムの上級講師を務めた。彼は、現在も LSBU の客員研究員を継続しながら、カウンセラー／心理療法士として個人診療所で安価なカウンセリング・プロジェクトを運営している。Jeremy は、労働組合員としてのソーシャルワーカーやグループワークの側面について、そして最近では喪失と死別に関するトピックについて研究・執筆している。彼の著書、『喪失・死・死別と取り組む―ソーシャルワーカーのためのガイド（*Working with loss, death and bereavement: A guide for social workers*）』は 2008 年に Sage から出版されている。

　Charlotte Williams は、キール大学の社会正義論を担当する教授であり、公共政策と専門職学科長である。彼女は、リバプール・ホープ大学の客員教授でもある。彼女は、最初は、ウェールズ大学バンガー校で教壇に立って以来、20年以上ソーシャルワークの教育者であり続けてきた。彼女は平等性の問題について幅広く執筆・研究しており、著書には『寛容な国民か？―ウェールズにおける民族多様性の探究（A tolerant nation? Exploring ethnic diversity in Wales）』（University of Wales Press, 2003）、『ウェールズ自治政府における社会福祉実践のための社会政策（Social policy for social welfare practice in a devolved Wales.）』（Venture Press, 2007）などがある。

謝辞

Michael Lavalette

　私は、この本を形にするのを助けてくれた多くの人々に感謝の意を表したい。

　最初に、Roy Bailey に感謝の意を表したい。彼は、ソーシャルワーク分野で働く多くの人々に刺激を与えた独創的な書であった『ラディカル・ソーシャルワーク（*Radical social work*)』の共同編集者（Mike Brake と共に）としての役割を担っただけでなく、本書の「まえがき」を書くことを快諾し、2010年2月にリバプール・ホープ大学で開催されたラディカル・ソーシャルワーク会議で講演することも引き受けてくれた。彼は、活動家でありフォーク歌手として、資本主義の不平等に対するラディカルな代案を訴え続けている。

　第二に、この出版プロジェクトを支えてくれた Policy Press 社の Karen Bowler に感謝したい。そして、厳しい締め切りを守り、この出版プロジェクトを熱心にサポートしてくれた本書の執筆者全員に感謝する。私は彼／彼女らすべてに恩義を感じているが、とりわけ2人の貢献者を強調しておきたい。Chris Jones は長い間、師匠であり、友人であり、同志である。私たちはパレスチナ西岸の難民キャンプで何週間も共に過ごし、ソーシャルワークや社会理論について膨大な時間議論した。イアン・ファーガスンは、さらに長い間の、友人であり同志である。私たちは、社会運動への参加と社会主義労働者党のメンバーとの関わりを通して知り合った。ソーシャルワークや研究、政治あるいはソーシャルワーク・アクション・ネットワーク（SWAN）に関係する問題などについて、電話で話をしない日はほとんどない。Chris とイアンと一緒にいると、政治は決して退屈なものではない。より深刻な議論と同時にたくさんの楽しさと笑いがある。

　第三に、ここ数年にわたって私は SWAN に関わり、現在、全国コーディネーターをしている。SWAN はいくつかの魅力的な会議を運営し、先駆的なキャンペーンに関わってきた。私は SWAN の設立に携わり、ソーシャルワークの中で、オープンで活気に満ちた、SWAN が今日ある姿のようなキャンペーン・ネットワークとなるよう貢献してくれた人々に感謝の意を表したい。とりわけ、Rona Woodward、Kathryn MacKay、Barry Levine、Vasilios loakimidis、Mark Baldwin、June Sadd、Malcolm Jones、Mae Boyd、Phil Wheadey、Rich Moth、Bea Kay と Debbie Saeed に感謝を表したい。同様に、南アフリカの Linda Smith と香港の Lam Chi によってなされた研究・実践には大いに刺激を受けた。

　第四に、私はリバプール・ホープ大学のソーシャルワークチームの一員として、本

書に取り組んできた。これは新しい学位プログラムに取り組んでいる小さなチームだが、私たちは皆、社会正義の立場に立ったソーシャルワークを確立するという共通のビジョンのために働いてきた。Vasilios、Liz、Nicki、Gill、John、Wendy Anne、PhilomenaとMariaたちのサポートに感謝する。

　最後に、上述した三つの事柄のそれぞれで感謝されるべきだった人がいる。本書に貢献したLauraはSWANの全国運営委員会のメンバーであり、リバプール・ホープ大学で働いているが、家庭の中で私の仕事に耐える決心をしてくれた。数年間にわたって、私がさまざまな政治的な会議やSWANの会議—それらの会議はしばしば国の反対側の地方で開かれた—に参加して家にいなかったときも、彼女は不満を言わずにいてくれた。私がプレストンの社会主義労働者党の反戦議員として立候補し（そして当選し）たとき、彼女は私を支えてくれた。そして、このことに私の時間の大部分を費やすことになっても、彼女は不平を言わなかった。政治活動家としての彼女は、私が時間を要するために自分自身の活動の場を減らさざるを得なかった。女性解放に尽力してきた人間が、これを認めるのは恥ずかしいことだ。

　私たちは、「もう一つの世界は可能だ」というビジョンを共有している。このビジョンが実現したなら、私たちの子どもたち（Kristian, Olivia and Saskia）と孫（Georgia and Isaac）にとってだけでなく、すべての人の子どもたちと孫たちにとってもより良い世界になるだろう。ささやかではあるが、この機会に私の感謝と愛を記しておきたい。

まえがき

Roy Bailey

　20年間、私はただ歌を歌ってきたわけでは決してない。私は、自らが選んだ さまざまな歌によって政治活動を続けているのだと信じている。私は、教師 として、講師として、研究者として、あるいはフォークシンガーとしていつも 政治活動と関わってきた。

　実際のところ、フォークシンガーとソーシャルワーカーの二つの世界は、重 なり合うところがある。何年か前、オーストラリアに滞在した際、近づいてき た女性に、「あなたは『ラディカル・ソーシャルワーク（*Radical social work*）』 の本を出版された Roy Bailey さんですか？」と尋ねられたことがある。私はそ うです、と答えた。彼女は、この町に私が、2〜3日いるかどうか尋ねてきた ので、私が、そのつもりであることを伝えると、彼女は、「よかった、それな ら明日、本をもってサインをもらいにきますね」と答えた。私は大変光栄に思っ たと同時に、とても驚いたのだった！

　このやりとりは、私に次のような思いを抱かせた。一体、何がこの本をこれ ほど有名にし、印象に残るものにしたのだろうか、と。

　振り返ってみれば、ラディカル・ソーシャルワークは、1960年代の終わり に形成された。1968年、私は、「ヨーク・シンポジウム」の名称で知られる最 初の会議へ招待された。そこに集まっていたのは、当時の研究で支配的であっ た犯罪や非行への実証的なアプローチに対して批判的な犯罪学と社会理論の研 究者たちであった。最終的に、この集まりは「全国逸脱行動学会（the National Deviancy Conference）」となった。私たちはヨーク大学の社会学部の Laurie Taylor の下に定期的に集まった。私たちは、社会学者と犯罪学者から多くの魅 力的な報告を聞いた。その報告者の中には、スチュアート・ホールや Laurie Stan Cohen などもいた。それは本当に刺激的な時間であった。

　しばらくして、参加者の多くは、興味深い発言とはいえ、これらの報告を聞い ていると、私たちは自分自身に話しかけているだけで、自分たちを取り巻く世 界に関わっていない、と主張した。そこで、多くの人たちは、彼／彼女らの研 究課題を"現実世界"の諸問題と政策に焦点化し、応答するようになった。なか

には、ジョック・ヤングのように「新しい犯罪学」に深く関わるようになったものもあった。Mike Brakeと私は、関心を社会福祉とソーシャルワークに移した。

1967年に私は、エンフィールド工科大学から、コース開発において非常にラディカルなアプローチを多様に発展させていたブラッドフォード大学へ移ることになった。ブラッドフォードでは、私は、ソーシャルワークを含む社会科学分野のさまざまな学部が入っている建物に研究室をもっていた。建物は「殻（shell）」で、壁がとても薄いプレハブの部屋に分かれていた！　私の部屋で、ソーシャルワークの准講師たちと学生たちの議論が聞こえるたびに、私は何度も感動した。それらは、私たちが暮らす世界について、あるいは新しい社会運動（例えば、Case Con や Squatters）の政治について、あるいは学生たちが、納得できないソーシャルワークのさまざまなモデルに取り組むよう期待されている、ということについての議論だった。そして、このような議論の食い違いに対して、准講師たちは「君たちはいつも権力（authority）との問題を持ち出してくるのではないか？」という言葉で学生たちに反論しているように思え、私は何度も愕然とさせられた。

私にとってこのことは、極めてショックだった。1960年代という時代は、すべてのことが問い直され、当然とされることなど何もなかった。そのため、ソーシャルワークの学生たちが講師の考え方や理論に疑問をもつことができないという発想は、私は受け入れがたいものだと感じた。私は、このような状況にある学生たちが、ソーシャルワークの文献から引用できれば、役に立つだろうと思った。学問の世界では、この文献が彼／彼女らの考えにある程度の妥当性を与えるだろうし、少なくとも、学生たちの一般的な見解を共有している研究者がいることを知ることができたであろう。「これは、このように言うのです」と学生たちに伝えていくことは、一つの議論に対して、一定の正当性を与えるものであった。私はMike Brakeを誘って本の序章となる部分を書き上げ、出版社を探し始めた。ついに出版社の Edward Arnold が、これは面白い着想（idea）だと賛同してくれ、出版することになった。

私たちはこの契約を受けてすぐに、他の執筆者に話をもちかけ『ラディカル・ソーシャルワーク（*Radical social work*）』を出版した。その本は、イギリスだけでなく、アメリカ、ヨーロッパ、オーストラリアやその他の国々でも"好評"だった。今にして思えば、ラディカル・ソーシャルワークの数ある出版物で、これが最初のものだったからだと言える。この種の出版物に対しては明らかに

ニーズがあり、私たちはその空白に踏み込んだのだった。それはまた、当時の
さまざまな社会運動や、これらの新しい運動のアイデアが新しい世代のソー
シャルワーカーによって、どのように取り上げられているか、といった点を反
映していたからでもある。

それにもかかわらず、その本を執筆してくれた人や協力してくれたすべての
人——そしてとりわけ Mike Brake や私自身——を代表して、こう言うことができ
る。35年経った今になっても、人々がまだこの本に興味をもっているだろう
ということは、私たちが予期していたものでも、実際に理解していたものでも
なかった、ということを。

私たちが行ったことは、ソーシャルワークの理論と実践を支配していた精神
力動のモデルや枠組みを批判することができるという考えを正当化すること
だった。Mike と私は、政治経済学のより広い文脈の中に、その理論と実践を
位置づけようとしてきた。私たちは、ソーシャルサービスによって［貧困者と
しての］スティグマを押されていることを、人々が主張することができるよう
に、そして、貧しい人々自身に貧困の責任が負わされていることを主張できる
ような概念を提起した。

私たちは、このような把握と実践に基づいたソーシャルワークは、行きすぎ
た資本主義経済の最も深刻な犠牲者たちへの支援になるかもしれないと期待し
た。私たちはイントロダクションの最後を次の文で結んだ。「ソーシャルワー
クの受け手たちが、自らスティグマとステレオタイプ化に立ち向かい、自らの
尊厳を脅かそうとする国家によるすべての権威主義的な試みに抵抗すること
を、私たちは期待している」と。そのことは、私のソロコンサートや Tony
Benn と私が『不吉な予感 (The Writing on the Wall)』という番組を担当する
際に、提起し続けてきたことであると思いたい。そしてそのいくばくかは、ソー
シャルワーク・アクション・ネットワーク（SWAN）が、今日も続いていると
いうことにも示されている。

私は、リバプール・ホープ大学でのカンファレンスの演説を依頼されたとき、
ためらいはあったがうれしかった。そして今、ラディカル・ソーシャルワーク
のこれまでの遺産と適用可能性、今後の見通しを考察した本論集へ「まえがき」
を寄稿することを依頼されたときもそのように感じた。不平等や社会福祉の削
減、戦争とレイシズムが拡がるこの世界で、ソーシャルワークは本来、社会正
義に基づき、人々の必要と平等を満たす空間とならなければならない。

序論

Michael Lavalette

　本書は、BaileyとBrakeが1975年に出版した『ラディカル・ソーシャルワーク（*Radical social work*）』の35周年を記念してまとめられたものである。BaileyとBrakeの仕事は、イギリスにおけるソーシャルワークの文献の中でも、偉大で影響の大きい数少ないものの一つとなっている。今日では、同書が示した一般的な議論の方向性に敵意を抱く人でさえ、同書が1970年代と1980年代のソーシャルワークの理論および実践をめぐる論争に大きな影響を与えたことについては認めるところである。

　今、同書を読み返してみると、いくつかの章は、1970年代の左派の言語と懸念によって形づくられていることがわかる。そこでは、資本主義社会における社会構造の不公正が強調され、政府に誘導された官僚主義的な福祉に対して挑戦が突きつけられ、そして、個人の痛みの公的で、社会的な要因が強調されている。それは、支配的なソーシャルワーク理論の諸前提の多くに対して、異議を唱え、作り変えていくものであった。そうすることで、社会問題を「問題のあるコミュニティ」を構成する個人的な失敗や、道徳的な愚かさの観点から見てきた、これまでの支配的な視点とは対照的なものとなった。

　Roy Baileyがまえがきで指摘しているように、1970年代半ばのソーシャルワークの理論、あるいは実践や介入についてのラディカルな解釈を提示した多くの文献の中で、同書が最初のものであった。その出版は、三つの重要で相互に関連した進歩を反映していた。

　まず一点目は、Kilbrandon（SHHD/SED, 1964）とシーボーム（1968）の報告の直後に、総合的なソーシャルサービスとソーシャルワーク部局が、有資格者ワーカーの大きな雇用機会を開発し、創出した。それに呼応して、高等教育諸機関は、ソーシャルワークコースを拡張していった。しかしながら、ソーシャルワークを学ぶ学生が増えるに伴って、（学生たちは）自分たちのコースは伝統的な文献や理論に基づいていることに気づき、それには飽き足らなくなっていった。

　クライエントと彼／彼女らの問題のある心理学的、医学的な解釈は、新しい

世代の学生たちによって、ますます疑問視され、冷笑されるようになっていった（本書の Jones の第2章参照）。その代わりに、学生たちは社会科学の中に登場してきていた新たなアイデアに注目した。それらのアイデアは、1970年代初頭に拡がったマルクス主義者やフェミニスト、カウンター・カルチャーの社会構築主義者たちの視点が浸透したものであった。Bailey と Brake は、ソーシャルワークに対する伝統的なアプローチに対抗して、社会科学からのソーシャルワークへの指導的な視野を提起した。そうすることによって、コースの学生たちに、彼／彼女らのコースで支持されている支配的な理論的基盤に異議を唱えるに必要な攻撃材料を与えた。

　二点目に同書は、政府主導の福祉供給に対するラディカルな批判の高まりを反映し、その一翼を担った。それは、「画一的な」福祉と福祉サービスの官僚主義化という、ラディカルな左派運動からもたらされた最初の批判であったということは、記憶に留めておくべきである。

　戦後初期において、「ソーシャル・アドミニストレーション（social administration）」という言葉は、准専門職であり、学問的概念でもあるという両方の意味での社会福祉専門職の自信を反映していた。それは、社会福祉専門職は、福祉国家を管理し、指導し、そのことによって、多種多様な社会問題や公衆の災難を根絶することができるのだという自信である。その言葉［ソーシャル・アドミニストレーション］は、資本主義の自由市場における無政府性（そして、大戦が発生し露わになっていった社会問題、すなわち不健康、不十分な教育、劣悪な住居と貧困という「五つの巨人」）と、他方での国家に管理された「社会主義」の下での自由の欠如と権威主義（東欧の国家資本主義の下での生活の現実）との間の「第三の道」（ニューレイバーと彼／彼女らのサポーターたちがこの言葉を生み出すずっと以前の意味で）を、イギリスでは福祉国家が首尾よく管理することによって確立したという自信を含意していた。

　その提案は、福祉国家が、経済的・社会的な問題を管理するための国家資源の計画と方向性と並んで、自由と民主的統制を組み合わせた、より完全で包括的な市民権（citizenship）の形態を確立したというものだった。そして、ケインズ経済学とベヴァリッジ型福祉の確立は、管理された人道的な資本主義社会（例えば、Tawney, 1949, 1964; Marshall, 1965, Titmuss, 1974）を創り出し、戦後の政党間の幅広い政治的「合意」の上に立脚していた。

　1960年代中頃までに、この自信は衰え始めた。1960年代は、例えばタウン

ゼントとエイビル・スミス（1966）の研究において、「貧困の再発見」を経験した。これは、戦後福祉国家システムの現状への自己満足を根底から覆した。「セーフティネット」の助けがあっても、貧困は根絶してはいなかったのである（Kincaid, 1973）。大都市では、深刻な住宅危機が生じた。プレハブ住宅による短期的な“解決策”は、その課題への不適切な対応であることを証明した。また、民間セクターの「ラックマン」という住宅賃貸業者は、標準以下の住宅に対して、法外な賃貸料をとっていた（Lavalette and Mooney, 2000）。国民医療サービス（NHS）は、そのシステム内部で医師と医療関係者たちの権力を固定化させ、民間製薬会社が莫大な利益を生み出すことのできる場となっていた（Widgery, 1988; Lister, 2008）。

　イギリスにおける戦後の移民コミュニティは、社会の中で差別に直面し続けてきたが、福祉システムやその諸機関の中でも同様であったこともまた明らかになってきた（Rex and Moore, 1967; Rex, 1975; Rex and Tomlinson, 1979）。さらに、『キャシー・カム・ホーム』[i]というドラマや、Simpkin（1979）、Mayer and Timms（1970）が「利用者本位のサービス（service user based research）」として強調したように、福祉国家の官僚たちは、労働者階級の利用者たちを蔑んだまなざしで取り扱ってきた。福祉国家は社会の階級格差や不平等を揺るがすことはなかった。そして、戦後に約束された「新たなエルサレム」は、的外れであったことがますます明らかになっていったのである（Timmins, 1995）。

　挙句の果てに、1960年代のイギリスはスタグフレーションの成長に見舞われた（インフレーションによる低レベルの経済成長）。それはケインズ提案の単純な読解では、「ありえない」ことであった。イギリスでは、この時期の労働党政権（1964-70）は、グローバルな金融市場の圧力のもとにおかれ、市場が政府の国内経済政策に圧力をかけようとして試みた、大量の「ポンド売り」に直面した。政府の対応策は、輸出と雇用を促進するという期待のもとに、ポンドの平価を切り下げることであった。イギリス経済は、最も身近な競争相手の経済と悪戦苦闘していた。そして、問題は悪化し1973年から75年の間に戦後の長い好景気は終わりを迎えた。このとき、戦後初の大規模な経済危機が、グローバル経済に影響を与え始めていた。

---

i　ドラマ『キャシー・カム・ホーム（Cathy Come Home）』は、ケン・ローチ監督が1966年に制作したテレビ作品。都会に出てきた主人公が家を失い、ホームレス状態へと至る過程を描いたもので、イギリスの住宅政策の実態を示し、社会的な議論を呼んだ。

　この文脈において、既存の資本主義的な社会的諸関係の中に福祉供給を位置づけようとするラディカルな諸批判が発展した（それは、社会政策と社会福祉があらゆる抑圧を弱体化させるのではなく、むしろより強固にする方法を強調していた）。それらの分析は、国家の社会政策の歴史的な発展と、福祉供給の異なる形態の中にある連続性と諸矛盾をより批判的に捉えるもののように見えた。それらは福祉供給のあり方を次のように分析した。

・福祉供給は、資本主義の何らかの機能的な必要性を満たすために発展してきた（Saville, 1957, 58; Gough, 1979; Lavalette, 2006a）
・福祉供給は、「社会的統制（social control）」のメカニズムを再生産してきた、そして、「ソーシャルケア」がそうであったように、住民を「統制」するものであった（Novak, 1988）
・福祉供給は、政治的闘争のアリーナから出現し、資源の分配をめぐる政治的および社会的な闘争を反映したものであった（Saville, 1957, 58; Lavalette and Mooney, 2000）、そして、資本蓄積の支配的な体制に影響をおよぼしていた（O'Connor, 1973; Gough, 1979）

　既存のソーシャルワークの理論だけでなく、より広く、社会福祉活動としてのソーシャルワークが位置する文脈にも挑戦する知的風土が生まれていた。
　同書とラディカル・ソーシャルワークの運動のバックグラウンドを構成した第三点目の要素は、その時代の社会運動の高揚であった。これらの諸運動は、世界についての新たな考え方と関わり方をもたらした。1960年代初めのアメリカでは、戦場での黒人兵士たちの死者数や重傷者数のあまりの多さにベトナムの黒人部隊が抗議したように、公民権運動と反戦運動とが次第に融合していった。彼／彼女らは、ベトナムにおいて「民主主義」のために戦い、死ぬことを期待されたにもかかわらず、帰国すれば人種主義と差別に直面したという現実に挑戦したのであった（Branch, 1988, 1998, 2006）。それらは1968年に頂点に達した。当時アメリカは、黒人たちの部隊は南ベトナムの代わりに、テト攻勢[ii]で散らばった少数の共産主義者によるテロ攻撃と戦っているのだと主張した（Neale, 2001）。テト攻勢の直後、世界中で反戦運動がわき上がり、それ

---

ii　ベトナム戦争の転換点になった1968年1月31日未明に開始された北ベトナム軍に支援された南ベトナム民族解放戦線による攻勢。

は一連の諸運動の火付け役となり、支配的秩序への挑戦へと成長していった。

　1968年という年は、1970年代半ばまで続いた社会的抗議の波を巻き起こす転換点であった（Tarrow, 1994）。学生運動、女性運動、ゲイ・レズビアン運動、黒人運動といったすべてがアメリカの支配者層を揺るがした。「プラハの春」iii は東ヨーロッパ的な国家資本主義の構築に取り組むようにさせ、少なくとも、西と東、つまりワシントンとモスクワのどちらの幻影でもないオルタナティブな代替案が必要であるということを、多くの人々に認めさせるのを助けた。フランスは史上最大のゼネラル・ストライキで揺れ、北アイルランドでは学生たちは「ひとりに一票を！」と要求し「宗教ではなく階級を」と宣言する行進を指導し、政治的な不平等と the Orange State iv の汚職に声を上げた（McCann, 1974; Farrell, 1980）。「抗議の波」に少し遅れて、イタリア（1969-74）やイギリス（1972-77）では、大規模な労働争議が起こり、民衆の反乱がポルトガルのファシズムに終止符を打った（1974）。スペインでは、産業的好戦性の復活がフランコ時代の最期の日を運命づけた（Harman, 1988）。

　この文脈において、これらの運動に関与している若い学生や新人のソーシャルワーカーにとって、既存のソーシャルワークの理論や実践は異議申し立てをされなければならないということは、驚くに値しなかった。それは、支配体制の一部分であった。（既存のソーシャルワークの理論や実践は）労働者階級のクライエントの貧困や社会生活からの排除を病的なものと捉え、彼／彼女らに責任があるとみなした（本書のファーガスンの第7章）。また、それは、社会における女性の役割と、「家族の価値」や支配的な家族形態の維持が重要と考える支配的な見方を反映していた（Penketh の第3章）。また、レズビアンやゲイ、バイセクシャル、トランスジェンダーといった人々を精神疾患を患った人のように取り扱った（Miles の第5章）。「社会統制」によって形づくられたものを自業自得のものとしてみなし、蔑んだ（Lavalette と loakimidis の第8章）。それは、サービスの利用者との「職務上の距離（professional distance）」を確立し維持すべきであると考えた（Beresford の第6章）。そして専門職として、

---

iii　社会主義体制下のチェコスロバキアで起こった経済の立て直しと国家・社会の民主的改革をめざした運動のことで、1968年8月のソ連などワルシャワ条約機構軍の軍事介入により圧殺された。

iv　プロテスタント派政党を与党とする政府のことで、かつてプロテスタントでイギリス王位に就いたオレンジ公ウイリアムにちなんでいる。

現場のワーカーとコミュニティのサービス利用者が直面する問題への対応策として
のソーシャルワーカーの労働組合や集団的労働組合に対しては、曖昧な態
度を示してきた (Joyce et al., 1988)。

　ソーシャルワークを学ぶ学生、研究者、実践者たちの間で、ソーシャルワー
クのよりラディカルな声がだんだん大きくなり、またそれに耳を傾ける人たち
が拡がり始めたのは、まさにこの文脈からであった (Weinsteinの第1章)。し
かしながら、二つの点は強調しておくに値する。

　一点目として、1970年代のラディカル・ソーシャルワークは、その分野で
は常に少数派であった。そして、イギリスのある地方 (例えば、ロンドンやヨー
クシャー) では、常により強力であったことである。

　二点目は、ラディカル・ソーシャルワークが均質なものではなかったことだ。
当時の運動と同様に、そこにはさまざまな潮流があった。マルクス主義者と社
会主義者は行き詰まっていた。あるものは、政治的な実践を (フェミニズムの
ように) 諸運動の中で、自律的な伝統のあるものとして強調した。またあるも
のは、ヒッピーのカウンター・カルチャーのライフスタイル・ポリティクスに、
より影響を受けていた。

　それにもかかわらず、Case Conのようなフォーラムを通して、また、ソー
シャルワーカーの労働組合運動への関与を通して、また当事者組織や借家人組
合 (Claimant and Tenants Unions) への関わりを通して、集団的で、運動的な
ソーシャルワークが登場し始めた。そこにおいては、当事者の問題は不平等な
社会の文脈の中に位置づけられた。しかし、その運動の中にももちろん論争が
あった。

　例えば、もし、ラディカル・ソーシャルワークが、集団や地域を基盤におく
ことを重視するならば、特定の問題に直面する個人や家族を扱うときに、ワー
カーたちは何をするべきなのか？　短期間の介入でのソーシャルワーカーの役
割とは一体何なのか？　ラディカル・ソーシャルワーク特有の方法というもの
があるのか？　ソーシャルワークの「専門職 (professional)」とは何なのか？
守られるべき専門性 (professionalism) とは、あるいは非難されるべき専門性
とは何なのか？などについての論争があった。

　これらの諸論点は、BaileyとBrake編の論集のLeonard (1975) とCohen
(1975) の章で取り上げられている。特に、Cohenは、彼が「権威主義的マル
クス主義者」と呼んだ人々を「人々を消耗品として扱い」「すべての短期間の

介入を切り捨てている」として痛烈に批判している（1975, p.92）。彼が嫌悪するのは、ラディカルな労働が、単に社会を変革するために集団やコミュニティに向けてキャンペーンをすることだけに関心をもつという考え方であった。彼の主張によれば、もしラディカルな労働が、政治的なキャンペーンを行う少数派以上のものになろうとするならば、ソーシャルワーカーが日々の利用者とのやりとりの中で直面する諸問題に取り組まなければならない。

　それから35年が経過して、ラディカル・ソーシャルワーカーたちは、おそらく、当時よりも自信をもってこれらの諸問題に取り組んでいる。（せまい技術的な意味での）特定のラディカル・ソーシャルワークの方法があるとは、ほとんど論じられてはいない。コミュニティベースの戦略とグループワークは、実践者たちが、社会問題を「集合的に取り扱うこと」を明らかに許容している。そして、社会問題の中心部分に国民全体に関わる諸要因の構造的で抑圧的な特徴を捉えている。しかし、ラディカルな実践者たちは、利用者に寄り添いつつ、代理人として権利擁護を行う、支援的なケースワークに質的に携わることもできる。ラディカルなワーカーたちには、実行不可能ではないにしても（例えば、認知行動療法の使用のような）難しいと感じる方法がいくつかある。しかし、きっと鍵となる要素は、質の高い活動に取り組む際の実践者の**志向性**である。活動の過程において彼／彼女らが誰に関わり、どのように利用者とコミュニケーションをとり、情報を伝えているのか。彼／彼女らがどのようにして、「権力者に真実を突きつける」のか。彼／彼女らがどのようにして利用者の権利とニーズのために闘うのか、そして利用者とワーカーが直面する問題を地域あるいは国家の権力構造の文脈において、どのようにして位置づける（説明する）のか。そのような志向性には、一人の労働者として、労働組合のメンバーとしてのソーシャルワーカーの視点が含まれている。それは、職場の問題を集団的に捉え、そして、サービスとサービス利用者のニーズを守るための政治的キャンペーンの取り組みを確保するために労働組合内部で闘うという視点である[v]。

　もし、イギリスの1970年代の前半が、造船所やドック、鉱山、印刷業や建設業における一連の重要な労使紛争に見舞われたとするならば（Darlington and Lyddon, 2001）、後半は労働党政権による福祉削減に反対するキャンペー

---

v　労働党政権は労働組合を支持基盤としており、福祉を守るためには労働組合内部でも闘うことが必要であった。

ンによって特徴づけられた。1976年から1979年の間には、社会保障支出における大幅な実質的な削減があり、キャンペーンはサービスを守ることにシフトした（Clarke, 1993）。

1970年代の終わりには、労働党政権の緊縮政策に反対した低賃金労働者の反乱は、「不満の冬」[vi]をもたらした。ラディカルな左派の多くは、それが労働者の闘争が復活する前触れになることを願っていたが、実際にはそれどころか、第一次サッチャー政権の選出は、支配階級による労働組合主義や自治体「社会主義」[vii]、公的な福祉と貧困な人々などに対する攻撃の重大な転換点となった。1980年から1985年の一連の深刻な対立の後、保守党政権は、製鉄所労働者や港湾労働者、印刷業労働者、そして最も重要なのは炭鉱労働者に対しても、何とかして重い負担を負わせ、社会的に分断して打撃を与えようとした。

ソーシャルワークもまたそれ自体が攻撃の対象になった。ソーシャルワークは「福祉依存」や「破綻した」ヒッピー的価値や「ポリティカル・コレクトネス」[viii]や「犯罪に甘い」文化などの要因として、政府の大臣たちとメディアとの双方によって、描かれるようになっていった（Penketh, 2000）。要するに、ソーシャルワークは「失敗した専門職」として描かれ（Clarke, 1993; Langan, 1993）、ラディカル・ソーシャルワークの運動は徐々に消散していった。しかし、その運動によって最初に提起されたテーマの多く（例えば、反レイシズムや反抑圧的実践への関与、権利擁護的な諸アプローチ）は、実際にはいつも実践できていたわけではなくても、かつてのBaileyとBrakeのケースとは異なるやり方で、ソーシャルワークの中に理論的に深く埋め込まれ、今もなお存在し続けている。

もし1980年代が、概して、進歩的な社会運動の後退と挫折の時代であったとするならば、1987年の総選挙は福祉にとって転機となった（Lavalette and Mooney, 2000）[ix]。その選挙の余波で、トーリー党は、教育法と国民保健サービスおよびコミュニティケア法を導入した。そのいずれもソーシャルケアと教育供給の中に内部市場と比較成績表や達成目標と市場原理を導入した。経営管理主義の普及は、ソーシャルワーク領域における市場の力の拡大を支えた。これ

---

vi　1978年から79年にかけての冬に、公共部門の労働者の昇給を抑制する政策に反対して公共部門の労働者がストライキを打って抵抗した。

vii　地方自治体レベルの左派政権。

viii　偏見・差別を含まない中立的な表現を用いること。

ix　労働党は得票率を30％台に回復したが、保守党（トーリー党）は労働党に100議席以上の大差で勝利した。

はさらにまた、変革のための積極的な力として活動するソーシャルワークの可能性を押しつぶし、最前線にいるワーカーの士気の喪失と疎外を増長させた。彼／彼女らは、疲弊させられ、過剰労働に置かれ、多くが価値基盤を崩壊させると感じるような作業に従事させられていると気づいた（Jones, 2005）。

　市場化と経営管理主義はまた、ソーシャルワークの労働過程に重大な変容をもたらした。実践者は、サービス利用者との仕事を通して関係性を結ぶための時間が少なくなり、次第に規制され、管理された―それは管理者によってだけでなく、コンピューターシステムの中に埋め込まれた経営権力によってももたらされた。それらは、いかなるソーシャルワークの仕事にも適合したものではなかった。次第に、ソーシャルワーカーの脱専門職化と脱熟練化はソーシャルワーカーを、ケアの市場システムにおける「ケアパッケージの購入者」の一つにすぎないものにその役割を縮小させた（Harris, 2003; Ferguson and Lavalette, 2009; Harris and White, 2009）。このことは、ソーシャルワーク内部の危機を引き起こした。多くの実践者たちは、サービス利用者のニーズを満たすことよりも目標を優先させるような政策動向におけるソーシャルワーカーの役割に疑問を抱いた（Lavalette, 2007）。

　けれども、ソーシャルワークに「新自由主義的な」形態を導入しようとする試みは、長い目で見れば、専門職の中に幻滅や不満を広げ、ソーシャルワークにおけるラディカリズム再生のための空間をつくり出した。さらに、その可能性は1970年代のときよりも大きいと言える。当時においては、ラディカル・ソーシャルワークの運動はソーシャルワークの中の少数派であった。しかし、今日では、新自由主義的な攻撃は、経営管理主義と市場化の下でのさまざまな制限事項により、より多くのソーシャルワーカーに、彼／彼女らが適切だと考える方法で仕事をする能力に悪影響を与えると感知させている。幻滅の水準は、子どもと家族チームと成人のチームのワーカーに関わるUnison[x]により実施されたいくつかの調査（Unison, 2009, 2010）や、現代のソーシャルワーク・ビジネスに対するソーシャルワーカーの態度に関する『コミュニティケア（Community Care）』誌の論考（Carson, 2009a, 2009b; Mickel, 2009）や、Jones（2005）やHarris（2003）、Harris and White（2009）、Sue Whiteと彼女のランカスター大学の同僚（White et al., 2009）による学術的な研究において明らか

---

x　　公務部門の労働組合。

になっている。しかし、ラディカル・ソーシャルワークがこの状況をうまく活かすためには、ソーシャルワークが直面している危機の解決策を示し、より良い世界の展望を含む希望の源泉を描くことができなければならない。それでは、妥当な代替案とはどのようなものだろうか?

まずはラディカル・ソーシャルワークの理論と実践の再生のための希望の源泉を見てみよう。1990年代の終わりには、「反資本主義」の新しい世界的な社会運動やグローバル・ジャスティス運動の誕生を見た。これは、新自由主義の影響と諸結果に抗する運動であった。それは、第三世界の負債と南の発展途上国に対する国際的な金融機関の役割に焦点を当てた。そして、(サービスの取引に関する一般協定というような手段を通じた)公的サービスにおける民営化の影響や、環境における市場の規制緩和の諸結果、世界の難民と「不法移民(people 'without papers')」の窮状や、労働条件と公的福祉供給における(市場とグローバルな新自由主義に対する)「代替案は存在しない」という哲学がもたらした諸結果などに焦点が当てられた。

その運動の重要性は三つの要素の成果にあった。第一に、1990年代は「歴史の終わり」(フクヤマ〈1989〉のよく引用される言葉)に到達したという見解が支配的であった。それは、資本主義は冷戦に勝利し、今やグローバル資本主義に対する体系的な代案がもはや存在しない、というものだ。1999年11月と12月のシアトルでのその運動[xi]の誕生は、支配的な経済学のパラダイムに対する代案についての──「もう一つの世界は可能だ」というスローガンに捉えられた──論点を切り拓いた。

第二に、運動はグローバルなものであった。それは、アフリカにおける民営化に反対する運動、ラテンアメリカにおける既存の政府に反対する労働運動と政治運動、インドにおけるダリットの運動[xii]を含み、ヨーロッパでは、G8のリーダーと他の世界の経済や政治システムの指導的な代表者たちの集会に対抗する一連の大規模なデモンストレーションの誕生となって現れた。

第三に、運動は独自の「有機的知識人」[xiii]を生み出した。運動は、世界の特質と優先順位についての一連の問いを突きつけた。それは、ナオミ・クライン、

---

xi　世界貿易機構(WTO)閣僚会議の開催に合わせて組織された。

xii　反カースト運動。

xiii　基本的階級に連帯してその自己意識の形成に貢献する機能を果たす集団を表す概念でアントニオ・グラムシが提起した。

スーザン・ジョージ、マイク・デイヴィス、マイケル・アルバート、ジョージ・モンビオ、キム・ムーディ、スラヴォイ・ジジェク、アラン・バディウ、ウォールデン・ベロー、トニ・ネグリ、マイケル・ハート、エミール・サデール、アレックス・カリニコス、そしてジルベール・アシュカルといった多様な人々による一連の貢献を生み出した。著者の何人かは、その運動の戦略と戦術に、何人かは現代の世界や最貧困者の生活への新自由主義の影響に関する社会批評に、また何人かは社会における個人の役割や平等と社会正義の意味、環境の危機、現代の帝国主義戦争、そしてもう一つの世界の可能性などの広範囲の疑問に対してエネルギーを注いできた。イギリスにおけるおおかたの公的ソーシャルワークとソーシャルワーク教育の中の伝統的な反知性主義は、これらの新しいアイデアや視点と十分に関わり合ってこなかったということを意味している。しかし、そういった批判的な関与によってソーシャルワーク理論が豊かになるに違いない。

　1999年にシアトルにおいて始まった「反資本主義」運動は、それ以来、グローバルな反戦運動や、パレスチナ人の諸権利を支援する国際的なキャンペーン、気候変動に対する運動などと合流し、深まってきた。その「突然の出現」から10年経って、運動は変化してきたが、それはいまなお、世界中の首都の街頭運動の強力な結集軸であり、そして私たちが生きる世界についての諸問題を提起し続けている。

　一番目の「希望の源泉」は、グローバル正義と反戦運動についての理論と実践の中にある。それは、私たちにグローバルな不正義や不平等に着目させ、ローカルでグローバルな、なおかつ反システム的な代替案に取り組むよう迫るものである。

　私たちの二番目の「希望の源泉」は、活力を取り戻している私たちの既存の共同組織にあるはずだ。イギリスにおいて、これは労働組合運動を意味する。労働組合というものは矛盾し、じれったい組織であることは疑いないが、近年、労働組合は賃金や労働環境の問題に取り組む単なる手段から、より政治的なキャンペーンに取り組む労働組合運動（unionism）に変化してきている。物事は、方向転換することができるもので、労働組合自体も反戦活動や反ファシストキャンペーン、社会サービスの防衛運動に携わるようになってきた。

　イギリスの最近の政府、保守党と自由党の連立政権は、1980年代以来（そして、いくつかの解釈によれば1930年以来ずっと）、社会保障と社会サービス

予算において、最もひどい削減を導入する意図を表明してきた。そのような削減は、ソーシャルワーカー（彼／彼女らは、自分たちの仕事が脅かされ、労働の強度が劇的に増大し、サービス利用者のために活用できる資源は厳しく制限されていることに気づくであろう）やソーシャルワーカーが対象とし、共に働く人々に、深刻で有害な影響を与えてきた。ここにおいて、政治的な労働組合運動（trade unionism）と仕事とサービスを守るソーシャルワーカーの共同組織は、私たちを襲う危機に対処するもう一つの「資源」と手段を提供している。

　最後に、ソーシャルワーカーとソーシャルワーク学界、サービス利用者、学生もまた、ソーシャルワークとサービス利用者の特有の諸問題に即座に対応できる彼／彼女ら自身のキャンペーン・ネットワークを求めている。そのような組織は、主要な労働組合と連携して運営されるべきだ（それはもちろん労働組合に取って代わるものではない）。イギリスにおけるソーシャルワーク・アクション・ネットワーク（SWAN）は、この機能を果たす可能性を有している。

　SWAN は、ソーシャルワークにおける危機の深化への対応として Jones、ファーガスン、Lavalette、そして Penketh によって著された「ソーシャルワーク・マニフェスト（*The Social work manifesto*）」（Jones et al., 2004）から発展した。マニフェストの後に続いて、2004 年から 2005 年にかけての一連の全国会議があった。その会議では、「私たちはこんなことのためにソーシャルワーカーになったのではない」というテーマを中心にして、前線のワーカーが「前線」の危機について議論する自由な空間に集ったのである。そして、2006 年のイースターに、300 人近くのワーカー、研究者、学生そしてサービス利用者が、「ソーシャルワーク―闘う価値のある専門職か」というテーマを中心に組織された会議に集った。その会議は、SWAN の結成の公式宣言で終了した。

　2006 年以降、SWAN は発展し、毎年の会議に通常 300 人以上の、ソーシャルワークとソーシャルケア、福祉国家に影響を与える諸問題を議論するための代表が集まった。今では、地元の地域グループが全国各地、グラスゴー、エディンバラ、ヨークシャーそしてランカスター、バーミンガム、ロンドン、ブリストル、ウェールズにできている。SWAN は、Bailey と Brake の本の出版 35 周年記念の大きな会議だけでなく、「ベビー P」の死[xiv]の余波の中での、ソーシャ

---

xiv　2007 年 8 月、1 歳半の男児が母親とそのパートナーによって虐待され死亡した事件。医師や行政の児童福祉関係者が虐待を知っていたにもかかわらず救えなかったことが財政削減と関連して問題にされた。

ルワークへの攻撃をめぐる三つのキャンペーン会議も組織し、成功させた。

　会議を組織するだけでなく、SWANは、一つの「アクション・ネットワーク」でもある。「ベビーP」の死の余波において、ソーシャルワーカーが全国のメディアで非難を浴びていたとき、「異議申し立て」を成立させ、関係するワーカーたちを守るための会合を組織したのはSWANであった（www.socialworkfuture.org）。2010年のガザ自由船団へのイスラエル軍の攻撃の直後に、SWANは、香港で開かれた国際ソーシャルワーカー連盟（IFSW）／国際ソーシャルワーク学校連盟（IASSW）の会議で、親パレスチナ会議を組織し、IASSW会議でパレスチナの人々と連帯することを表明する動議を提起し、可決させた（www.iassw-aiets.org）。日常的に、SWANはUnisonと密接に連携をとりながら、反ファシズム組織と国民の働く権利のキャンペーンと提携し、亡命者を守るためのさまざまなキャンペーンに取り組んできた（グラスゴー、マンチェスター、そしてロンドン）。また、地方のソーシャルサービスの機関でファシストが働くことに反対するキャンペーンや（ブリストルとサウスウエスト）、ソーシャルワーカーのストライキや（リバプール）、ケアワーカーのストライキ（ウィガン）、不当に罪を着せられたソーシャルワーク労働組合（南ヨークシャー）への支援のキャンペーンも行ってきた。SWANは、香港のとても強力な「支部」を含む、国際的な支持者の発展しつつあるネットワークを有している。

　SWANは、発展途上の組織である。SWANの狙いは、ソーシャルワークやソーシャルケア、社会保障制度における削減と新自由主義の影響に挑戦することである。反人種差別主義者と反抑圧的実践に尽力し、サービス利用者の関与と参加に、関係する労働組合との連携強化に取り組み、そして、その中に、より良い未来とより人間的な世界を垣間見ることができるすべての諸運動に参加するよう努めている。SWANは、21世紀のためのラディカル・ソーシャルワーク・プロジェクトの再考を試みている。そして、本書はそのプロジェクトにささやかな貢献を果たすものである。

第1章

1970年代における雑誌『ケース・コン (*Case Con*)』と
ラディカル・ソーシャルワーク—急進的な革命家たち

Jeremy Weinstein

はじめに

　この章を書き始めるにあたって、私はBaileyとBrakeの『ラディカル・ソーシャルワーク (*Radical social work*)』(1975年に出版された、手頃で簡潔な本) を1冊と、「ソーシャルワーカーのための革命的雑誌」である『ケース・コン (*Case Con*)』の少しすり減らされた山積みの冊子を前にしている。その最初の冊子は、1970年代に登場し、最後のものは1977年であった。その本も雑誌も社会的、歴史的な瞬間を共有し同じような闘争に携わっていた。しかし、それらは舞台に登場する時期や役割は少しずつ異なっていた。というのは、『ケース・コン (*Case Con*)』には70年代初頭のエネルギーが総動員されており、『ラディカル・ソーシャルワーク (*Radical social work*)』が出版され、注目されるようになったのは、私たちがいまなお距離を置こうとしているサッチャリズムの暗い影が、その勝利の予兆を見せ始めたころでもあった。

　この章の主要な目的は、季刊誌として、そしてラディカル・ソーシャルワーカーたちの意欲的な組織として、『ケース・コン (*Case Con*)』の経験を探求し、1970年代のラディカル・ソーシャルワークの発展においてBaileyとBrakeの著書をどのように補足し、あるいは張り合ってきたのか理解を深めていくことである。

　フィリップ・ラーキンが「性的な交渉は1963年に始まった」[i]と述べたこと

---

i　フィリップ・ラーキンは、1922年生まれのイギリスの詩人で、有名な詩の一つに「驚異の年 (Annus Mirabills)」がある。この詩の冒頭は「Sexual intercourse began In nineteen sixty-three (性的な交渉は1963年にはじまった)」ではじまるが、この時期がイギリスで若者たちが政治的に自由を求めたと同時に文化の面でも自由を求めるようになったことを背景とする。この詩と合わせて、D.H.ローレンスの『チャタレー夫人の恋人』と、ロックバンド「ビートルズ」の登場から、「イギリスでの性の解放」の年として1963年が挙げられることがある (國岡なつみ、2014『『初夜』にみる女性の自己実現」神奈川大学大学院言語と文化論集〈20〉p.11)。

は有名である。それと同じように、1960年代後半から1970年代初頭のラディカルな人たちにとっては、ソーシャルワークの革命は、自分たちと共に始まったのだという傲慢な思い込みがあった。しかし、ファーガスンとLavaletteは、ヴィクトリア時代のセツルメント運動という初期のソーシャルワークの中と、労働運動、女性運動、社会主義運動の先駆者たちの活動の中に、「ラディカルな核心がそこにあった」(2007, pp.11-31) と指摘している。シルビア・パンクハーストは、婦人参政権運動で得た経験を第一次世界大戦に対する彼女の反戦運動に取り入れた。その運動はロンドンのイーストエンドの労働者階級の女性や子どもに対して食糧とミルクの配給を行うという実際の支援を含んだものであった (Davis, 1999)。同じくイーストエンドにいたジョージ・ランズベリーも同様のバランスを保ち、救貧法に組織的に反対しながら、貧困に苦しむ人々に協力した。それはポプラー自治区の区長として、法律の論理的な帰結について争い[ii]、彼が不公正だと判断した政策を実行する代わりに投獄されることとなってしまった (Lavalette, 2006b)。クレメント・アトリーは福祉国家を導入した労働党党首として最もよく知られている。彼の自叙伝の一つの章は「ソーシャルワークと政治」であることは興味深い。その中で、彼はストライキ中の港湾労働者とその家庭のために炊き出しを組織し、救貧法に反対する運動を展開することについて述べている (Ferguson and Lavalette, 2007)。これらの人たちはみな、システムの中の諸個人に対する権利擁護と支援を組み合わせることで、その緊張を和らげたことと並行してシステムによる虐待に対抗する集団的運動を行ってきた。

　それらの先駆者たちに敬意を表しつつ、その後の期間で、職業としてのソーシャルワークが、平凡な問題によって、自らを忙しくさせていったことは認めざるを得ない。1950年代から1960年代初頭に福祉国家が根を下ろしていたとき、広まっていたイデオロギーは、保守党のマクラミン首相の言葉を借りれば「こんなに恵まれていたことはなかった」というものだった。すべての主要政党は、もし貧困が消滅してきたならば、福祉国家は機能しているし、社会問題は機能不全問題を抱えた家族または個人的病理の結果でなければならないということに同意していた。そのような状況の中で、ある共通感覚が生まれていた。ある影響力のある著述家は「ソーシャルワーカーは"ポスト政治的人間"であ

<hr>

ii　救貧税の負担の公平を求め富裕地方団体の負担増を迫り固定資産税の納税を拒否した。

る［シーモア・マーティン・リプセットが *Political Man*（1960）で提起した概念（内山秀夫訳、1963『政治のなかの人間』東京創元新社）]」と言ったし、私たちは児童福祉担当官（children's officer）や精神科ソーシャルワーカー（PSW）等々といった独自の専門領域を確立していくことに携わっていた（Halmos, 1978）。しかしながら、ソーシャルワーカーの専門職としての大きな成功は、その欠点やうぬぼれを露わにすることにもなった。

　当初、シーボーム報告（1968）は、専門職の発展にとって大きな成功を収めたと考えられていた。それは、児童福祉担当官（children's officer）や、PSWや福祉部といったところの異なるバラバラなソーシャルワークが、政治力をもち、予防的で、コミュニティベースのサービスを受け持っていくという約束の上に設立された一つの組織に統合されることを勧告したからである。その興奮と楽観主義は、1972年のイギリスのソーシャルワーカー協会の会議に反映された。そのとき、当時大臣であり、その後の労働党左派のラディカルな象徴となったバーバラ・キャッスル（Barbara Castle）がスタンディング・オベーションを得た（Simpkin, 1979, p.14）。Chris Jones は（本書の中で）、この仕事は明らかにソーシャルワーカーの役割であり、健康部門に組み込まれるのではない、という政府決定からくる安堵と興奮であったと思い起こしている。

　この再編成が拡がると共に、新入職員の需要が生まれたが、その多くは1968年の学生反乱に参加していた卒業生たちであった。後に1979年のソーシャルワーカーのストライキに巻き込まれたあるソーシャルサービス・ディレクターは、革命家たちは、新たに革命が熟すときまで、眠っている者のふりをするために、ソーシャルワークに潜伏したと主張した（Smart, reported in Crine (1979)）。実際に、新入職員たちは、「商業主義からの逃亡者」という善意の理想主義者たちであった（Pearson, 1975b, p.139）。そして、多くはリベラル派のままであったが、私たちの落胆するような経験によって他の人たちはラディカル派になった。このことは、私たちの怒りを明確に述べた雑誌『ケース・コン（*Case Con*）』の軌道に私たちを導いていくことになった。

　このようにして1973年秋の『ケース・コン（*Case Con*）』の表紙の絵は、希望に満ち、小綺麗に装った若者が、玄関マット、鉢植えの花の置かれた壮大な玄関ドアに立っている。そこには太字の大きな字で「**来たれ、私たちと一緒に、シーボームの次に来る、新しい、地域包括的マネジメントにもとづくソーシャルサービスに参加を**」と書かれている。しかし、その玄関ドアは正面だけのも

図1　地域包括的マネジメント

ので、一本の支柱で支えられており、その後ろには「臨時事務所」と表示された小屋で、ソーシャルワーカーたちが、鳴り続けている電話と積み上がった書類のあいだで落胆している。

実際、ソーシャルワーカーたちが初めて悪名高い児童虐待調査の第1号であるマリア・コルウェル事件[iii]や魔女狩り新聞のトップ記事に直面したときは、新しい事務所のペンキはほとんど乾いていなかった。私たちは、市民や他の専門職からの高まる期待に直面しても準備ができておらず、そのスキルもなかった。コミュニティの中で行動してみると、劣悪な住居、よそよそしい学校、非友好的な警察、失業といったソーシャルワーカーたちの権限を越えた諸問題が立ちはだかってきた。

その一方で、より広い世界に目を向けてみると、ますます繁栄していくという自己満足の信念は経済危機にとって代わり、それへの対応策は、閉鎖を阻止するための造船所の占拠、炭鉱労働者のストライキの成功、そしてペントンビル埠頭の解放といった労働運動の闘いであった（Harman, 1988 参照）。この精神は、福祉給付請求者組合、スクウォッター［無断住居占拠者］グループ、借家人組合、反精神医学グループ、急成長していた女性運動といったコミュニティに反響した。その当時、黒人権利運動による力強いスローガンには「もし

---

iii　この事件は、1973 年 1 月 7 日にマリア・コルウェルという 7 歳の少女が継父と実母から受けた虐待が原因で死亡した事件で、実母による虐待としてマスコミに取り上げられ、人々の注目を浴びた。マリア・コルウェルは実父の死亡後、6 年間里親に預けられていたが、実母が強く引き取りを希望したために、実母と継父のもとに帰って一年余りで死亡した。このソーシャルワーカーの決定と、その後の虐待通報への対応に対して批判が集まった。この事件は、イギリスにおける「児童虐待防止マネジメント」の出発点としても位置づけられる（三島亜紀子、2007『社会福祉学の〈科学〉性—ソーシャルワーカーは専門職か？』勁草書房、p.146）。

あなたが問題を解決する側にいなければ、あなたは問題の一部になっている」というものがあった。それは、もし私たちが、クライエントのニーズに合うようなシステムへと変更していくのではなく、クライエントをシステムに合わせようとするのならば、そのソーシャルワーカーたちは問題の一部となっているのだということでもあった。

　そのため『ケース・コン（*Case Con*）』は、この衝突と混乱の世界に突入することになっていった。その名称自体、挑発的で批判的なものであった。それは「ケース・カンファレンス（*Case Conference*）」という言葉の中にある。関係する専門職のグループがテーブルの周りに座り、構造的な問題を個別の「ケース」に還元していくという、被害者非難のかたちをとる「説得（con）」だという意味を込めていたのである。このとき「専門性」は主要な敵とみなされていた。「専門性」という言葉が、トレーニングを受けたソーシャルワーカーたちと、そうでないソーシャルワーカーたちとの間の壁になっているというだけでなく、すべてのソーシャルワーカーとクライエントとの間でも壁になっているということは、私たちの間では同様の困難として実際に共有されていた。

このことは1974年春に発行された女性問題特集号の表紙の絵に描かれている。その絵は「**自助自立・資本開発無制限**」という看板のアパートが描かれ、それぞれの部屋では、育児や家事に格闘しているひとりぼっちの女性が「どうして私は他の人のように対処できないのかしら？」と自問自答している。絵の隅には、小さなソーシャルサービスの事務所があり、机の前でぐったりと座り込んだ女性が、先ほどと同じように電話に応答もせず、積み上げられた書類の前で「どうして私は対処できないのかしら？」と同じように自問自答している。

「**専門職主義（professionalism）**」は、キャリア第一主義（careerism）を意味

図2　女性の諸問題—何が私の問題なの？　どうして私は対処できないのかしら？

図3　ニーズを管理せよ

し、さらにクライエントと同僚ワーカーの社会的統制を意味する言葉だった。1973年4月の表紙絵の見出しは、「**ニーズを管理せよ、そうすれば、君は私の立場に立てるだろう**」である。ひと続きの階段があり、一番上の段では、高圧的な人物が、次の段の男性を見て指示を与えている。この2番目の男性は、一つの顔は機嫌をとりながら笑顔で見上げ、もう一つの顔で下の男性に指示を出している。そのようにマネジメントの段階を通過して、クライエントを戒めるソーシャルワーカーに指示が行き、そのクライエントは、彼女のよちよち歩きの子どもを叱りつけている。

　つまり、私たちがするべきことは、権力関係を排し、その代わりに人としてそして専門家として関わる新たな方法を見つけ出すことであった。この文脈においてRoy Baileyが本書の序文で、『ラディカル・ソーシャルワーク（*Radical social work*）』のテキストを執筆する際の発想の一部となったこととして、ソーシャルワークの講師たちが学生からの批判的な質問に対して、「権力の問題」がはらまれているのだと彼らに訴えることで、切り抜けていたのを偶然耳にしたからだと説明している点は興味深い。

　その後、『ケース・コン（*Case Con*）』は、より良い判断をするようさまざまな方法でマネージャーたちに異議を申し立てたために職を追われることになった何人かのソーシャルワーカーたちの話を取り上げた。より根深い事例の一つにMyra Garrettのものがあった。彼女は、『ケース・コン（*Case Con*）』の著名なメンバーのひとりだが、次のようにうまく表現している。「ソーシャルワーカーとして、私たちが経験する権力関係は、クライエントとの関係に反映されていると思う。上位権力に無原則に追従したり、個人的利益のために対立を回避したりするたびに、私たちは堕落し、私たちと同じように振る舞うことをクライエントに求める可能性を高めてしまう」と（Garrett, 1973, pp.5-6）。

　私たちはみな、Myraを守るために協力することができたが、これはソーシャ

ルワーカーとクライエントとの正しい関係性についての広い諸問題を提起し、その議論を通じて、発展しつつあるラディカルな運動には、さまざまな座礁地点（strands）があることが明らかになった。リバタリアン（自由至上主義者）たちにとっては、多くのクライエントたちは確実に逸脱者であり、カウンター・カルチャー（対抗文化）革命の先導者であり、社会の価値観を混乱させる可能性があると見られていた。マルクス主義の影響を受けた人々にとっては、私たちが働きかける人たちは、Simpkinが言うように「クライエントでも労働者でもなく」（1979, p.450）疑いなく抑圧された人たちであり、闘争を通して彼／彼女らの意識が高まっていく可能性のある人たちであった。とはいえ、あなたが「革命的なソーシャルワーカー」になりうる、というような考え方を抱くことは警戒されていた。

　このように、2005年春の『ケース・コン（Case Con）』の表紙絵には、「**仕事―何が違うのか**」というタイトルで、2人のソーシャルワーカーが描かれている。ひとりは、ジーンズ姿であごひげを生やし、後ろのポケットにマルクスとトロツキーのパンフレットを入れている。もうひとりはスーツ姿で眼鏡をかけ、ショルダーバッグからは、タビストックから発行されている雑誌と、『ソーシャルワーク・イエスタデイ（*Social Work Yesterday*）』というタイトルの雑誌が飛び出ている。その2人の間でひとりの若者が「あなた方のうち、どちらが僕を連れて行くかなんて、どうでもいいよ」と言っている。隅には「直接、児童養護施設（children's home）に行きなさい。行くのをためらわないように。200ポンドを集めなくてよい」と書かれている。

　クライエントに何があったかにかかわらず、より差し迫って見えるのは、すべてのソーシャルワーカーたちが職場の日常的な経験で直面していることである。『ケース・コン（Case Con）』は、新たな地域包括事務所を「シー

図4　仕事―何が違うのか？

ボーム工場」と皮肉った。それは非常に強力で端的な政治的主張である。それらが「工場」であるならば、私たちはその内部では労働者として、労働組合員として働く必要があった。誰もが「大きな一つのチーム」の一部であったが、所長と地区管理者（area officer）は同僚ではなく、直接的な上司にあたった。当然そのことは、私たちが、労働組合や既存の構造の下で働くことができることを意味し、クライエントのニーズや問題と連携する新たな組織的な枠組みを構築する必要はない、ということを意味していた。

　実際には、リバタリアン（自由至上主義者）とマルクス主義者との間での学説上の違いは、編集メンバーや編集会議に出席するような『ケース・コン（*Case Con*）』の最も中心に関わっている人たちにとってはより重要になる傾向があった。とはいえ広範囲な読者たちは、より一般的な反権威主義的な茶目っ気のある記事に注目したソーシャルワーカーや、漫画の表紙の勇敢さを楽しんだり、記事を読むためにときおり雑誌を購入するソーシャルワーカーたちであった。それほどに雑誌の中身はとても幅広いものだった。

　ランダムに記事を取り上げてみよう。1974年冬の第14号にはソーシャルワークを学ぶ学生たちのレポートが掲載されている。ある学生は彼が学ぶ大学から被害を受けているという。ここには学生の財政支援制度の利用可能性に関するより一般的な懸念が示されている。例えば、不満をもった兵士のための*At ease*という相談サービスや、医療におけるマルクス主義者のための雑誌など、より広い社会運動のグループについての情報が掲載されている。ある記事では、末端労働組合員による会議の開始が取り上げられていたり、ブリクストンでの失業給付受給者組合による抗議活動や、供給を中断された後の電気ショールームの占拠、ロンドンのセントラルポイントの巨大なオフィス街の占拠といった抗議活動も掲載されている。住まいをテーマにしたものでは、リバプールのタワーヒル家賃ストライキの記事が連載されている。移民法における人種差別や、ロマと共に行われた活動を取り上げたときの主要な記事は、ソーシャルワーカーたちに実践においてチャレンジすることを強く求めている。

　雑誌『プライベート　アイ（Private Eye）』[iv]のコラム「匿名コーナー（Pseuds corner）」をモデルにしたコラムは「専門家コーナー（Professionals' corner）」と呼ばれた。そこには雑誌 *"Social Work Today"* やブリティッシュソーシャル

---

iv　イギリスの政治風刺雑誌

ワーカー協会（BASW）の定期刊行物から彼らの自惚れを描き出すために記事が慎重に選ばれ紹介している。より詳細な記事は、新たな『ケース・コン（*Case Con*）』のサブグループ「オンザジョブ（on the job）」からもたらされたものである。それは苦闘している労働組合の支部や借家人組合などの孤立した活動家たちのジレンマに注意を向けている。彼らは『ケース・コン（*Case Con*）』誌を販売し、「お気に入りの赤い（pet red）」事務所と認識されるようになったが、「個々のクライエントとの実際の仕事になると、彼らの同僚の最も伝統的な仕事とほとんど変わりなく行動していると見られていた」。組織としての『ケース・コン（*Case Con*）』に着目すると、最新の全国会議からの報告や、全国に広がった9つの地域事務局の命名についての報告がある。また、機嫌のよくないコメントが付いていても、読者のより大きな関わりへの期待が記されている。その雑誌が通常よりも4ページ短くなったときには「今回、取り入れるのにふさわしい記事を書けていないのですが、これは、あなたの（つまり読者の）責任感の欠如を反映しているのです」と記されている。

　その後の記事は、全国会議の決定に基づいて特集テーマが取り上げられるようになった。まず最初に、女性に関する諸問題に焦点が当てられた（1974年春）。続いて、子ども（1974年夏）、教育研修（1974年秋）、ゲイ（1975年1月）、コミュニティワーク（1975年9月）、在宅介護労働（residential work）（1976年1月）などの特集がなされた。興味深いことに、「人種」とソーシャルワークについての特集はなかった。

　つまり、理論と活動の効果的な融合をこの雑誌は反映している。かなり継続的なテーマは、不法居住（squatter）したホームレスである。彼／彼女らは執行官に抵抗した時にサポートされたホームレスであり、時には、子どもたちが保護されるのを防ぐために社会福祉事務所で一時保護された家族もあった。委員会が「厄介な（difficult）」ボランティアグループへの財政支援をカットするという脅しをかけていることや、女性難民（refuge）は不法居住のクライエントなので彼女らのことを取り上げないようにと委員会が言っている、といったメモがリークされたりもしている。

　現場についていえば、人々はそれぞれの状況に応じて反応していた。私たちは労働組合員として、経費削減、地位の凍結、低賃金、事務所設備の劣悪さといったことに抗議していた。私たちは労働者であり殉教者ではない、と主張した（これは1983年の在宅介護労働者〈residential workers〉のストライキで掲

げられた言葉である）。そして、経営者はソーシャルワーカーの使命感を利用することを当てにすべきではないし、また、経営者はソーシャルワーカーの抗議を「演技」とみなしたり、ソーシャルワーカーがクライエントの立場に立って支援することを「共謀」と同一視するような専門的な用語にもたれかかるべきではない、と私たちは主張した。

　もし誰かが全体的な雰囲気をあえて主張するリスクを冒すことができれば、ソーシャルワーカーはリスクを冒して境界線を押し広げることができるのだと感じていた。つまり、私たちは「歴史が私たちの襟首に息を吹きかけていると感じたときにわき上がってくる革命への切望」（フランスのマルクス主義者と69革命のダニエル・ベンサイド[v]からの引用、Callinicos, 2010b）にとらわれていた。しかし、もし私たちの革命への焦燥感が、闘争の絶頂期まで持続していたなら、1977年に第25号を出版した後に、『ケース・コン（*Case Con*）』を解散するという突然の決定ではなく、新たな雑誌『パブリック・コン（*Public Con*）』の発行へとつながっていたかもしれない。一つのより幅広い雑誌を送り出す目的は、一つの業界における社会主義運動であったものを、より広範な公共サービスの世界に広げようという試みに移行していくことであった。しかし、その雑誌は登場することはなかった。1978年から79年の賃上げ要求のソーシャルワーク・ストライキ、あるいはその後に続く1983年の在宅介護労働者のストライキのときには、『ケース・コン（*Case Con*）』は存在していなかった。

　「次に何が起こったのか」という物語の先を急ぐ前に、私たちは『ケース・コン（*Case Con*）』と『ラディカル・ソーシャルワーク（*Radical social work*）』という本との間の象徴的な関係について検証をしておく必要がある。『ラディカル・ソーシャルワーク（*Radical social work*）』が読者を見出すことができたのは、『ラディカル・ソーシャルワーク（*Radical social work*）』ではなく、『ケース・コン（*Case Con*）』がつくり出してきた精神があったからである。いくつかのテキストがそれに続いたが、『ケース・コン（*Case Con*）』が形づくられるのに寄与したアイデアはもちこたえられなくなっていった。

　『ケース・コン（*Case Con*）』という雑誌と『ラディカル・ソーシャルワーク（*Radical social work*）』という本にはいくつかの重要な共通点がある。両方と

---

v　ダニエルベンサイド（1946-2010）は元パリ第八大学教授で、1966年のフランスJCR（革命的共産主義青年）と1969年のLCR（革命的共産主義者同盟）の創始者のひとりとして知られている。

も1960年代の精神と経験を使って、ソーシャルワークに広まっているイデオロギーに対する鋭い挑戦を提示していた。また、両方とも明らかにマルクス主義の立場であり、『ラディカル・ソーシャルワーク（*Radical social work*）』には、付録として、『ケース・コン（*Case Con*）』のマニフェストが次のような社会主義的結論と共に納められていた。

　　少数の支配階級の私的所有の権利と利益やニーズに基づいたこの社会が、大多数の人々の利益に基づいた労働者の国家に取って代わるまで、社会問題の基本的な諸要因は残り続けるだろう。だから労働者の国家のための闘いに参加することが私たちの目的なのだ（*Case Con* manifesto, 1975, p.147）。

『ラディカル・ソーシャルワーク（*Radical social work*）』の明らかにマルクス主義的な分析は、BaileyとBrakeが彼らの冒頭の章で、1848年の共産党宣言を引用したことで一層明らかにされたし、福祉国家の下でのソーシャルワークの矛盾を探求しようとした。彼らは、その『ラディカル・ソーシャルワーク（*Radical social work*）』の言葉からしり込みすることなく、私たちにとっての社会主義的な視点は、ソーシャルワーカーたちにとっての最も人間らしいアプローチだと主張している（1975, p.9）。「ラディカルなもの」として提示されたアプローチへの警戒や不信感もあったため、『ラディカル・ソーシャルワーク（*Radical social work*）』の各章でコミュニティワーク（Mayo, 1975, pp.129-43）や福祉受給権（Cannan, 1975, pp.112-28）を解きほぐした章は、ほとんどの『ケース・コン（*Case Con*）』の読者と支持者たちをうなずかせるものであった。

　しかし『ケース・コン（*Case Con*）』と『ラディカル・ソーシャルワーク（*Radical social work*）』との間には違いもある。明らかなことの一つは『ケース・コン（*Case Con*）』は単なる雑誌ではなく、活動家たちが執筆し、その印刷物を売り歩き、彼らの経験に照らして議論を発展させ、諸会議や地域グループを組織するオルガナイザーとなることを目的としていた。しかしながら、そういったことが、しばしば立証されるのは一時的なものであった。これは、記事がやむを得ず簡略なもので、ソーシャルワーク実践者、あるいはその時々の専門用語を使う「現場のワーカーたち（rank and file workers）」によって書かれていたことを意味している。私は、この雑誌の執筆や会議に学者たちの関与があっ

たのかどうかを思い出すことができない。

　一方、『ラディカル・ソーシャルワーク（*Radical social work*）』では、9人の寄稿者がおり、なかでも上級講師あるいは教授としてリストアップされた6人は、労働者階級の運動において常に重要な位置にある知識人たちである。このことは、直接行動主義（activism）から学術研究へと重点がシフトしているようにみえる。少なくとも次のことは意味していたように思う。『ラディカル・ソーシャルワーク（*Radical social work*）』は、ハードカバーの装丁で、各章は、より長大で理論的に発展させられているという両方の理由で、そこに提起された議論はより永続的なものであることを印象づけていたということだ。いずれにせよ、直接的な闘争から距離をおけば、10年が終わりに近づくにつれて、その約束は薄れつつある。『ケース・コン（*Case Con*）』がソーシャルワークを厳しく批判していることに対して、『ラディカル・ソーシャルワーク（*Radical social work*）』はより熟慮した役割を示すというようなトーンの変化見られる。

　私たちがどのように、いつ、ソーシャルワークを専門職として選ぶ／選んだのかに対する Pearson の言及では、「コミットメント…好奇心…思いやり」（1975a, p.20）そして「連帯（collectivity）」（1975a, p.44）とあり、彼は、私たちが発見し、給付対象と判定したこと、そして（クライエントから）「希望をなくした」「約束が違うじゃないか」という嘆きの平手打ちをソーシャルワークが受けてきたことを描いてみせた（1975a, pp.33-4）。これらの言葉は、『ケース・コン（*Case Con*）』の風刺画と同様の鋭さをもっていたが、数年先の SWAN のマニフェストでの「私たちは、こんなことのためにソーシャルワーカーになったわけではない」という叫びへと反響していく。

　『ケース・コン（*Case Con*）』は集団行動の最大化を強調する傾向にあったが、『ラディカル・ソーシャルワーク（*Radical social work*）』という本の強みは、ソーシャルワークの日常的な雰囲気に関する著者たちの熟考があるという点にあり、「意味のとり違えはどのように生じているか」ということの詳細が示され（Ress, 1975, pp.62-75）、個人的抵抗や専門家のサボタージュ、中産階級の略奪といった類の行為が示されたことがこの本の強みであった（Pearson, 1975a, pp.13-45）。この本では、次のようなことも明らかにした。ケースワークは常に「説得（con）」であるとは限らず、ソーシャルワーク技術は自尊心を高める過程の一部となり、自己の抑圧（Bailey and Brake, 1975, p.9）や、フレ

イレの言う「集団意識化（group conscientization）」という言葉で、自己の疎外感を理解する力をもつことができる（Leonard, 1975, pp.46-61）。このことは、次の重要な声明に要約されている。「私たちの目的は、例えば、ケースワークそのものを排除することではなく、支配階級のヘゲモニーを支えるようなケースワークを排除することなのだ。抑圧の影響を弱めるために、ソーシャルワーカーは、抑圧という観点から人々が疎外を理解することと、人々の自尊心を高めること、といった二重の過程を革新していく必要がある」。

　Cohenの論文では、彼は「行動のためのマニフェスト」のために次のことを加えた。「未完了」のケースは、「革命と改良との間の関係につながっていることを意味した」。そして「まだ存在していない何か」に基づいていた（1975, p.92）。

　このことは、ほとんどの『ケース・コン（Case Con）』の活動家たちの理解を超えた両義性の水準を求めており、1970年代の終わりを迎えたとき、より広い世界で何が起こっていたのかを、後知恵をもつ私たちが知るようになった今、『ラディカル・ソーシャルワーク（Radical social work）』という本は、魅力的な文献となっている。国際通貨基金（IMF）が設定した過酷な条件を労働党政府が受け入れて以来、財政削減反対キャンペーンが失敗に終わったことは、社会サービス部門で働く人々にとっては苦しい時期になることを意味していた。そして、この期間は長びく弱体化した指導力（全国的な指導性の水準において）と1978年・1979年の孤立した屋外労働者（fieldworkers）のストライキによって、厳しさはさらに強化された。残念ながら私たちの運動も、グランウィックの主にアジア人女性たちや消防士たちの低賃金労働者のストライキなど、「英雄的失敗（heroic failures）」と呼ばれる労働争議[vi]の一例でしかなかったのである。それらは1979年のサッチャー政権の誕生につながった。

　労働組合主義は、1983年の在宅介護労働者のストライキなど、財政削減反対（anti-cuts）キャンペーンを中心に続いたが、これらの活動はこれまでよりも守勢となり控えめになった。これが運動の多様化につながった。一つの方向性は、より一層労働党の地方議員と連携するソーシャルワーカーたちによって示された。それは地域の協働を発展させる専門職として、保守党政府からの高まる攻撃を受けながら代替的な計画を発展させる労働組合の組合員としての提

---

vi　1976年8月から78年7月にかけてグランウィック・フィルム現像所での小規模なストライキであるがイギリス労使関係の転換期を象徴するとされる。

起でもあった。中央政府に地方自治体の税率や支出を制限する権限を付与することこと（rate-capping）に反対する労働組合のメンバーは、「ニューレフト」の地方議員の支持を受けていた。しかしながら、この路線に吸収されたことによって多くの活動家たちは組合員としての独自のアイデンティティを失い、労使間に内在する対立の感覚から遠ざかっていった。協働のための戦略の多くは壮大すぎて、財政削減の影響を受けやすく、この構想は大きく信用を落としていった。中央政府に地方自治体の徴収できる料金や税率を制限する権限であるレート・キャッピング（rate-capping）制度の登場は、さまざまな「社会主義勢力が握った地方自治体」や大ロンドン議会の廃止を打ち破り、市役所内部でのラディカリズムの可能性に対しても明らかな制約を示唆した（Weinstein, 1986）。

　周辺におれていた諸グループが専門職に参入するキャンペーンに取り組むようになり、アイデンティティ政治もまた目立つようになった。新しい視野を獲得した黒人ワーカーによるソーシャルワークが始まり、人種を越えた採用に向けて大きな成功を収める挑戦がされるようになっていった。女性たちもまたより意識的にフェミニスト運動を活発にしていった。これらの戦略は、主流のソーシャルワークとラディカルな伝統の両方に存在している硬直性と保守主義に挑戦する上で重要であった。アイデンティティ政治は、独善か罪かといった個人レベルの感覚を伴い、抑圧の序列の中で道徳の水準を競い合うといった雰囲気をもたらした。Sivanandan（1990）は、階級間の水平線を横切った差異のモザイクが、抑圧された人々をバラバラに分断することを説得力のある分析で示した。白人労働者階級の異性愛者の男性は、そのシステムから明らかに利益を得ていないとされるにもかかわらず排除されていることを明らかにした。これは「ポリティカル・コレクトネス」の立場からの「制度的人種差別主義（institutional racism）」（Penketh, 2000）との非難に直面し、その規定に屈服した中央ソーシャルワーク教育研修協議会（Central Council for Education and Training in Social Work）の後退によって強化された。当事者のための実践の強化を強調することは、職員のための機会の平等についての懸念に取って代わられはじめ、ソーシャルワークの視野が狭まっていった。

　この保守主義とそれに対する警告の動きは、すべての話題に通ずるものではない。重要な例外として、1984年にランベスで起こった生後22か月の Tyra Henry が父親に殺された死亡事例が挙げられる。このとき、ソーシャルワーカーたちは、即座にメディアから吊るしあげられ、ソーシャルサービス委員会

の委員長から「首を切る」という要請がある中で、労働組合は個々のソーシャルワーカーたちが責任を負わせられるのを防ぐためにできる限りのことを行った。その活動には、管理者とソーシャルサービス委員会全体への全会一致での不信任決議、デモ行進やピケライン、個々のソーシャルワーカーの専門的責任だけではなく、資源不足などのより広い背景も委託条件に加えるといった公的調査の実施のすべてに反対することなどが含まれていた。これは3年以上にわたって継続した困難なキャンペーンだった。ソーシャルサービス職場委員会がリードして、労働組合の内部にあった対立も管理しなければならなかった。ソーシャルサービス職場委員会の議長は黒人の女性で、彼女は白人のソーシャルワーカーが「別の黒人の子どもを死なせた」と抗議したので、黒人ワーカーの中には、組合は人種差別主義的だと非難する人たちもいた。

　しかしながら、この活動は、最終的には成功を収めた。あるコメンテーターが怒りを込めて指摘したように、ソーシャルワーカーたちの周りに「鉄の囲い（ring of steel）」を設けることができるようになった。少なくとも、その後しばらくの間は、子どもの死亡事例調査にあたっては、今回の事例から活気づけられ、より広い視野から議論されるようになった（Weinstein,1989）。すべての勝利は記憶され、祝われるべきであるが、この勝利は、「ベビーP」や「ヴィクトリア・クインビー事件」のようなケースに関わったソーシャルワーカーたちが解雇されるようなことがある現代においてはとりわけ重要である[vii]。

　さて、現在の時代において、1970年代のラディカル・ソーシャルワークの永続的な意義とは何であるのだろうか。ある人たちにとっては『ケース・コン（*Case Con*）』を再考し、『ラディカル・ソーシャルワーク（*Radical social work*）』を再読してみても、そこに描かれたソーシャルワークは［過去の世界にタイムスリップするイギリスの］ドラマ『Life on Mars』を見ているのと同じように見えるのだ。つまり、私たちの主張の1970年代の粗削りさや確信と可能性に困惑し、それらが実際にはいかにはかないものだったかを知ることになる。しかしながら、私たちが意義深い勝利や自らの実力を超える相手と争っ

---

vii　ヴィクトリア・クインビー事件は、2000年2月25日に8歳の少女ヴィクトリア・クインビーが父方の伯母と同居中の男性に殺害された事件。このケースには多くの機関が関わっていたにもかかわらず、適切な連携が行われなかった。ベビーP事件は、2007年8月に17か月の男児が27歳の母親と32歳の同居中の男性に殺害された事件。被害者には非常に多くの暴行の形跡があった。男児の名前は公表されなかったためイニシャルをとってベビーP事件という。

た時のことを記録しておくことは大切なことだ。『キャシー・カム・ホーム』[viii]がドラマとして放送されていたときに、『ケース・コン（Case Con）』は、ホームレスであることを理由に子どもが保護されるのを中止させる役割を果たしたし、緊急時待機義務（emergency standby duty）に反対する息の長いキャンペーンは、恒常的な時間外チームが配置されることにつながった。そうは言っても、私たちは、このことを理想的なものとみなしてはならず、その時に議論されたことを、現在のひな型と捉えてはならない。

　Brewer and Lait といった保守的な批評家は私たちを「二流社会学の二流卒業生」であり、「明確な定義ももたない職業でたいして忙しくもない」と中傷したが（1980, p.106）、そこまで言えないとしても、私たちはこの問題を認識しておく必要がある。他の意見では、批判的であってもむしろ同情的で、見下すような口調の「『ケース・コン（Case Con）』にとっては、課題はいつも大きすぎた」（Brown and Hanvey, 1987, p.19）といったものや、ラディカルな／マルクス主義的なソーシャルワークは「社会変革の事業において、ソーシャルワーカーたちに使徒的役割を果たさせることができなかった」（Yelloly, 1987, p.18）といったものだった。

　もちろん私たちはそういったことを知ってはいた。『ケース・コン（Case Con）』がこのように発展できたのは、1960年代の永続的で幅広い精神の一部であり、1970年代初頭から中盤にかけての労働運動の高揚の一部でもあったからだ。そして私たちは、その後の労働争議の低迷やサッチャリズムの猛攻撃の影響から逃れることができなかった。

　私たちが今日、つくりあげてきているラディカル・ソーシャルワークは、社会的・政治的な文脈の一部であり、これは私たちにとっては矛盾を内包した世界なのである。一方では社会の広範な不公正に対する鋭い自覚である。とりわけ、イギリス国内や世界全体において、貧困層と著しい特権階級との間の格差拡大が顕著であることは、資本主義に対するラディカルな批判が、おそらく1970年代に比べてより広範なものとなり、主流にさえなっていることを意味する。反戦、反人種差別主義キャンペーンや、そして環境保護主義といったものと結びついた社会運動は、多くの「急進的な革命家たち」を生み出してきた。その結果、「もう一つの世界は可能だ」という要求と「もう一つのソーシャル

---

viii　序論の訳注 ii 参照。

ワークは可能だ」という要求とをつなげることは容易となった。ただ、それと同時に、ソーシャルワーカーたちがその信念を活動に具体化する方法を見つけることはより困難になってきている。職場は1970年代よりもはるかに制約が厳しく、個人を対象とした一対一の治療的な働きかけよりも、市場重視の目標が強調される。もし誰かが、政策や実践に異議を申し立てようとしても、労働組合の組織が弱体化しているので極めて困難である。そして派遣社員（the employment agency staff）は、「もしあなたの職場が気に入らないところならば、そこにとどまり変革のために組織化をするよりも、転職さえすればいいのだ」という感覚を助長する。

　しかし、その一方で今私たちは、初めて、世代を超えた組織をSWAN（Social Work Action Network）という形で有している。この組織は、『ケース・コン（Case Con）』よりも洗練された不満や挑戦の声を提供している。専門家主義という見境のないレッテル貼りが存在したところでは、私たちは、今はこれを「経営管理主義（managerialism）」や「新自由主義」と区別することができる。このことは、私たちの仕事の可能性を否定する必要はないということを意味する。私たちが格闘していた社会主義的な未来においては、ソーシャルワークの必要性はあまり見えていなかったが、今はむしろ、私たちは「闘う価値のある職業だ」と主張するSWANに参加している。『ケース・コン（Case Con）』で、私たちが依拠する傾向にあった主要な理論はマルクスやレーニン、トロツキーのものから来ていた。私たちは、それらの理論でしのいで、ラディカル・ソーシャルワークのテキストを待たなければならなかった。私たちは今では、より良い社会主義者になりうるし、介入するための価値を私たち自身で生み出すことができる。初期のラディカルな批判が、現在では主流となった実践にとって「最も重要な構成要素」（2006, p.7）になっている、と指摘するトンプソンの議論にはいくつかの留保をつけるものの、ここにはいくつかの真実がある。

　反差別／反抑圧の実践、クライエントの生活内容を社会政治的に認識すること、当事者グループと共に仕事をすること、私たちが働きかける人々をエンパワーすることへの期待、これらはすべて翻訳されていくにつれて、いくぶんか鋭さを失っているが、初期のラディカルな批判に共振しているものである。かつて、『ケース・コン（Case Con）』においては、基本的なレベルのソーシャルワーカーの声が圧倒的に多く、『ラディカル・ソーシャルワーク（Radical social work）』ではアカデミックな声が主なものだった。SWANは、両者に利用

可能な空間を提供し、同時にサービス利用者の関与もある。そしておそらく、SWANの大部分は過去のものより、より遠くまで、より迅速に動ける可能性をもっている。実際に「ベビーP」事件の際には、ウェブサイトで請願書の配布が許可されているし、オンライン上での議論はパンフレットの発行にもつながった（Ferguson and Lavalette, 2009）。

　私がいまだに『ケース・コン（*Case Con*）』について評価していることは、鋭い議論をユーモアと情熱で結びつける能力であり、孤立した苦しい時期に反撃するために連帯することを呼びかけた者同士が、お互いに学び合える一つの組織に結びつけられていたという点である。私たちは、当時それを必要としていたように、今もこれを必要としており、私たちは今、SWANの中でこれをつくりあげていこうとしている。

第2章

最良で最悪の時代
—1970年代におけるイギリスのソーシャルワーク教育に対する
ラディカリズムの影響についての考察

Chris Jones

はじめに

　1970年代は、イギリスのソーシャルワークにとって、その後の発展に決定的な影響を与えた反動を伴う異例の10年であった。この10年は、ソーシャルワークが国家機関によって報酬が与えられ、そしてソーシャルワークはもはや医療とは区別された主要な専門職となったことで幕が開け、地方の指定された地域でのソーシャルワーカーによる国規模のストライキで幕が下りた。この10年は、ソーシャルワークには信じられないほど楽観主義が広がっていたが、同時にそれは悪夢のようなものでもあった。

　1960年代初頭、ニューヨークのソーシャルワーカーたちは、LSE（ロンドン・スクール・オブ・エコノミクス）からやってきたソーシャルワークを学ぶ学生たちの使い古された帽子と手袋に注目していた。LSEからやってきたのはすべて女性で、イギリスからの定期船に乗り、銀の紅茶セットを携えてきたので、一層注目に値すると思われた。しかし、1970年代の終わりまで、タブロイド紙はソーシャルワーカーを、長い髪とあごひげを生やしたマルクス主義者、ダンガリーの服を着たレズビアンたちと同じように風刺した！

　この異常な展開を説明するには、この10年の混乱を思い起こす必要がある。イギリスやヨーロッパ大陸、アメリカでは「民衆（people）」、とりわけ学生たちが活発であった。外交（特にベトナム、チリ、および南アフリカ）政策からジェンダー、「人種」、セクシャリティに至るまでの基本的な問題が問われ、新たな活動や認識が生まれた。全国炭鉱労働組合（the National Union of Mine-workers）などの労働組合は、組織的な闘争がどのように政府を打倒すること

ができるのかを示した（the Health government of 1970-74）。人々は活動的で
あっただけでなく、自信にあふれていた。ソーシャルワークは、これらの抗議
活動の頻発やソーシャルワークが女性、黒人、労働者、ゲイやレズビアンの
抑圧に関係しているのではないかという疑問からは無関係ではいられなかっ
た。

　1948年以来、比類なき成長の期間を謳歌してきたイギリスの福祉国家は、
重要な活動の舞台となった。1970年代までに福祉国家は、高等職業専門学校
（polytechnic）の創設に続く、拡張された高等教育システムの拡大からの何千
人もの新卒者に雇用を提供した。公的なソーシャルワークは、何千人もの新た
な労働者を必要とする地方公共団体のソーシャルサービス部門の創設を示す好
例であった。1967年から1976年までの9年間に、地方公共団体の社会サービ
スに従事するソーシャルワーカーの数は、6,063人から16,523人に増加した
（HMSO, 1972/76）。

　看護や教育や地域保健サービス部門で雇用されている者だけでなく、ソー
シャルワークの新規採用者や新人もまた、多くは抗議や異議申し立て（ques-
tioning）といった広い政治的状況に関わったり、影響を受けたりしていた。そ
れはラディカリズムの強力な源泉であり、ラディカルな教師、看護師、医師、
歯科医、保護観察官、建築家、助産師、ソーシャルワーカーの、豊かで横断的
なネットワークの出現に連なっていった（London-Edinburgh Weekend Return
Group, 1979参照）。

　ソーシャルワーク教育にとっては、公的業務が拡大する結果、専門職課程（主
に高等職業専門学校によって対処される）が拡大することは、素晴らしい将来
をもたらすように思われた。イングランドとウェールズ（そしてスコットラン
ドのキルブランドン）における統合された社会サービスの基準としてシーボー
ム報告（Seebohm Report）が受け入れられ、これと連動して青少年法（Chil-
dren and Young Persons Act）が1969年に可決されたことにより、専門職とし
ての社会サービスがついに到来し、その将来と価値が認められ保障されたよう
に思われた。

　養成課程を拡大したり、新たに設置することもできたし、学生に対する地方
自治体からの助成金が保障されたことで、学生募集の大きな障害は克服され
た。満足のいく報酬が出る仕事を修了時に得られるという実質的な保障を伴っ
た学生に対する助成金は、ソーシャルワークを魅力的な職業にした。私や仲間

の学生たちが、確かにそうだった。私たちは、1972年に社会科学の4年間の学位の部門としてソーシャルワークの履修を選択したのだ。

　それにもかかわらず、とりわけ政治的に左翼である場合には、それはまったく単純な決定だということではなかった。私たちの社会科学課程の講師や仲間の多くは、ソーシャルワークは左派の学生のための場所ではないという理由で、私たちの現場に出るという（on the grounds）決定に驚き、批判した。彼／彼女らにとってソーシャルワークは改良主義と保守主義の典型であり、ある言葉によると、社会主義者にとってよりも「地方の故郷から出てきた中流階級の若い女性に適した」ものだった。

　さらに、私たちが言われてきたし、自分で見てきたように、公的なソーシャルワーク（state social work）は、公的な福祉機関の中でも最も特別な階級の一つであっただけではなく、その対象となる主要なクライエントを構成している労働者階級の貧困層の間では、これまで一度も人気を得たことがなかった。少なくともイギリスでは、ソーシャルワークやソーシャルワーカーについて、労働者階級からの評判の良い要求を探そうとしても無駄である。しかし、私たちは納得しなかったし、私たちの多くは、ソーシャルワークは私たちが学位を利用できる仕事だろうし、社会民主主義的福祉国家の中で、私たちのクライエントの立場を改善するだけでなく、現代の資本主義の残酷さを明らかにしていくことができるよう活動する余地があると感じていた。

1970年代初期のソーシャルワーク教育

　私たちや他の多くのラディカルな学生たちが気づいたように、ソーシャルワーク課程は「新しい」学生たちの出現に対してとても脆弱であったし、多くはその後の厳しい批判に対して準備不足であった。それには多くの要因が関与していたが、その一つが知的な弱さであった。さらに、1970年まで、ソーシャルワークは、社会科学やその他の幅広い学界からは、大学に存在する価値はほとんどないものとみなされていた。ソーシャルワークは当初は職業訓練の水準が低く、配管工や美容師が含まれる高等専門学校での教育が適していると考えられていた。当時の大学部門では、ソーシャルワークは広く一般に学べるものではなくて、ソーシャルワーク教育が提供されているところでは、「まともな（proper）」社会科学の学部や学科とほとんど関係しない構外教育部門（extramural departments）ⁱの学科を通して行われることが多かった。

1974年から1978年の間に、私は歴史のある大学のソーシャルワーク学部を訪問した。これらの学部は孤立して、プレハブの建物に押し込められていたり、ある大学では店舗の上階に設置されていたりするなど、大学の他の学部とは物理的に隔離されていた。このような環境は、ソーシャルワーク研究者の孤立だけでなく、彼／彼女らの専門的なアイデンティティを守るために、彼／彼女らを一層閉鎖的にし、内向的な教員集団にしてしまった。

社会政策や社会学、心理学の単位を教えるために、社会科学が専門ではない同僚に頼っていたことも、専門課程の助けにはならなかった。このような教育はこれらの社会科学系の研究者たちの間では人気がなかった。多くの社会科学系の学部、特に高等職業訓練学校部門は学部課程を拡張しており、ソーシャルワーク課程での「サービス」教育は彼／彼女らの主たる目的から逸れるものとみなしていた。ソーシャルワーク専門職の講師たちにとってさらに問題だったのは、1960年代半ば以降、社会科学の主要な学問分野に無数の新しいラディカルな潮流が影響を及ぼしたことである。

この潮流は、ソーシャルワーク教育を支える心理学や社会学、社会政策といった主要な学問分野すべてで感じられるようになった。そのため、1960年後半から1970年代初頭にかけて、「サービス」教員たちの中には、貧困の性質、階級の不平等、ジェンダーや「人種」の抑圧、逸脱、フェミニズム、ラディカル心理学などに関する、より批判的で挑戦的な授業内容を導入し始めた教員もいた。こうした授業内容は、ソーシャルワーク・プログラムの専門的要素との間で次第に緊張を高めていった。

専門職課程におけるいくつかの社会科学のますます批判的で挑戦的な内容と結びついた、異なるタイプの学生の流入は、1970年代のいくつかのソーシャルワーク課程のラディカル化の重要な推進力となった。ソーシャルワークの教員たちはもう一つ直面しなければならないことがあった。それは、社会科学や心理学における新しい批判的な潮流を渇望し、既存の専門課程の内容に対して耐え難く我慢できないと感じている社会科学の大学院新入生たちが増加していたことであった。専門職の講師たちが、貧困について病的な人格の現れであるとか、不適格な子育ての現れであるかのように見解を述べていたり、母親が暖炉

---

i　大学外の一般社会人に開かれた高等教育レベルの学ぶ機会。

の前にいて家族が十分に機能していることが理想であり、クライエントがいか
にひねくれていて、子どもっぽいのか、といった見解を広めているのを聞き、
ソーシャルワークを学ぶ学生として皆が非常に憤慨していたことを、私はよく
覚えている。そのような見解は、資本主義の下での階級の不平等や貧困と不利
益の再生産について、私たちが発見していたことから100万光年も離れており、
まったく馬鹿げたものであった。

　私たちはソーシャルワークについて論じ合うことを楽しんだ。こうした議論
は、マルクーゼやアルチュセール、マルクスなどは決して含まれていなかった
ソーシャルワークの文献購読リストの範囲を超えて、幅広く深く学ぶよう私た
ちを駆り立てた。ここで誇張しないように注意しなければならないが、当時の
私の記憶によれば、イギリス資本主義の特徴と動態、国家の役割、そしてそれ
が維持されてきた方法について学ぶことへの渇望があった。ソーシャルワーク
講師たちとの闘いにおいて、知識が強力な武器となる力だと、私たちは確信し
ていた。私たちのソーシャルワーク講師たちは、しばしばお粗末な情報しか持
ち合わせていなかったので、これは多くの場合に当てはまることがわかった。

　私はイギリスの社会事業史に特に興味をもったが、実際に存在していたいく
つかの歴史記述は単純で素朴なものであった。それらは、オクタヴィア・ヒル
からアイリーン・ヤングハズマンドといった選ばれたヒロインや英雄たちの人
生の中から浮き彫りにされた貧しい人々への関心と愛に駆り立てられた、名誉
ある職業の記述でしかなかった。E.P. トンプソンやエリック・ホブズボームな
どの歴史記述と比較すると、これらは意味をなさず突飛なものに見えた。当時、
社会事業史はホイッグ主義的な歴史観の古典的な例であり、1970年代のソー
シャルサービス部門は、中世イギリスの修道院時代からの進化の道筋における
最新の指標と見られていたのだ！　近代ソーシャルワークの出現を、1869年
のロンドンでの慈善組織協会（COS）の設立に位置づけたステッドマン・
ジョーンズの著書（1971）に匹敵するものはなかった。ジョーンズは、COS
の設立を、都市の不潔さと貧困の脅威に対する支配階級の一つの反応として、
さらに、政府の福祉介入に反対する声高な反応であり、窮乏は個人の道徳的弱
さの結果であるという信念のもとにケースワークの方法を開発したのだ、とし
ている。

　このような弱点は、専門職の歴史に限らず、ソーシャルワークの方法、ソー
シャルワーク理論や価値などといった専門職ソーシャルワーク・カリキュラム

のあらゆる面で歴然としていた。当時は実習先を探すのに苦労することもなく、大きな権力を自分たちに行使する実習講師の視点に挑戦する自信のある学生もいなかった。学生たちは資格を取得するために教師の肯定的な成績評価を当てにしていたのだ。これは、ソーシャルワーク教育に影響を及ぼしているラディカリズムのさまざまな構成要素から実習が影響を受けていないという意味ではない。実際に次のような緊張関係があった。

ソーシャルワーク研修協議会（Council for Training in Social Work: CTSW、これは中央ソーシャルワーク教育研修協議会 Central Council for Education and Training in Social Work: CCETSW に先立つ認定機関）は1971年に、実習講師のための検討資料を発表した。この資料は、実習講師たちに、これから直面する可能性が高い試練についての警告や対応方法を助言したものであった。この資料は、真にソーシャルワーク的な仕方で、実習講師にラディカルな学生たちを思春期の荒れ狂う若者であるかのように扱うことを勧めている。

　　近年のソーシャルワーク課程の学生のほとんどは、対立と合意についての新しい概念に精通しており、一部の学生は、協力よりもむしろ対立をある種の社会問題に対する唯一の解決策とみなしている。この視点は、いくつかの政府代理機関ではかなりの、予想外の影響を与えているかもしれない。組織理論を教えることは、フィールドワーク講師や代理機関、学生にさらなる緊張を強いるかもしれない。代理機関と学生の衝突が予想される場合には、講師と現場実習講師との緊密な連携と情報交換が不可欠である。これは、社会的立場や学部内部、現場実習講師の権威やソーシャルアクションに対する態度などに内在する対立とは異なる。これまで述べてきたことは、特に、与えられた代理機関において何が建設的なものであるのか必ずしも理解できていない実習の初期に、機関の方針を遵守すべきであるという学生の義務について新しい問題を提起している。

　　学生の教育上の経験は、社会改革やソーシャルアクションへ彼／彼女らの情熱を惹きつけ、社会問題の範囲や改革の複雑性をより一層理解する助けとなることが、極めて重要である。学生は、ソーシャルワーカーやソーシャルサービス機関に対する批判を述べ、検討し、分析する機会が与えられるべきである。また、学生たちは、固定観念にとらわれがちな自分たちの傾向を確かめたり、自分たちが手に入れた職業上の役割を分析したり、自分たちが働いている機関

の「長所も短所も含めて」代表して行動することを受け入れるための手助けも
必要としている（CTSW, 1971, p.19）。

　実習科目は課程の教員たちの手中にある切り札であり、彼／彼女らの権力が
最も強力であったことは疑いない。しかし、学業成績の必須要件とは異なり、
［実習科目の］合格基準は大部分が、適性と能力に関する実習講師の評価に基
づいていた（Michael, 1976）。学生にとって明確な基準がないということは、
結果を確信することができないということを意味し、最終的には、学生が実習
講師を満足させたかどうかに大きく依存しているようでもあった。もちろん、
革新的なキャンペーンや課題に積極的な実習講師もいた。彼／彼女らは、自分
の学生が機関に批判的な質問をすることを支援したり、クライエントは能力に
欠けており不適格であるというような想定には基づかない新しい方法でクライ
エントと共に働くことを支援した。
　しかし多くの講師たちは共感的ではなく、学生たちや私たちが講師たちの実
践に基づく権威を非難し挑戦するやり方を傲慢なものだと捉え、それに対して
腹を立てていた。これらの多くのことを考慮すれば、学生たちは現実離れした
考え方の大学や高等職業訓練学校から出てきて、統制される必要があった。実
践と「理論」の間の緊張は、ソーシャルワーク教育において非常に長い歴史を
もち、今日も続いているが、ここ数年は特に激しかった。私がしばしば懸念す
るのは、非常に多くの地方公務員の研修員の間で私が遭遇した攻撃的な反知性
主義が、ここ数年の間に根付いているのではないか、ということである。
　しかし、研究の場では、全国的にソーシャルワーク課程の講師たちは、守勢
に立たされていた。いわゆるソーシャルワークの知的ベースは、イギリスの
ソーシャルワークの長年確立された保守的な見解を支持するあらゆる社会科学
の折衷主義的な混合物の域を出ないということが明らかにされた。例えばBri-
an Heraud は、急激な激変に先立つ1960年初期のソーシャルワーク課程が社
会学に依拠していたことを指摘した。「主に家庭生活に関する問題に関心があ
り、これが課程に社会学を有する主な理由である」。そして、「社会統制の全分
野への関心の欠如」があり、その全体的な「視点は折衷主義的で機能主義的で
あった」（1967, pp.14-16）。同様に、影響力のある教育評論家Brian Simon は、
ソーシャルワーク講師への講演で次のような態度を示した。つまり、人と社会
を理解するためのさまざまなアプローチを統合する彼／彼女らの試みに異議を

唱えなかったが、Brian Simonが言うところの彼／彼女らの「相互に排他的な諸理論を統合する」試みに対しては、違いを「乳化」し、表面的な折衷主義につながった、と批判的であった（1967, pp.16-17）。実際のところ、表面的な折衷主義というのは、当時も今も、多くのソーシャルワーク理論に対する極めて適切な表現のように思われる！

　特にフロイト心理学は、社会化の達成（successful socialization）という観点から、人格と家族の優位性を強調するソーシャルワークの主張を支持するために利用され、30年以上にわたって支配的なソーシャルワークの方法や知識となってきた。母性喪失（maternal deprivation）を主張したボールビィ（Bowlby）のような新フロイト主義者は、ソーシャルワークにとっては象徴的な地位にあった。精神分析が、専門的認識を主張するために、極めて重要な科学的品位と語彙を世界各地のソーシャルワークに与えたことは疑いない。しかしここでもまた、ソーシャルワークは差別的なものであり、その保守主義的な見解の支えとなるようなフロイト主義の要素だけを選択的に強調し、有害な社会的政治的環境が人間の発達をいかに歪めるかに着目して描いたフロイトの『エロス的文明（Eros and civilization）』のような研究を完全に無視した。マルクスとフロイトの生きた理論を前進させようとしたフロムやマルクーゼの非常に大きな影響力をもった（その当時）著作は、ほんのわずかの例外をのぞき、ほとんどのソーシャルワーク課程の講読文献リストにはなかったことは注目に値した。

　ソーシャルワーク学界が直面している問題は、ソーシャルワークそのものが批判的な社会科学の論評の場となったことによって、さらに悪化した。ピーター・タウンゼントやエイドリアン・シンフィールドのようなフェビアン協会に所属する社会科学者たちは、1968年のシーボーム報告と、家族を基盤とした包括的なソーシャルワークサービスの計画に対し先頭に立って辛辣に批判した。彼らはシーボーム報告を、クライエントの利益になるとはほとんど期待せず、ソーシャルワーク専門職の勝利にすぎないと見ていた。全国逸脱行動学会（National Deviancy Conference, Bailey and Brake, 1975への寄稿者の多くを含む）から、ソーシャルワークは逸脱行動の増幅を助長してしまう可能性や、ケアとコントロールの両方を組み合わせた国家戦略としての明らかに矛盾した立場について批判された。さらに、ハンドラー（Handler, 1968）の『新しい社会（New Society）』誌掲載の広く読まれた論文があった。この論文は、チャイルドケア・ソーシャルワークの高圧的で弱いものいじめのような性質を明らかに

していた。そのような批判はその後も続いた。

このようなさまざまな発信源や学問分野からの批判が、多くのソーシャルワーク課程やその専門講師陣を打ちのめした。高い評価を得ていた知識ベースの多くは、あまりにも粗雑に構築されていたために、知的挑戦が続く中、トランプタワーのように崩壊してしまった。専門的ソーシャルワークの講師陣の多くが、知的に優れた能力によってというよりも、実務経験によって学会での地位を得ていたので、彼／彼女らの信念は役に立たなかった。たとえ、知的な力があったとしても、フロイト理論やとりわけ精神科ソーシャルワークに深く根ざし関わっていたLSEやマンチェスター大学のような1〜2か所くらいだった。概して、心理療法アプローチに最も力を入れている課程は、学生とその正当性を疑問視する人々からの挑戦に強く抵抗する傾向があった。

他の場所では、背後にいる仲間内からの疑問を下手に和らげる手段として、不正な心理療法が広く利用されている。広く行き渡ったソーシャルワークの定説に執拗に異議を唱えた私たちに対しては、しばしば、私たちが「未熟」だと言われ、私たちの懸念は実際のところは、クライエントとソーシャルワークそれ自体の両方の内的な現実と向き合うことへの（ほとんど無意識の）不安を覆い隠すために「提示された問題」なのだと言われた。別の言葉で言えば、彼／彼女らは私たちを「ケースワーク」しようとしていたのだ。サセックス大学のソーシャルワークの学生たちが "Social Work Today" に手紙を書いたとき、それは多くの人の意見を代弁したのではないかと思う。

　　サセックス大学のソーシャルワーク課程の信条は、学生たちがソーシャルワークに対する自分のアプローチを発展させる上で自主性と責任の重要性を強調し、それが可能となるように、一つの民主的な構造を提供しているように見受けられた。時間の経過とともに、私たちは、この民主主義のモデルが硬直した権力構造によって制限されていることに気がついた。この硬直した権力構造は、指導教員によって承認された学生の自己決定のみを許可するものであった。私たちが、この構造の限界を超えようと試みると、すぐに私たちの行動は、私たちの個人的病理の観点から解釈されてしまった。これは私たちの発達を助けるどころか、単に無力感と強い欲求不満を感じさせただけだった（Letters, *Social Work Today*, 15 February 1977）。

私たちがクライエントと一緒に仕事をするよう期待されていたということ自体が、一層ばかげたことになっていたということである。私たちを真剣に受け止めようとしない彼／彼女らの姿勢と、私たちを個人的に弱体化させようとする試みは、単に私たちを激怒させ、私たちの多くにさらなる批判を研ぎ澄ますよう促しただけであった。さらにそれは、さまざまなラディカルな潮流とソーシャルワークの支配的秩序との間に横たわる最も根本的な境界線の一つを明確にした。私たちにとって、私たちのラディカリズムの決定的な側面の一つは、抑圧された人々との連帯であり、特にクライエントとの連帯であった。ところが、クライエントに関して言えば、ソーシャルワークの専門職から私たちが聞いたことは、違いや病理や力不足といったことがすべてであった。

　1970年代におけるこれらのさまざまなラディカルな潮流がソーシャルワーク教育と課程に及ぼした衝撃は、ローカルなレベルとナショナルなレベルとの両方で反応を呼び起こした。学生の頃、課程の内容、評価、選択に関する幅広い要求を練り上げることについて私たちを夢中にさせたのはローカルなレベルであった。それはまさに、ソーシャルワーク課程が自分たちのプログラムを決定する上で大きな自律性を保っていた時代であった。新しい検証機関であるCCETSW［中央ソーシャルワーク教育研修協議会］は、後継機関ほど押しつけがましいものではなく、1976年5月に発表された『ソーシャルワークの訓練に関するガイドライン（*Guideline to social work training rules*）X』では、課程の内容に幅広い変数（parameters）を設定することにのみ関心があると主張し、カリキュラムを策定するための教育機関として設置された。雇用主は公式の役割をもたず、スタッフが選択教育や実習教育に参加するのを許可することに限定されていた。

　いくつかの課程、とりわけ、ブラッドフォード大学とワーウィック大学、およびノース・ロンドン高等職業専門学校の課程では、より批判的な情報に基づくソーシャルワーク教育の要求を拒否はせず、むしろ採用するようになった。これらの刺激的な課程の講師たちの多くは、後にラディカル・ソーシャルワークとして知られるようになったものを形づくるのに影響力をもつようになった。とりわけ、ワーウィックの Peter Leonard と Paul Corrigan、ブラッドフォードの Hilary Rose、Geoff Pearson と Jim Kincaid、ノース・ロンドンの Elizabeth Wilson と Cresy Cannon などがそうである。彼らの著作は貴重なものとなり、広く読まれ議論された。これらのほとんどはソーシャルワークをバックグラウ

ンドにして登場したものではなかった。Peter Leonard は、少なくともソーシャ
ルワーク教育にラディカル・ソーシャルワークを採用した唯一の先達という意
味で、当時では例外であった。現役のイギリスのソーシャルワークの教授たち
がビジョンを示さず、現下の貧困と不利益の深刻さを考えるよう求められてい
る不器用なチームたろうとするよりも、「それによって食べていく」ことに関
心をもっていたということは、今日とほとんど違いはない。

　少数のラディカルな課程は、政治的な領域の一端を担っていたが、ほとんど
の課程は途中で脱落し、私たちの要求をなだめようとする彼／彼女らの試みを
めぐって四苦八苦していた。私たちの課程では、ソーシャルワークの講師が受
講希望者たちに交流会に定期的に参加しているかどうか尋ねることを、私たち
がやめさせたことを思い出す！　しかし、当時の私の確かな記憶では、講師た
ちが降伏したという印象だった。私たちのソーシャルワーク理論講座は、疑似
フロイト主義を中核から取り除いて書き直され、「システム」アプローチと言わ
れたものに置き換えられた。講師たちが、自分たちが話していることを理解し
ているかどうかは私たちには明らかではなかったが、私たちはそれを「何でもい
いのだ」―決められたものは何もないのだと受け止めた。もし私たちが共同体や
構造主義的なアプローチをとることを望んだならば、同じように適切だとされ
ただろう。これは知的な一貫性や正当性をもたないモデルであったが、特に
ケースワークをめぐる教室内の争いを終わらせることには役立ったようである。

　ところで、私たちが教育を受けたと言えるのは、逸脱の社会学、「人種」の社
会学、社会政策といった他の課程からのものであった。私たちが権力について、
あるいは専門職がクライエントの生活を操作したり変形したりする方法につい
て議論することができたのは、これらの課程においてであった。Kincaid
(1973) や Coates and Silburn (1970) は、資本主義と貧困の密接な関係を明らか
にし、私たちの標準的な教科書である Perlman (1957) や Biestek (1957) で見
出せるどんなものよりもはるかに説得力のある説明を示した。Laing (1965) と
Cooper (1971) は、いわゆる心理学を念頭に置き、ソーシャルワーク実践と「理
論」の多くの基本的な教義を台無しにした家族ダイナミクスの問題点を明らか
にした。それを貫いたのは、復活したフェミニズムであった。フェミニズムは、
少なくともソーシャルワークに関しては、おそらく他のどのラディカルな潮流
よりも多くの影響をもたらした。

　ボールビィ（1907〜1990）の母性的養育の剥奪に関する論文に対する抗議

が激烈だったのはフェミニズムである。フェミニズムは、主流のソーシャルワークでは、母親への焦点の当て方が基本的に性差別主義的であるとし、非行から精神疾患に至る社会問題や、失業から福祉への依存に至る多くの社会問題について、とりわけ労働者階級の母親に責任を負わせていることを明らかにした。それは、特に医学（「私たちの身体（Our bodies ourselves）」）によって示されている、家父長制と専門家主義との相互関連性に光を当て、ソーシャルワークが女性と関連性があるにもかかわらず、少なくともその上級職は男性によって占められていることを指摘した。とりわけ、多くの他のラディカルな影響力と同様に、クライエントと連帯する立場に立って、ソーシャルワークが専門家としてクライエントを見下し距離を置く姿勢を厳しく非難した。

　この数年間は、政治の幅広い範囲で活発な活動が行われていた躍動的な時期であったと想起しておくことが大切である。ラディカル派は一つの問題に自らを閉じ込めることはほとんどなく、おそらく一週間かけて『ケース・コン（Case Con）』のワークショップに参加し、その翌週は鉱山労働者とピケを張っていた。これは、左派政党が結成され、幾度か分裂を繰り返した時期でもあった。その結果、ラディカルな傾向はさまざまな形態をとり、さまざまな影響や傾向を受けやすかった。その上、それはダイナミックであるだけでなく地域に根ざしていた。特に、国または地方公共団体の公務員組合（当時の地方公共団体のソーシャルワーカーの労働組合）による職場でのソーシャルワークのラディカリズムは、大都市では、よりうまくいきそうであった。その時期の有名な例には、イズリントン、カムデン、バーミンガム、マンチェスターやリーズなどが含まれていた。これらは、イギリスのラディカルな実践者たちのもう一つの部分で、しばしば非常に孤立しており、ラディカルな運動や活動のいくつかと結びつく機会がほとんどなかった。

政府の反応

　過去の出来事について論じるとき、現実がはるかに混乱し乱雑でゆっくりと進んでいるときに、協調的で効果的な国家の対応を示唆するような秩序の感覚を強要するのはあまりにも安直である。これはまさに1970年代のソーシャルワーク教育に当てはまった。多様な反応があったが、そこからいくつかの重要なテーマを識別することは可能である。最も重要なことは、政府はそのすべて

の外観や働きにおいて、批判的で、ラディカルで、論争的な要素を含んだソーシャルワーク専門職という概念があるということに驚愕したことである。何かがなされなければならなかった。とりわけ喫緊の課題はシーボームとキルブランドンの組織再編に呼応した大規模なソーシャルワーク機関が存在するという状況の変化の中で、今どのようなソーシャルワーク教育が必要とされているのかということであった。新たに創設された公的ソーシャルワーク機関がますます活動するようになり、ソーシャルワーク課程は、もはや目的に合致しないという政府の判断が支配的となってしまったことは、一つの問題であった。政府は自ら望むようなソーシャルワーカーを提供してはこなかった。

　もちろん、多くのソーシャルワーク課程でのラディカル派の混乱は、この問題の重要な要素であり、1978～79年にかけて起こった全国的なソーシャルワーカーのストライキでは、何人かの指導者は、ウォーウィック大学にあるようなラディカルな課程がストライキの過激化の直接責任を負っていると非難した。当時の社会福祉担当大臣 David Ennals に宛てた手紙の中で、保守党の国会議員 Anthony Steen（最近ではトットネスでの出費で有名！）は、貧しい人々に献身するソーシャルワーカーたちが（ストライキで）その人たちに背を向ける主な理由の一つは、「教育課程にいる過激な左翼やマルクス主義の講師たちによる洗脳」のためだ、と書いた（*Liverpool Echo*、1978年10月17日）。そして、バーミンガムでは、

　　バーミンガム市社会福祉委員会の委員長、Banner Adkins 評議員は、［彼らが編集したラディカルな課程の］ブラックリストの詳細については明らかにしなかったが、同市の社会福祉政策に対する最近の抗議運動と課程とを結びつけるためにその情報が求められていると述べた。アドキンス評議委員が、「私は大学側の責任が大きいと思っている。私たちは二年間の研修にソーシャルワーカーを派遣するため約6,000ポンド使うが、大学によっては彼らが政治的影響を受けるようなところもある。私たちは、これがウォーウィックのような特定の大学で進行していることがわかったのだ」と述べたと、バーミンガム・イブニングニュースで報告された（*Social Work Today*, 14 November 1978, p.3）。

　これらのコメントは、広く公表された1977年の Gould の「報告書」に呼応している。彼は報告の中で、マルクス主義者が高等教育、特にソーシャルワー

クや教員養成課程に広範に浸透していることを警告していた。Gould にとって
これは特に心配なことであった。なぜなら、これら両方の分野が「社会的信頼
の守護者」である国家を代表して行動し、子どもやクライエントの適切な社会
化を確実にする責任を負っていたからである（Gould, 1977）。この報告書も、
学生のラディカリズムと行動主義を左派の洗脳のせいにしようとする人々の意
見もかなり誇張されたものであり、それ以上に、ラディカリズムの高まりに対
する都合のいいスケープゴートを求めていたという問題であった。それが真実
かどうかにかかわらず、それらは、ソーシャルワーク教育について何かをしな
ければならないという課題を組み立てるのに影響力をもっていた。

　カムデンのソーシャルワーカーたちは、自らを雇用する当局者が彼／彼女ら
の住居を破壊するのを防ごうとして、スクウォッターと肩を並べて立ちはだ
かった。バーミンガムのソーシャルワーカーたちが子どもたちの家の閉鎖に公
然と抗議したり、クライエントへの連帯を表明した『ケース・コン（*Case
Con*）』の宣言は、［ソーシャルワーカーの］雇用主を落胆させた（Jones, 1983,
第7章）。さらに、そのようなシナリオを回避するのに役立つはずだった課程は、
共謀しているとみなされるか、あるいは少なくとも役立たないものとみなされ
るようになっていった。学生たちは、個人化された家族病理学的なソーシャル
ワークのアプローチを正当化する教育を受けることが期待されていた。そのア
プローチでは、母親が中心的な役割を果たし、うまく機能している異性愛者の
家族が、（問題のある家族とは反対に）社会化や個人の実現を成功させるため
の鍵であることを学ぶのだ。諸機関にとって、正しいとされる知識を教え込む
ことに失敗したことは、資格のある学生たちに、専門職としての理想よりも機
関への忠誠を優先させる構えを身につけさせることができなかったために一層
悪化した。これは、諸機関のスローガンの一つに帰着した。すなわち、政府機
関のソーシャルワーカーは、何よりもまず第一に地方政府の役人であり、その
一義的な任務は地方機関への不断の忠誠を示すことであるというスローガンで
ある。いかなる理由であれ、ソーシャルワーカーが所属機関の政策に公然と反
対することは決して許されなかった（詳細は Jones, 1983, pp.120-2 参照）。

　イギリスの文脈では、専門的なソーシャルワーク課程は長い間、ソーシャル
ワークの土台となる—専門職を再生産する主要な場所であり、雇用への主要な
入り口である—という業務を任されてきたという、さらなる側面があった。私
が別のところで詳しく述べたように、イギリスでは専門職の発展においてソー

シャルワーク教育が歴史的に重要な位置を占めており、それは専門性の火が最も強く燃えさかるところであった（Jones, 1978）。結果として、1970年代までソーシャルワーカーを雇用していた諸機関は、採用やトレーニングの責任を課程に委ねることに概ね満足しており、課程の設計と内容において公式な役割を事実上もたなかった。諸機関は実習の場を提供することで自らの役割を果たすことが期待されていたが、それについては、前述のように、実習での好成績は資格取得の必須条件であったため、影響力がないわけではなかった。これが今や変わったのである。

　これらの圧力に対する反応はさまざまであった。重要なのは、CCETSW（中央ソーシャルワーク教育研修協議会）の最初の動きの一つは、社会科学の貢献と課程で教える専門的資格のない社会科学者の役割を制限することだった。これは、2年制の専攻科や1年制の大学院よりも、社会科学の情報量（input）がかなり大きい4年制の学位課程において特に問題があると思われた。CCETSWは第2回年次報告において、諸機関は徐々に疑問を抱くようになってきていると記している。「学生たちが教えられている学問、あるいは彼／彼女らが受けている教育によって、仕事に取りかかるよりも『システム』を変えることにより関心を抱く、厄介な従業員に仕向けている。明らかに、ソーシャルワーク教育はこれらの変化のバランスをとらなければならない」と（CCETSW, 1975a, pp.38-9）。

　一部の学科は他の学科よりも多くの懸念があった。Brian Mundayによると、以下のとおりである。

　　逸脱の社会学における現在の理論は、ソーシャルワークを学ぶすべての学生にとって最大の脅しとなっている。社会がその目的のために逸脱を生み出しているとし、ソーシャルワーカーは社会統制システムの一部であり、逸脱の多くを改善するというよりもむしろ、逸脱をつくり出し増幅するために利用されている、という鮮明なメッセージを有している。Matza、ベッカー、Cicoulelといった論者のアイデアは知的に魅力的で説得力があるが、ソーシャルワーカーにとってはかなり不気味なものである（Munday, 1972, p.4）。

別の講師は、そのような教育は学生たちの品位を落としていると主張し、「この分野における初心者への専門職の関わりを弱体化することは、乳児のゆりか

ごに毒蛇を入れることに匹敵する」という驚くべき主張を付け加えた。しかし、これはおそらく当時多くの講師たちが感じていたことであった。しかし、高等教育に位置づけられているということは、ソーシャルワークが学問の自由という広く行き渡った慣例を受け入れなければならないことを意味し、貢献している社会科学の学問分野を誰が教えるかを取捨選択することができないということを意味した。しかし、彼／彼女らは、［社会科学者の］役割を制限することができ、専門職の資格をもたない人たちは次第に周辺に追いやられていった。CCETSW自身が承認する立場について、次のように述べている。

> 課程に所属するスタッフで、ソーシャルワーカーではない職員、例えば、実習の手配、実習講師への指導、個別指導、特別なニードのある場所への訪問、実習の実施などを担当するスタッフには、学生の専門的な能力開発に対して同等の責任を負うことは期待されていない（CCETSW, 1976, p.19）。

　この時期以降、専門的なソーシャルワーク教育に加えられたすべての変更において明らかなように、課程の学術的および知的内容は、機関の優先順位を強調した内容が優先され、希薄化されてきたことがわかる。リバプールの元社会福祉局長が、地元の養成課程に対して機関が期待していることに関する議論で、私や他の人たちに話したように、彼は、私たちに思想家ではなく実務家を、さらには言われたとおりに行動する実務家の養成を期待していた！　悲しいことに、この傾向は、いわゆるソーシャルワーク理論と方法の多くを嘲笑して、挑戦的な同僚たちや課程の教材を軽視することで満足しているソーシャルワーク学会の多くの人々によって支持されている。
　しかし、後から考えてみると、ソーシャルワーカーの厄介で不満の多い争点に対する最も決定的な反応は、1975年の社会サービス認定資格（the Certificate in Social Services: CSS）の創設であった。ソーシャルワーク認定資格（the Certificate in Qualified Social Work: CQSW）と並ぶ資格として開始されたCSSは、トレーニングをほとんど受けていない多数のデイケアおよび入所施設のソーシャルワーカーを対象としていた。これが独立した資格であり、専門職へのルートとしてCQSWに統合されていなかったことは、高等教育が［資格を］提供することに対する信頼性の欠如と、諸機関がCQSWに対して変更を求めた際に、高等教育が学問的な自律性と管理という観点から抵抗したといった厄

介さを示している。

　ソーシャルワークの専門職への道が、初めて専門教育から排除され、大規模な政府機関の手に委ねられた。実際に、CSSがほとんどすべての詳細な点において、20世紀末までに、ソーシャルワーク教育の課程の選択から課程の内容、評価までのすべての局面で、雇用主が重要な役割を担うようになることの前触れであった。CSSは指導的な役割を果たし、かなりの権限を有するフルタイムのコース・マネージャーを備えていた。CSSは、高等専門学校の最初の2年間に基盤を置いており、雇用主が決定した課程を提供するという長い伝統を有し、（高等職業専門学校よりも）はるかに管理しやすく影響を与えやすいものであった。

　最終学年は高等教育であったが、大学ではなく高等職業訓練学校であった。当時の大学は、課程の設定や評価や交付において、研究者ではない教職員が積極的な役割を果たすことを容認しておらずエリート主義的であった。このため、いわゆる「副専攻」教育となっていた。高等職業訓練学校はより受け入れられやすいものであった。また、プログラムの多くが仕事ベースの学習として提供され、日単位で開講され、機関の日常業務にうまく合わせて設計されていた。

　ここには二つの大きな効果があった。一つめは、CSS課程の学生は、学生の「反体制的な」文化や活動の影響にほとんどさらされていなかったことだ。というのは、学生は週に1日しか大学に通っておらず、完全に時間割が詰まっていたので学生としての幅広い活動をする時間がなかったのだ。二つめは、機関の関心の焦点は、学生たちが自らを、ある程度の自律的な実践の権限をもつ、ある種の達人なのだと自覚せずに卒業していくことを確かなものにすることに置かれていたことだ。そして最終的に諸機関は、社会科学部門や、いわゆる「難しい」学問的な要素を締め出すことを決定した。

　　社会サービス認定資格（CSS）課程には、広い基礎的な共通単位が含まれるが、包括的な（generic）基礎をもつソーシャルワーク認定資格（CQSW）課程よりも、一般的に教育の焦点は、狭く絞られ、より実用的なものになっている。前者では行動科学およびその他の学問分野における同等の研究は含まれておらず、関連する学問分野から来ている研究者の研究に従事する時間や機会は制限されている（CCETSW, March, 1975b, p.18）。

社会サービス認定資格（CSS）は、雇用者がソーシャルワーク教育を確実に掌握するための究極のルートを提供した。そのためにまず、CSSが専門職として確保された地位に就けるCQSWと同等の資格であるとみなされるように圧力をかけ、そして次に、CQSWではなくCSSの構造と諸原理を継承した後発のソーシャルワーク学位に二つの学位を統合させた。それらが達成しようとしたのは、イギリスのソーシャルワークを縮小する一方で、政府のソーシャルワーク機関（the state social work agencies）が創り出したものとして定義することによって、イギリスのソーシャルワークの劇的な変化を首尾よく描き出すことだった。こうして、ソーシャルワークの性格と役割およびその責任に関する疑問はすべてそのようにして解消された。ソーシャルワークは、いかなる専門職上の独立した権限をも有しない、公的ソーシャルワーク機関によって遂行される活動となった。これ以外のバージョンは重要でなくなった。

　以前は、ソーシャルワークはさまざまな公的機関に分散されていたが、今では組織の再編成と統合によって、各機関は新しい権力を行使するのに十分なほどに組織化された。それらはまた、かつて想像したこともなかった何かになることに同意しなければならなかった。

　主要な方法として家族への予防的ケースワークに焦点を当てた、ソーシャルワーク機関に関するシーボーム報告のビジョンは一度も実現されたことはなく、その設立の当初から、公的福祉システムの「ゴミ箱」のような［なんでも投げ込まれる］機関として機能していた。シーボーム報告が想定していたように、クライエントのために開かれた事務所の電話番号が今や一つになったのだということではなく、一つの機関が、長期にわたる社会保障受給者、家賃滞納者、燃料代債務のある人や非行や罪を犯した人など、困難を抱えた利用者から解放されたいと考えている他の第一線の政府諸機関からの照会先となったのだ。それは、時間と費用のかかるケースワークというよりも、監視と管理を必要とする作業であった。ラディカリズムと専門職による汚染をコントロールすることは補完的な目的にすぎなかったが、これらの争点はソーシャルワーク教育に多くの変化をもたらした。

　もちろんここには、イギリスにおけるソーシャルワークの実践と教育におけるこれらの新しい方向性に対して、ソーシャルワーク学界が降伏してしまったということを含む、いま十分には説明できないこの物語の別の側面がある。私の見解では、この物語の大部分は誇れるようなものではなく、学界上層部の中

に深刻な知的・政治的な空白があったことをさらけ出している。何世紀にもわたりイギリス社会につきまとってきた貧困と階級間の不平等の拡大という困難に立ち向かっていくのに十分な権利を有するソーシャルワークのために闘うことを約束するのではなく、隷従の道を選んだ。彼／彼女らは、権力に対して真実を語ろうとするソーシャルワークではなく、それを不活発にすることによって権力者に奉仕することを選んだのだ。

　私がやがてこれらのサークル［学界上層部］に入ったときに発見したことは、恐怖こそが、しばしば教授たちが新自由主義として知られるものに加担する主要な要因であったということである。私たちの社会の不正義や残忍性について語るのは、あまりにも危険だと考えられていた。数え切れないほどの会議で私が耳にしたことは、公的機関が今や巨大で強い権力をもち、高等教育から完全に離れて、独自の研修課程を創設したということであった。今日のイギリスにおいて、政府によって高度に規制されたソーシャルワーク教育が行われているが、それは単に国家権力や新自由主義の反映なのではなく、ソーシャルワーク学界上層部の加担によるものである。彼／彼女らはみな揃って反動的な変化の実行者であることが多かった。

　もし私たちが、今日のような不毛で抑圧的な存在となったソーシャルワークとは別のビジョンへの道を提示し活動することに関心をもつならば、ラディカリズムの遺産は、潜在的に強力なままであり続けるだろう。それは、社会正義への責任に基づくビジョンであり、同時にクライエントの窮状と、資本主義の下での彼／彼女らの持続的な生命の再生産についてのはるかに優れた理解によって裏付けられたソーシャルワークへと移行していくビジョンであった。それは、社会とそのダイナミクスについての正確で深い分析が、人々を弱気にさせるのではなく、より強くする実践の形態にどのようにつながるのか、ということを学び、考え、見ることを恐れないソーシャルワークであった。それは、連帯と協力に基づくソーシャルワークであり、仕事の方法として示された私たちの素朴さはいかなる場合であっても、今日よりもはるかにスティグマを与えたり害を及ぼしたりする可能性がはるかに低いソーシャルワークであった。その多くは、1960年代後半から1970年代にかけての、フェミニズム、ゲイの解放、公民権、戦闘的な労働組合主義などの、そしてより一般的にはラディカリズムの影響を受けていた。このような背景がなければ、ラディカル・ソーシャルワークの意義ある発展はなかったであろう。気候変動、世界的な金融危機、戦

争、反資本主義などに関わって、現在新たに出現してきているように見える人々の新たな活動が、過去30年間の束縛から解放されたソーシャルワークのビジョンを前進させるために必要とされる推進力も提供してくれることが期待される。

第3章
現代のソーシャルワークと
女性への抑圧

Laura Penketh

はじめに

　BaileyとBrake編の論集では、女性の抑圧に関する特定の章はなかったが、社会における女性の地位と女性運動の考え方と展望が本の中に埋め込まれており、1970年におけるラディカル・ソーシャルワーク再生の中核をなしていた。

　本章では、ジェンダーと階級に着目し、ソーシャルワークと女性への抑圧を探究する。主に、ソーシャルワーク分野のサービス利用者の中で非常に多い貧しい労働者階級の女性の生について、特に保育と児童保護労働との関連で議論する。その際、女性が労働市場や国家との関係で受けている差別と、それが貧困、不平等、健康、福祉の水準に与えている影響について評価をしていく。さらに本章では、社会保障の市場化および民営化と結びついた福祉の展開が、貧困女性の生活にどのような悪影響を与えたかについても分析する。そのことを通して、個人的で道徳的な性格の欠陥に焦点を当てて貧困女性を捉えるステレオタイプに異議申し立てをし、彼女らの生活を形成する上で貧困と不平等が重要な役割を果たしていることを指摘する。過去10年から20年の間に、女性や少女は性的対象化のレベルが高まってきた。本章ではこのことが職場内外での差別を強化し、女性の自己イメージと自尊心にいかに否定的な影響を与えているかについても検討する。

歴史的概観

　歴史的に、ソーシャルワークは、ソーシャルワーカーでもあり、ソーシャル

ケアの受け手でもあるという女性の役割に大きな影響を与えてきた、ジェンダーと階級に関する強力なアイデアによって支えられてきた。19世紀には、慈善活動の積極的な支援者であり代理人（agents）であった中産階級の女性が労働者階級の女性の生活に介入し、道徳的判断を下して慈善的支援を受ける適格性に影響を与えていた（Lewis, 1986）。この慈善活動の中心は、労働者階級の女性に家庭の私的な領域の中で妻や母親としての役割を果たさせることであった。この文脈で、貧困女性の「女性的な」資質と家庭管理能力が精査され、労働者階級の家庭を改善するための道具として活用された。この時期の政治的・家族的イデオロギーの文脈では、女性は、彼女たちの扶養家族が資本主義経済システムの中で将来の労働者としての役割を果たすために、管理し士気を高める社会化において重要な役割を果たすものとみなされていた（Mooney, 1998）。

19世紀に確立された政治的・家族的イデオロギーは、20世紀から21世紀にかけての社会福祉政策に情報を提供するにあたって、非常に強力な弾力性をもって、核家族の中で女性が妻や母親として女性の「自然な」役割を命じることで、ジェンダーの政治（the politics of gender）を行使し続けてきた。例えば、1980年代のひとり親（たいていは母親）への攻撃は、ひとり親家庭は子どもたちに不利となり、国家の財政支出を増大させるという見方によって特徴づけられていた。これらの家族は、社会の規範的構造の外で生活するものとして社会的に構成された。そして彼／彼女らの社会福祉への依存性は、個人的・道徳的な観点から分析され、犯罪の増加や反社会的行為と結びつけられていた。これに対して、伝統的な家族は社会秩序を維持するために極めて重要な制度として構成された。公的な議論と公共政策は、結婚と家族の自然主義的、本質主義的および非歴史的な理解に基づいていた。ここでは、理想化された結婚観が、女性や子どもたちにとってしばしば否定的で暴力的なものとなる家族の側面を覆い隠し、家庭と職場の両方で女性を不利な立場にする依存と権力の問題への対応に失敗した（Lentell, 1998）。

これらのテーマは、今日のイギリスでは、反社会的行動の増加は、結婚生活破綻とひとり親のせいだという「壊れたイギリス（Broken Britain）」論争と関連しながら、反響を呼んでいる。「社会正義センター（The Centre for Social Justice）」（2008）や『家族法雑誌（Family Law Review）』（2009）は、イギリスの「崩壊したコミュニティ」に住む青少年は、道徳性に欠け、善悪の区別を知らず、いかなる規則も守らないなどと論じている。この問題に対処するための政治的

イニシアティブには「アメとムチ（carrot and stick）」のさまざまな方策が組み込まれている。「アメ」は結婚を奨励するためのささやかな税額控除（1週間にわずか数ポンドにすぎない）が、他方「ムチ」は育児教室への強制的な参加のような開発を含んでいる。

　国の福祉供給に関する、より進歩的な政策が追求された戦後の時期においても、家族政策は女性を介護者・養育者とみなす暗黙の前提によって支えられていた。戦時中、女性は軍需工場や陸軍に雇用されていたが、戦争が終わると、政府の政策は、女性に職場から離れて家庭に戻ることを奨励した（Woodward, 2006）。平時には家族の中での伝統的で「自然な」役割に戻ることが前提とされていたのである。戦後の福祉国家の設計者であるベヴァリッジは「次の30年間、母親としての主婦たちは、イギリス人の存続を確実にするために果たすべき、極めて重要な仕事がある」と述べていた（Beveridge, 1942, p.117）。

　社会における女性の役割に関する既存の想定や考え方に異議が唱えられ始めたのは、1960代年から1970年代にかけてのことである。女性に関わる諸問題は、「第2波フェミニズム」と女性解放運動の出現の結果として目立つようになった。フェミニストは、社会政策と福祉供給の構造原理としてジェンダーを位置づけるようになり、女性の不平等と抑圧に結びついた部門や概念を解体し始めた。例えば、家庭内の扶養家族のニーズをケアするのは女性の「自然な」役割だとする想定に異論が唱えられたのである。そして、調査研究においても、核家族の中で多くの女性たちが体験している疎外と絶望感（Oakley, 1974）、そしてドメスティック・バイオレンス（DV）のレベルを明らかにし始めたことで（Woodward, 2006）、家族を安全な場所とみる考えは見直された。女性たちは、自分たちの妊娠と妊娠中絶を自己管理する権利のために闘い始め、結婚生活においてもっと平等的な関係を求める運動を始めた。彼女たちは、この分野で平等と解放を追求することで、さまざまな程度の成功を収めた。［その成功には］妊娠中絶の合法化がある（Orr, 2007）。

　また、同一賃金を求めるキャンペーンが行われたが、そのときには女性労働者がかつてない規模で抗議活動を行い、主要な労働組合の支援を受けた。これが立法化に影響を与え、1970年に「同一賃金法」が導入され、1975年に施行された。この法律は、男性と「同じような」仕事を選定し、男性と一緒に仕事をしない女性を対象としていないという点で相対的な弱点があった。また、施行までの時間的猶予は、雇用者に勧告を回避する方法を見つけるための時間を与

えてしまった。それにもかかわらず、この法律は多くの女性労働者に小さいながらも意味のある変化をもたらした。例えば、1970年の女性の時給総額は男性の63.1%であったが、1975年には72.1%になり、1976年には75.5%になったのである（Orr, 2007）。

今日のイギリスでの不平等と抑圧

　20世紀が進むにつれ、女性運動の目覚めと共に、女性は不平等と搾取を克服したと論じられ始めた。このことは、例えば、教育において女性がいかに男性よりも優れていたか、子どもをもつかどうかを選択でき、自分自身のセクシャリティを表現できたか、といったようなことを示す数値に反映されていた。しかし、女性の生（lives）は依然として不平等と抑圧に特徴づけられているだけでなく、従属化と商品化の度合いが高まる傾向にあることが明らかになっている（Orr, 2007; Cochrane, 2008; Walter, 2010）。

　労働市場では、イギリスが1975年以降、同一賃金法を施行しているにもかかわらず、フルタイムの女性労働者の賃金が男性の半分以下の地域もある。同一賃金到達日（2009年10月30日）[i]について、Woodroffe（2009）は、全国的に、同等価値のフルタイム労働において女性の賃金は男性よりも平均して毎時間17%少なく、少数民族の出身の女性ならばその差は20%になり、そして、パートタイムの仕事に従事する女性の場合ならばその差は36%に達することを明らかにした。

　イギリスは現在、男女平等の国際順位表でははるかにランクを下げており、世界経済フォーラム（WEF）の世界ジェンダーギャップ指数で、130か国のうち15位にランクづけされている。賃金の平等性を考慮すると、状況はさらに悪く、イギリスはエジプト、マラウィ、マレーシアのような開発途上国よりももっと低く、世界で78位である（Williams, 2009）。もちろん、社会には高給の専門職に就いている女性もいるが、彼女たちは職位の階段を上るときに「ガラスの天井」に直面することが多く、政府、議会、市当局や、司法の「トップの職」は依然として男性の領分である。例えば、2010年の総選挙前、女性議員の割合はわずか19.3%で、イギリスのトップ企業の執行役員の96%は男性

---

i　一年間の男性賃金と同額に到達するために、女性が年を越して働く必要月日を示す。

だった（Cooke, 2008）。

フォーセット協会（Fawcett Society）[ii]の平等部門の責任者であるKatherine Rakeは、議論の余地がないと思われてきた長年の権利が現在脅威にさらされており、女性に対する抑圧のレベルが高まっているとの懸念を表明した。例えば、2008年に保守党の下院議員のNadine Morrisは妊娠中絶できる期限を24週から20週に減らすようなキャンペーンを行ったが、2010年の総選挙の前には、保守党下院議員の86%が24週よりも短い期限を望んでいた（Cochrane, 2008）。Rakeの懸念は、著名な実業家たちの最近のコメントにも反映されている。例えば、テレビ番組『Dragon's Den』[iii]に登場するTheo Paphitisは次のように述べている。

　　　[女性は]ひどい妊娠生活に身を置く。…彼女らは、出産前日まで働き続け、赤ちゃんが生まれたら、川に行き、赤ちゃんを洗って、赤ちゃんを乳母に預けて、次の日には仕事に戻る、といつも言っている。しかし確実に、彼女らの頭の中はぐちゃぐちゃになり、出産後は母性本能がわき上がってくる。その影響から抜け出し通常に戻るのには3か月かかる（Cochrane, 2008から引用）。

ニューレイバー政権下で政府の経済顧問に任命されたAlan Sugarは、女性が面接で出産計画について聞かれることは違法であるという事実に対して、「質問することは許されないが、簡単なのは、彼女たちを雇用しなければいいのだ」と回答した。雇い主を対象にしたある調査では、68%がこの意見に賛成している（Cochrane, 2008）。

これらのコメントは専門職の女性に関するものであるが、ソーシャルワーク・サービスの利用者の大多数を占める労働者階級／貧困層の女性にとって、解放はより遠い目標であり、抑圧は彼女らの生活のより重要な特徴であると言える。社会における貧困と不平等の増大の矢面に立たされ、社会保障給付と福祉対策の削減の影響を受けるのは労働者階級の女性であり、女性の間では、貧困率が最も高いのは、シングルマザーと単身の女性年金受給者である。例えば、ひとり親世帯の半分以上は貧困層であり、高齢の独身女性は24%の確率で貧困

---

ii　ミリセント・フォーセットが1897年に創設した女性参政権協会全国同盟。
iii　イギリス版の『マネーの虎』

生活を送る可能性がある。Woodroffe（2009）は、子どもをもつことが、労働市場における「大きなジェンダー格差の分岐点」になりうることを指摘している。例えば、有給の仕事に就いている父親は9割に達しているのに対して、5歳未満の子どもをもつ母親のうち有給で働いている者は半数にすぎない。また育児の責任を負っていることによる雇用の中断が、男女賃金格差の14%を占めている。これはマイノリティのエスニック・コミュニティの女性の場合、さらに悪化する。

　社会保障の提供に関して、女性は資産調査付き公的給付金（benefits）に依存する可能性が高く、それは（女性の）貧困からの脱出に資するものではない。これは、一部は、給付水準に対する懲罰的アプローチの結果であるが、税制と公的給付制度には依然として、女性の男性への依存を助長する前提条件を含んでいるためでもある。例えば、年金受給資格は依然として16歳から65歳までの継続的な雇用を基本にしており、介護責任や家族構成の変化の結果として職業生活が中断される女性に対して差別的である（Bellamy et al., 2006）。それにもかかわらず、労働市場において、女性は低賃金労働を過剰に担っていることから貧困状態に陥りやすく、その上、仕事に就くことによる公的給付の喪失、育児費用や、仕事に伴う出費を考慮すると、一層厳しいものとなる可能性がある。この点において、女性はしばしば「貧困の罠」に巻き込まれており、彼女らの生活水準の向上を妨げている。女性はまた労働市場の状況悪化によって悪影響を受けており、とりわけ子どもをもつ女性の間では仕事の満足度が低下している。これは長時間労働と彼女らのケアの責任に配慮した柔軟性の欠如の結果である。イギリスでは現在、女性の労働時間が長くなり時間外労働が増え、通勤時間が長くなって、職場での電子的な監視の対象となることが増えている。幼い子どもをもつ女性は、最も差別されており、単に妊娠したというだけで毎年数千人が職を失っている（Equalities Review, 2007）。

　32歳のシングルマザーであるマリアは、彼女の状況について説明し、職場でのいじめの影響や「貧困の罠」に巻き込まれたことについて告白している。

　「私が病気で仕事ができないと言われたとき、彼らは私の仕事にプレッシャーをかけ始めました…。懲戒処分にすると脅されました…。私はいじめられていると感じました。そのストレスが私の健康に影響を及ぼしていたので、たまりかねて私は去ることに決めたのです。産休中の給与資格を失い、給料も

年間27,000ポンドから時給5.85ポンドに下がりました。赤ちゃんを出産後最初の4週間は、私は一日に一食しか食べられませんでした。請求書の支払いをして、赤ちゃんのために必要なものをすべて買うことで精一杯だったのです。仕事に復帰したいのですが、給付金を失う上に、保育料を支払わなければなりません。全体として週に40ポンドの損失になります。もし私が臨時雇いとして仕事に戻り、そしてもし、その仕事がなくなってしまったら、無収入の状態で給付金を再び手に入れるまで何週間も待たなければならないでしょう。私にはそのようなリスクを取ることはできません」(Fawcett Society, 2010)。

　貧困が女性とその家族の生活に悪影響を及ぼしていることは、彼女たちの保健、住宅、教育などのサービスへのアクセスと経験にも反映されている。大部分の子どもたちにとって、学校での経験は彼／彼女らが直面する不利な立場の度合いによって決定づけられ、音楽や芸術などの課外活動へのアクセスが制限されている貧しい子どもたちには機会が狭くなる（Horgan, 2007)。教育の不平等が将来のキャリアの機会に影響を及ぼす。これは、「私立学校で教育を受けている子どもはわずか7％であるにもかかわらず、裁判官の75％、財務担当取締役の70％、上級公務員の45％、国会議員の32％が私立学校を卒業していた」という数字に反映されている（Hutton, 2010, p.32)。

　また、不利な立場に置かれた家庭の子どもたちは、死亡率と罹病率が高く（Acheson, 1998)、まともな住宅に住む機会が少ないことも明確になっている（Burrows, 2003)。黒人家庭では、状況はもっと悪い。子どもの貧困という点では、バングラデシュとパキスタンの子どもの70％が貧困の中で暮らしており、これは白人の子どもの2.5倍に相当する（Penketh, 2006, p.88)。健康、住宅、教育の提供を考慮すれば、これは、かつてなく大きな不平等をもたらしている。貧困家庭は刑事司法制度の中でも過剰になっている。貧困女性の大多数は、借金や万引きに関連する非暴力犯罪で罰せられたり投獄されたりしている。これらの女性の多くが家庭内暴力や性的虐待を経験しており、70％が二つ以上の精神疾患の診断を受けている（Prison Reform Trust, 2007)。

　貧しい母親はまた、家族崩壊を社会全体の衰退と結びつける政策によって悪者扱いされており、貧困家族の割合に正比例して政治家の懸念が増大してきている。政治家やメディアの怒りは、とりわけシングルマザーに対して向けられてきた。彼女たちは、社会問題の責任を負わされ、政治家やメディアが想定す

る不道徳で不適切な行動ゆえに、政治的に、あるいは経済的に罰せられてきた。ここでは、ひとり親であることをライフスタイルの選択とみなされており、社会問題は、家庭に父親の姿がないこととしつけの欠如が原因であると考えられている。

　労働者階級の女性たちの生活もまた、過去30年間にわたって遂行されてきた公的福祉供給への攻撃によって悪影響を受けてきている。今日では、地方自治体や中央政府の多くが、個々の家族構成員や家族が集団的に扶養することに頼っている。深刻な剥奪を避けるために扶養家族は家族資源に投げ返され、ケアの大部分を担うのは女性とされる。そのことは、彼女らの仕事の能力やキャリアアップ、そして経済的安定に影響を与える。さらに、健康状態や生活状態全体の悪化をもたらすことになる。貧困層はまた、公共事業の民営化と市場化の矢面に立っている。例えば、2009年末から2010年初めの寒波では、女性たちが食べ物を買うか家を暖めるかの選択を迫られるという例があった。ある女性は、ガスメーターの料金を支払う余裕がなかったので、木の棚を燃やして暖をとったことを話した（Gentleman, 2009）。

　社会保障給付や低賃金によって生活している貧困家庭の女性はまた借金をしていることが多い。借金は衣類や家具などの消費財の購入に使われることが多いが、ガス電気水道代の支払いに利用されることもある。また、借金の水準は、執拗な消費文化や、物資の購入を促進する家庭生活の商品化にも関連している。ここでは、広告キャンペーンや雑誌記事によって、物質的な財貨を獲得する圧力が激しく煽られている。しかし、魅力的な家や、ファッショナブルな衣服、休暇、海外旅行、子どもたちに趣味や興味を与えることなどの、家族の特定のイメージを購入するためには、経済的に安定していることが必要となる。銀行口座や有利な信用条件を利用できない貧困な女性にとって、そうした商品を購入する唯一の方法は、法外な金利を課す金融業者から借りることである。

　福祉供給の外部委託は、貧困な労働者階級の女性が「民営化された」諸機関による扱われ方にも影響を与えてきた。2010年に、私はリバプールのスピーク地域出身の女性グループにインタビューを行った。スピークはこの市の中で最も貧しい地域の一つで、「統合」と健康増進を中心とした地域の福祉構想の対象となっている。私の目的は、福祉事業者との関係に関連する、労働者階級の女性の視点を探ることによって、メイヤーとティムズの研究（Mayer and Timms, 1970）で取り上げられた問題のいくつかを再検討することであった。

この調査は現在も進行中であるが、女性たちからの最初のフィードバックのいくつかは、とりわけ衝撃的であった。ひとりの女性は、長年働いてきて、初めて「失業登録（sign on）」しなければならなかった経験を語った。彼女は自身の経験を次のように思い起こしている。

「私が赤ちゃんだった息子をベビーカーに乗せて職業安定所に行ったとき、私は警備員のひとりについてこられました。それが私にとっては初めての「失業登録」だったので、私は彼に『給付金を請求するために、これらすべての手続きを踏まなければならないことを知らなかったわ』と言いました。すると彼は振り向いて『そうだね、あんたは股を閉じておくべきだった』と言ったのです」。

　2人目の女性は、健康上の理由から地元のレジャーセンター[iv]を主治医に紹介され、ジムを利用できるようになったと話した。彼女がその時の失望と当惑を次のように話してくれた。入会説明会の際に、彼女はグループ全員の前で口頭で「医者に紹介されてきた人」と呼ばれ、メインのジムから数台の器具しかない小さな部屋に連れて行かれた、と。当然のことながら、彼女は二度と行かなかった。これらの経験は、「民営化された」福祉産業の中で、労働者階級の女性がどのように差別され、汚名を着せられ、恥をかかされているか、また、それがどのようにして福祉供給からの離脱につながっているのかを明らかにしている。
　女性は、経済や福祉の面での厳しい政策意図を経験しているだけでなく、性的対象化レベルの上昇にさらされており、解放は彼女たちの身体がラップダンスバー[v]や雑誌の表紙に売りに出される権利として解釈されるようになってきている。このことは、女性のセクシャリティが売買されるものとみなされる雰囲気をつくり出しており、世界の性産業界は現在、推定970億米ドルの価値があり、スタッグパーティー[vi]の一部として売春宿に行くことがよくある、という事実に反映されている（Banyard and lewis, 2009）。Katherine Rakeはそれを

iv　地方自治体によって運営されている、スポーツ・活動センター。
v　ヌードダンサーが座った客のひざに乗るようにして性的欲望をそそるようなダンスをするバー。
vi　結婚前夜に花婿の男友達が開くパーティー。

確信している。

　　性産業界が過去10年間にしてきたことは…「無邪気で、楽しく、皮肉」に
　　見える方法で自らのイメージを変えることだった—そして女性もその一部とな
　　りうる。だから、ポールダンスのレッスンをおまけに添えよう…しかし、その
　　外見をはぎ取らなくても同じような古いやりとりがなされている。ラップ・ダ
　　ンスクラブで踊る女性たちは店の経営者にお金を払って踊っていることを、一
　　体何人の人が知っているだろうか？（cited in Cooke, 2008, p.4）。

　女性やティーンエイジャー、少女たちも、彼女たちの容姿に対する増大する
圧力にさらされている。彼女たちの容姿は、ファッションや美容品に関連した
目抜き通りで食い物にさせられている。Natasha Walter が述べているように、
「若い女性たちがこの文化から身を引くこと、付け爪や偽の日焼けをし、果て
は偽の胸をもつことにつながる以外の道を進むことは、ますます難しくなって
きている。もし彼女たちがそんなことをすれば、そこには深刻なペナルティー
が待ちうけている」(2010, p.8)。

不平等と抑圧—批判的な分析

　これまで、この章では、社会における女性の抑圧に関連した歴史的な展開、
1960年代および1970年代におけるこの抑圧への挑戦、そして経済的、政治的、
社会的な表現等と関連したイギリスにおける女性の地位について論じてきた。
これからは、なぜ女性の生が依然として高いレベルの不平等と抑圧に特徴づけ
られているのか、また、政治的イデオロギーが核家族の中で妻や母親としての
地位を強化し続けている諸方法について、構造的不平等に焦点を当てつつ批判
的に評価していく。このような分析はソーシャルワーカーにとって重要であ
る。というのは、このような理解がなければ、ソーシャルワーカーの介入が貧
困な女性についての個人的で道徳的な思い込みに基づくものとなり、彼女たち
への抑圧を強化する恐れがあるからである。
　ソーシャルワーカーは、社会における貧困と不平等のレベルを理解し、より
貧困な女性は低賃金の仕事に就いているか、男性または国家から支給される給
付金に依存しているという認識が必要である。ニューライトとニューレイバー

の下での30年間で不平等のレベルは拡大してきた。Dorling（2010）は次のように述べている。「イギリスのような国では、チャールズ・ディケンズが『ハード・タイムズ（*Hard times*）』を書いていた1854年には、人々は賃金格差で計ると、今日と同じような格差社会を生きていた」。

彼はこう書き加えた。

　　イギリスや、他の格差の最も大きい富裕国の政治家たちは…不平等を、何よりもまず不当なものだと見るのではなく、「不幸」であるが避けられないものだ、という有害な考えを受容し、助長してきた…。子どもの貧困削減に焦点を当てるなどの、ニューレイバーの政策領域のより進歩的なものは、「超富裕層」がかつてない水準の富を蓄積することを可能にするエリート主義システムによって不要なものにされている。

社会における不平等の影響は、WillkinsonとPickettの研究で検証されている。この研究は、格差社会における全住民を社会的に蝕んでいく影響や、社会的流動性と地理的な隔離にもたらす諸結果を指摘している。この研究は次のように述べている。「所得格差が大きいほど、社会構造を固定化させ、社会階層の上昇移動の可能性を低くしているようだ。結果の不平等が大きい場合、機会の平等の可能性は、はるか彼方に遠のいてしまう」と（2009, p.169）。

新たに選出された保守党と自由民主党の連立政権下では、状況はさらに悪化する可能性が高い。緊急予算（2010年4月）の分析は、「福祉国家創設以来、女性にとって最悪のもの」となっている。Yvette Cooperは以下のように述べる。

　　公共部門の労働力に女性が占める割合が増えるにつれ、公共部門の賃金凍結と、計画された60万人もの公共部門の正味の雇用喪失により、女性はより大きな打撃を受けることになる…。キャメロンは、歴代政府の中で最も家族に優しい政府を約束した。にもかかわらず、彼らは福祉国家の歴史の中で、家族の支援に対する最も残忍な攻撃に乗り出してきた。彼らは、児童手当、児童税額控除、妊婦手当、児童信託基金を何十億ポンドも削減するなど、これまでで最も野蛮に児童への支援を削減してきた。女性は住宅手当、公的年金、介護手当などの削減の影響を受けやすく、所得税控除の増加による恩恵は男性よりも少ない。児童を脇に置いていても、彼らは女性に対して最もひどい仕打ちをして

いる（Stratton, 2010）。

　貧困と不平等が女性の生に与える影響を示す証拠があり、就労（work）は貧困からの脱出ではないにもかかわらず、今なお、政治家は女性の労働市場への復帰を強化することで財政の健全化を図ろうとしている。新保守主義の政府とニューレイバーの政府の下で、女性は仕事と家庭生活に対する、矛盾する政策の対象となってきた。一方では、国の福祉供給の「後退」に伴い、社会政策はインフォーマル・ケア部門と市場の役割を強化してきたために、彼女たちは家族介護の義務を果たすよう圧力をかけられてきている。

　他方で、とりわけ母親たちは福祉給付金への依存が非難され、家庭の外で働くようプレッシャーが強められている。例えば、ニューレイバー政権は、一番下の子どもが7歳になったらひとり親は仕事に戻るべきであるという政策を導入したが、後に続く保守党と自由民主党の連立政権では、一番下の子どもが学校に入学したときに同様の政策を実施することを支持している[vii]。これらの政治家たちは、融通がきかず、長時間でしばしば時間外労働となることを特徴とする低賃金の労働環境に参加することと、家族の中でケアの責任を果たすこととは、両立し得ないということを認めることも認識することもできていない。仕事をしているほとんどの女性にとって、仕事と家庭生活のバランスをとるのは、特に家庭内の家事の大部分を依然として行っている女性の場合、ますます困難になっている。貧困家庭の女性もまた、貧困のあおりをまともに受ける傾向がみられ、他のどの家族メンバーよりも自分自身を否定しやすくなってしまう（Graham, 1987）。

　ひとり親にとっては、問題はさらに深刻であり、彼／彼女らは自らの人生と子育ての質（attribute）について、特に厳しく監視されている。政治家たちは、シングルマザーになることは個人的な選択であると主張しているが、ケンブリッジ大学の経済学教授Robert Rowthornとグラスゴー大学の上級研究員David Websterの研究は、この分析に反論し、シングルマザーの著しい増加は、脱工業化の結果としての男性の失業率の上昇と直結していることを示唆している（Sunderland, 2010, p.33）。この点において、伝統的な家族構造を弱体化さ

---

vii　イギリスでは義務教育は5歳の幼児学校から始まり15歳までの11年となっており、日本よりも2年長い。

せたのは、不道徳というよりも経済的な不安定さなのである。

　シェフィールド・ハラム大学の研究者によって行われた調査は、給付資格に頼っている女性の人数がどのように増加しているのかを明らかにしたが、その数は1980年代の35万人から今日の110万人まで達している。しかし、この調査は、受給者が不正を行っているとみなす政治的主張を擁護するものではない。それどころか、給付金を受けている女性は失業率の高い地域に集中しており、技能資格をもっていないか、低水準の仕事に就いていることを明らかにしている。ここでは、就労を基本に据えた面接を推進する政治的な動機は、就労可能な仕事がほとんどないことや、これらの女性が身体的および精神的リハビリテーションを必要としているのを認識するのではなく、給付金の請求を減らす方法とみなすことにあるようだ（Viney, 2009）。

　現代のイギリスでは、今なお政治家たちは貧困家族や未婚のカップル、ひとり親を軽蔑し続けている。例えば、デイヴィビッド・キャメロンは、無気力で不道徳な貧しい人々を説得して結婚させる必要性を語り、「子育ての温もり」と「強くて安心できる家族、自信と能力のある両親、幼い頃から教え込まれた責任の倫理」の必要性を奨励している。選挙前に彼は、「貧困層に生まれた子どもと裕福層に生まれた子どもの間にある成績の違いは、自信と能力のある両親によって育てられた場合では、統計的に有意な差はもはやないのだ」という意見を述べた（Toynbee, 2010, p.31）。

　この主張は、貧困が子どもと家族に及ぼす計り知れない影響を明らかにしている縦断的研究のためのセンター（Centre for Longitudinal Studies）の調査（2007）によって土台を崩され、Leon Feinsteinによる不平等が幼児に与える影響についての調査がこれを論破し、次のように述べた。

　　生後23か月を過ぎると、ぼんやりしているが裕福な子どもは、明るいが貧しい子どもよりも成長が早くなり、6歳になるまでに彼らの成績は入れ替わり、ぼんやりしている裕福な子どもの成績は確実に上昇する一方、おそらく永遠に、貧しい子どもの成績は低下していく。養育上の会話や刺激、良い保育や教育を受けた親からの関心は、一方を上に押し上げるが、他方は逆境の犠牲となる（Toynbee, 2010, p.31）。

　社会政策はまた、ソーシャルワーカーの役割にも影響を与える。家族イデオ

ロギーを強化すると、ソーシャルケアの提供者および受給者としての女性の抑圧も強化されることになる。特に重要なのは、「正常な」家族や「正常な」しつけ（parenting）という概念である。この概念は、家族生活を個人的、道徳的に描き、貧困状態にある女性や子どもたちを病的なものとみなす傾向がある。[イギリスの民間シンクタンクである] Demos の研究者で、ミレニアム・コーホート研究（Center for Longitudinal Studies, 2007）のデータを分析した Jen Luxford は、2000年に生まれた子どもたちの生活に貧困の影響が強まっているとして、次のように述べた。

　　不適切な環境で育った子どもにとって、信頼と共感に満たされていることは最大の関心ではないのかもしれない。問題児となり、攻撃的で衝動的になるのも当然なことなのかもしれない。安定した雇用、手頃な価格の住宅、適切な公教育、そして安定した年金への期待は吹き飛ばされてきた。これは保守党によって促進された経済自由主義の哲学の責任に帰することができる。

　30年以上にわたり公的福祉供給を攻撃してきた政策の展開は、女性にとって有害であった。例えば、「コミュニティケア」法は、主に女性によるケアのことであり、家庭内の女性の無償労働についての婉曲な表現であるとして批判されてきた（Finch, 1998）。被扶養者のケアにおけるインフォーマルセクターの役割を強化してきた政策的展開もまた、家族が女性や子どもにとって危険な集団となる可能性があることや、「現在の、もしくは過去のパートナーによって殺害される女性の数は週に2人のまま一定してきており、強姦の有罪率はほとんど減少していない」ことを認識できていない（Cochrane, 2008, p.9）。
　賃金、労働市場の状況、公的福祉供給へのアクセスに関連した急激な反動を経験するだけでなく、女性や少女の生活もまた、性的対象化のレベルの上昇によって悪影響を受けている。このような女性の身体をじろじろと見ることは、少女たちにさまざまな問題を引き起こしている。教育研究所（Institute of Education）の Jessia Ringrose は、ポルノが一般化していることによる10代の少女への影響と、その精神衛生問題や学校での性的いじめとの関連について調査してきた。彼女は、次のように述べている。「ふしだらな女、浮気者といった言葉を投げかけたり、また、物理的に、軽くたたいたり、強制したり…女性が他の女性に対して嫌がらせしたり、病的なものとみなしたりする。そこには多

くの性的な闘争があるのだ。友人同士であっても、お互いを「ふしだらな女」とか「浮気者」と呼び合っている。しかし、彼女たちは罠にはまっている。日常の社会では、これらの言葉をはねのけるのは容易ではないのだ（Cooke, 2008, p.4)」。最近、子ども協会（Children's Society）が実施した「子どもたちの幸福の理解」というタイトルのアンケート調査で、身体イメージに関する深刻な問題が指摘された。それによると、子どもが最も悲しいと感じるのは、自らの外見であることが明らかになった。また10学年（14〜15歳）の女子の28%が自らの外見を悲観的に思っていることがわかった。ガールスカウトによる調査は、11歳から16歳までの少女の46%が美容整形手術をしたいと思っていることを明らかにし、この懸念を強めた（Cooke, 2008)。見た目を良くし、財産を手に入れることに高い価値を置くと、うつ病、不安、薬物乱用のような社会問題のリスクも増大する。

　このような急激な反動は、市民の態度に悩ましい影響をもたらしている。例えば、2005年に実施されたアムネスティ・インターナショナルの調査では、露出の多い服装をしたり酔っ払っている女性がレイプされたら、回答者の26%はその女性に一部またはすべての責任があると考えていることが明らかとなった。2007年に行われたアメリカの心理学会による調査では、女性を性的対象化したイメージをもつ男性ほど、セクシャル・ハラスメントや性的役割の固定観念を受け入れていることが明らかになった（Cochrane, 2008)。

　結論として、1970年代と1980年代のラディカル・ソーシャルワーク運動の中に組み込まれた女性運動の関心事は、現代のソーシャルワーカーにとっても今日的な意味を帯びている。なぜなら、その時期に彼女たちの生活のいくつかの側面で革命的体験をしたにもかかわらず、今なお、不平等と抑圧が依然として女性の生の極めて重要な特徴となっているからである。抑圧に抗した実践を発展させるために、ソーシャルワーカーたちは理論的にも実践的にもジェンダー問題に高い優先性を与えなければならない。

　ソーシャルワーカーたちは、貧困と不平等が女性とその家族の生活に与える影響について批判的な理解をもつべきであり、差別を強化する固定観念や思い込みに挑戦する準備をすべきである。また、ソーシャルワーカーたちは、社会政策や社会問題に関する女性の立場についての問いを準備しておくべきであり、また、国家の福祉供給を減らし、民営化や市場化の役割を促進することによって家族内の女性の役割を強化する政治的アプローチに批判的であるべき

だ。

　ソーシャルワーカーたちは、女性の商品化に関連した最近の展開と、それらがどのようにして性的な分断を強化し、平等と解放の概念を歪曲してきたかを認識する必要がある。ジェンダー間の不平等と抑圧が効果的な挑戦を受けるのを保障するために、ソーシャルワーカーは女性の声に耳を傾け、組織の階級序列的な形態と闘う準備がなされなければならない。何よりも重要なのは、変革のための戦略を含めた政治的理解を身につけることである。女性の抑圧についての批判的な理解を身につけ、政策、実践、手続きに挑戦する準備をすることによってのみ、進歩的な変革がもたらされるのである。

第4章
道化師のジョーク

Charlotte Williams

　2010年の初頭、住宅・コミュニティ・地方政府省大臣のLord Denhamは政府の人種政策についての総括を発表し、現在私たちが「多様性を問題なく受け入れている」という事実に照らしたとき、どういうわけか、人種差別は問題ではないものだ、という見方を示した（「ガーディアン」紙、2010年1月14日）。Denhamは「すべてのエスニック・マイノリティの人々が不利な状況に置かれていると仮定する一次元的な議論を避けなければならない」とし、階級の諸要素が、現代の不平等問題としての人種差別より比重が重いと主張した。Denhamはイギリスにおける人種差別の状況が「想像していた以上に好転している」と見ており、「過去十年間の継続的な取り組みが、人種間の平等やより良い人種間関係を促進し、多くの人が感じていた不公平な障壁を取り除き、以前よりも多様性に寛容な社会を育むことを手助けした」と主張した。

　これらの宣言は、公共政策における「人種」への対応と位置づけを系統的に再検討しようとする明白で持続的な政府の動きと一致する。ニューレイバーによる政策運営の三つの時期において、人種や人種不平等を明確な問題として扱うことからの、徐々にではあるが一貫した後退があった。この明確な転換は、公共政策論議の再検討から始まった。そこにおいては、政策立案者や政策文書が、多様性、コミュニティ、結束および包摂といった用語を「人種」というおなじみの言葉の婉曲的な表現として使うことを好んだ。そして政策演説では、今日では旧式で時代遅れの多文化主義と呼ばれるものとの距離をあからさまに示した（Phillips, 2005）。

　2008年には新平等と人権委員会（the new Equalities and Human Rights Commission）が設立され、平等部門は単一の執行機関に統合された。その結

果、約30年続いた人種平等委員会（the Commission for Racial Equality: CRE）は終了し、当初設立されていた地方の「人種」平等委員会は事実上、徐々に廃止されていった。平等法は、平等［の実現］に取り組むために、また現代の人口統計の現実からかけ離れているとスティグマを押された「縦割り型（silos）アプローチ」を解体するために、ジェネリック・アプローチを採用した。これらの現象は、9.11テロ以降の社会における「黒人」の政治的有権者に対する、より根本的で持続的な新自由主義的な攻撃の上に成り立っている。この9.11テロ以降の社会では、「統合の危機」という観点から、多くの戦略によって、批判的もしくはセクト的な非主流派が、断片化され分散化されているのだ。(Bloch and Solomos, 2010, p.223)。

ソーシャルワークは、おそらく無意識のうちにこの現代のミッションに応じて展開されるほかなかった。このような転換は、ソーシャルワークの上部組織である全国ソーシャルケア協議会（the General Social Care Council）が、反人種主義的ソーシャルワークのラディカルな要素とでも言うべきものから、あからさまに距離を置いていることに由来する多くのレトリックと呼応している。その最も端的な例は、2004年のソーシャルワークの新たな学位導入に伴うソーシャルワーカーの資格要件において、人種的・文化的多様性に関する義務づけが見直されたことである。明確な「人種問題」への取り組みからのこの撤退が与える影響は、明らかに重大である（Tomlinson and Trew, 2002）。

例えば、ウェールズ全域のソーシャルワーク教育提供者に対する最近の調査では、「個別のアプローチとしてのソーシャルワークにおける反人種主義はもはや死語である…私たちはジェネリック・アプローチを用いている」と報告する回答者がいることを指摘した。そして調査は「人種」へのあらゆる焦点をそらした教育提供者に「他の競合する優先事項」が押しつけられたと示唆した。ある回答者は、「人種」や人種差別主義はさまざまな文書に現れる「BME (Black and Minority Ethnic) という3文字に薄められた」と結論づけている（Williams, 2010）。

ソーシャルワークにおけるこの転換から導き出される含意は、定義された課題が誤ったものであり、放棄される必要があったか、あるいは完了したかのどちらかであるということである。つまり、多めに見ても反人種主義的な実践の変種がソーシャルワーク教育と公的な実践に組み込まれている程度であり、この特定のラディカリズムの要素はもはや必要ない、ということである。反人種

差別主義に照らして、良いか良くないかという論争は、ソーシャルワークの中心的な議論としての基盤を維持することさえできなかった。また、ソーシャルワークも、「人種」平等の利点に対して、考え方やアプローチに実質的な変化があったという具体的な証拠を持ち合わせてこなかった（Williams and Soydan, 2005）。したがって、「反人種主義プロジェクト」は、かつての勢いを失ったプロジェクトである、と結論づけることは容易であろう。すなわち、これは行き場を失ったプロジェクトであり、現代の政治的使命に向かって適切に方向転換することができないのである。

　もちろん、黒人や少数民族が直面している深く根付いた不平等や、彼／彼女らが日々直面する現在進行形の基本的な人種差別に照らして、この転換がいくぶん皮肉めいていることを示唆する実質的な証拠はある（Walby et al., 2008；Bloch and Solomos, 2010）。実際に、人種に不利な立場は、致命的で根深く、世代を超えて続いていく。人種的マイノリティは刑務所や少年院、児童養護施設、精神保健施設、職務質問の対象者などにおいて相当数を占め、健康状態や失業、収入、低賃金や年金などの点で相対的に不利な立場に立たされている（CRE, 2007）。彼らは、いまなおイギリスの貧困層の大部分を占めており、他の社会層との関係において、個人的、制度的な広がりをもった差別の対象となっている。彼／彼女らは、ソーシャルワークやその学会を含む公的機関の権力ある地位に選ばれることは少ないし、地方政府や中央政府や法人組織の代表として選ばれることも少ない。また、支配的なコミュニティにおいて差別感情や偏見が減少したというような意見はほとんどない（Heath et al., 2010）。

　それゆえに、「人種」や人種的マイノリティに対するソーシャルワークの今日的な位置づけについては、相当な皮肉が含まれており、精査が必要である。Stan Cohen は、古典的な『ラディカル・ソーシャルワーク（*Radical social work*）』論集に掲載されたエッセイの中で、専門職の思考と行動にときおり刺激を与える必要性を説明する手段として、「道化師のジョーク」（1975, p.43）という着想を引き合いに出している。中世の道化師は、支配層の宮廷に出入りする特権が与えられ、権力者の娯楽の部内者としての地位を保障され、意思決定者に接近することを許されていた。道化師は、この地位を使って、不快な冗談や面白がらせるが同時にイライラさせる言葉を繰り出す。そして、一見無害に見えるが、応えにくい質問を出す。そうすることで、直接的もしくは皮肉交じりに真実を描き出すことを意図している。この方法によって「ソーシャル

ワークの自己認識に秘められた嘘を穿つことができる」とCohenは言う（1975, p.43）。この章では道化師が冒頭で以下のような鋭い指摘をする。

道化師―「ラディカルって、いったいどのようにラディカルなのですか？」

私はソーシャルワークにおける反人種主義のラディカルな道が、妥協の政治を特徴とする袋小路に入り込んでいる、と指摘したい。ソーシャルワークは、ラディカリズムの特定のモデルと一連の戦略を展開したが、それは、現代の政治的文脈の中で、その有用性が尽きたため、もはや「ラディカル」とは言えなくなってしまっている。今直面している行き詰まりは、ワーカーが所有する、変革の使命の危機から生じている。それは結局のところ、現在考えられているソーシャルワークの手の届かないところにある、と私は考えている。

ラディカルな道

のちに「反人種差別主義的ソーシャルワーク」と呼ばれるようになったものを、BrakeとBaileyが発展させ推進させたことの価値は、記録に残るものである（Payne, 2005）。BaileyとBrakeは、かつてはソーシャルワークの世界では認められていなかった方法で、不利な立場や貧苦を生み出す構造的な決定要因への注意を促した。そして不利な立場に置かれた人々のニーズに継続的に応えていくためには、ケースワーク方法論は病理学的で限界がある、と指摘した。このテキストは、福祉国家の機能を痛烈に批判し、おそらく最も重要なこととして、この専門職に明確な責任を負わせた。その責任とはすなわち、抑圧的な国家の実践に加担するのではなく、それら［抑圧的な国家の実践］を変革するという道徳的・政治的責任と、そしてソーシャルワークが仮定している世界そのものを批判的に検討する責任である。それは、自由主義への攻撃、とりわけ社会民主主義的福祉国家の自由主義的改革主義と、その断片的な調整と形式的な宥和政治に対する攻撃であった。そこでは、平均的なソーシャルワーカーの取り繕ったつなぎ合わせのアプローチは、根深い不平等で織り込まれた社会の構造を変えることができなかったと論じている。

著者たちにとっては、ソーシャルワーカーは、ソーシャルワーカーを「汚れた仕事をさせられる労働者（dirty workers）」（Cohen, 1975, p.77）と位置づけ

た矛盾や両立し得ない義務に巻き込まれていた。つまり、ソーシャルワーカーは政府職員としての職務と、ソーシャルワーカーが仕える人々からの苦情との間で、何らかの形で板挟みになってしまうのである。著者たちは共同で、[ソーシャルワーカーが]注目する地域の単に階級に基づいた把握を超えて、不利な状況に置かれた地域を一層深く探究する基盤となるような新しい分析枠組みと概念装置を提供した。

　BaileyとBrakeによる議論の新しい展開は、ソーシャルワークの役割やアイデンティティ、そしてソーシャルワーカーがあらゆる実践（the world of practice）に備える方法について、大幅に再考することを意味していた。多くの点で、初期の「ラディカルな」著者たちが築いた屋台骨は、現在まで私たちが想起する「政府内部での、または政府に対抗する」ラディカリズム形成の原型を提供するものである。それは、ソーシャルワークが国家に管理され、国家が運営する職業であることの必然性を受け入れつつ、サービス利用者、すなわち貧しい人々や労働者階級の人々のエンパワーメントと平等を促進するために、官僚組織の中で自由に動ける余地を活用するさまざまな方法を提示しようとしたのである。

　もちろん、彼らが見落としていたものもある。彼らは「黒人」／公民権運動の台頭に一応触れており、見落としたわけでもない。また、彼ら［黒人たち］が経験してきた不平等に対して、代替的な形態の福祉が動員され、新たに出現した「黒人」有権者によるロビー活動に気づいていなかったわけでもない。しかしながら、彼らは、イギリス政府がエスニック・マイノリティ（minority ethnic）の市民や市民権を得た外国人居住者を管理・統制するために展開した巧妙な装置を徹底的に分析するには至らなかった。この点で、ソーシャルワークの実践者は、たとえ善良であっても、黒人や少数民族の違いを病理学的に分析し、少数民族のクライエントを狂人や悪人と決めつけるなどして、彼／彼女らのライフスタイルの物語を歪め、彼／彼女らのニーズを徹底的に無視し、分類、管理、共謀する上で、重要な役割を果たしたのである（Bryan et al., 1985; Phillips and Phillips, 1998）。しかし、これはBaileyやBrakeが示したように単にケースワークの機能不全の産物なのではなく、イギリスの人種差別主義という、いまだほとんど命名されていない不公平な力の産物であった。それは社会福祉サービス施設の回廊だけでなく実践家や政策立案者の意識にも広がっていた。人種差別的なイデオロギーや実践の生産・再生におけるソーシャルワーク

の役割を明確に指摘し、寛容で善意のソーシャルワーク実践者という概念に異議を唱えるのは、その後の著者たち（例えば、Brake と Bailey による最新の論集〈1980〉の中の Husband, 1980 や Dominelli, 1988 など）によって行われることになる。

　Bailey も Brake も多文化主義の容赦ない台頭や、こうした闘争が国家を超えてどのような方向に向かうかを予想することはできなかっただろう。黒人や少数民族のコミュニティが抱える不満は、1980年代に、イギリス各地の都市で起きた路上での反乱（暴動）や抗議行動において強力に表現され、満たされていないニーズを把握し、国家機関の差別的慣行への注目を集めようとしたのである。母国が市民として彼らを支援してくれるという、イギリスへの初期の移住者たちの楽観主義に代わって、政府のサービス供給者に対する信頼と信用の喪失に基づく「ウィンドラッシュ世代の不信感」[1948年から50年代にかけて労働者不足に対応するために受け入れられた西インド諸島からの移民家族などへの取り締まり強化への不信感]（Williams and Johnson, 2010）が生まれ、黒人／白人の色分け軸に沿ってつくられた「人種」政策が、これまでの階級闘争のどの境界線よりも厳格に公共政策用語の中に刻まれるようになったのである。これらのマイノリティに対する初期のソーシャルワークの対応は、ラディカルな著者たちが予想したように、黒人主導のグループとの連携や、クライエントとの協調戦略、あるいは福祉の修正社会主義的な政策をもたらすのではなく、福祉国家の欠陥機構への同化主義や欠陥のある福祉国家機構への宥和政策、併合政策を生み出した。

　Bailey と Brake によって提案されたラディカリズムの別のタイプは、労働組合を過信し、組合員の差別的な慣行を見過ごしていた。すなわち白人労働者階級が「移民」とみなした者に対する根深い嫌悪感と、すでに不利な立場に置かれている白人労働者階級の脅威とみなす人々への反感を無視していた。つまりクライエントが別のクライエントに向ける嫌悪感や、クライエントが黒人労働者に向ける嫌悪感を見過ごしていたのである。それは、国民の苦難を解決するために大きな政府を本質的に信奉するリベラルな中産階級の感性と支援に依存していた。実際に、ラディカルなプロジェクトで提案された協力者は、まったく協力者などではなかった。労働者の集団的階級闘争の一環としてのクライエント連合のようなラディカルな戦略は失敗しただろう（1975, p.85）。また、クライエントが権利を取得できるよう支援することを目的とした福祉権利運動

は、市民権の有無、あるいは推定される市民権の有無に基づき、権利をまった
く否定された人々を包含しないまま、失敗に終わっただろう。画一的な供給モ
デルに基づいた福祉国家の普遍的分配政策は、人種的不平等との闘いにおいて
はあまりにも貧弱であった。ラディカルな実践のこのような枠組みは、イギリ
スの黒人やエスニック・マイノリティの人々のニーズに対処するには根本的に
欠陥があったのである。

反人種差別主義とソーシャルワークの非ラディカル化の傾向

　ソーシャルワークにおけるこうした懸念の高まりは、1980年代末に頂点に
達した。反人種主義「運動」の原点は、政府が管理する多文化政策の範囲外に
あり、とりわけ、利用者や利用者団体自身が福祉体制に対する要求と失望を明
確に示すアクションを通して、草の根から生まれた。それは人種的不平等に取
り組む政府の非妥協的態度に対する応答としての街頭政治であったと言える。
しかし、この政治は、1980年代初頭に、政府の政策や実践を指揮する立場に
あったラディカルな専門家や左翼の学者たちによって、すぐに受け入れられ
た。国家の強力な権力への依存は、反人種差別主義を街頭から一掃し、草の根
の活動家たちの手からもぎ取り、教室や窮屈なソーシャルサービス部門の事務
所、地方の官僚機構、学者の手中に置かれた。それは手続き的なものにされ、
制度化され、形式化され、再構成され、その情緒的で感情的な文脈を剥ぎ取ら
れ、バラバラにされ、規則化された。そして最終的には、新自由主義政策の難
局についての問題となった。ソーシャルワーク内で影響力を増してきた「黒人」
派閥は、トロイの木馬の手綱を握ろうと懸命に努力し、一時はこの組織を崩壊
させることができるかもしれないと考えた者もいたが（Patel, 1995参照）、う
まくいかなかった。注目度や政府の資金提供や支援といった観点からすれば、
このアプローチは短命に終わり、その失敗は学術文献の中で再三指摘された。
　ソーシャルワークにおける反人種主義プロジェクトは、最終的には、研究者、
政治家、ポピュリストからの激しい批評の対象となっただけでなく、それ自身
の内なる論理によってますます妨げられることになるという、険しい道のりを
経験した。このいささか痛ましい物語は多くの著者らが（Patel, 1995; Pen-
keth, 2000; Sakamoto and Pinter, 2005; Mclaughlin, 2005; Laird, 2008）、その
終焉に関するさまざまな見解から詳述してきた。［入手可能な］さまざまな批

判は、この運動がイデオロギーに基づくものであり、実践の場で容易に適用することができなかったことを如実に示している。何人かの論者は次のように言及している。

　そのような政治はソーシャルワークがまったく関知するところではなく、またその運動は抑圧的で独善的であり、学者主導のトップダウンの白人福音主義であると（Phillips, 1993）。この運動は、専門家の間では学術的に認知されていたことは明らかではあるが、全体として道徳的、批判的な関与を欠いていた。それは主に、この運動を生み出した草の根のグループと距離を置いていたためである。このアプローチは、実践のための柔軟で実用的なメッセージを発することができなかったことから、継続的な批判に晒されることになった。その一例として、Gilroyは辛辣な分析の中で、「反人種主義の終焉」（1987年）を発表し、この運動が官僚組織に取り込まれることによって脱ラディカル化してしまい、事実上、草の根的な熱意との接点を失ってしまったことに対してとりわけ非難している。

　しかしながら、他にも問題点があった。ソーシャルワークの初期の傾向は、当時、Charles Husbandが「旅行記的人類学」とうまく表現したように「文化」に固執する傾向があったが、のちに、ポリティカル・コレクトネスに基づく地方自治レベルの特異な反人種差別主義と競い合うようになった。特定の文化やアイデンティティに着目した「承認の政治（もしくは差異の政治）」として知られるようになったものが、最終的に物質的不平等に基づく「再分配の政治」に勝利するという、二つの要素からなる軌跡であった。もしも1980年代の多文化主義政策が、権力基盤に着目した社会分析に基づく反人種差別主義的な福祉政治のラディカルな要素の出現として特徴づけられるならば、1990年代はアイデンティティ政治が台頭することになる。承認の政治では、文化の問題が物資の再配分の問題よりも優先された。この焦点は、構造的な不平等の検討をごまかすために効果的に展開されてきたものだった。

　AtkinとChattoo（2007）は「文化」や「文化的態度」に傾倒することは、多様性へのより洗練された応答の発展を妨害してきたと主張する。「文化」に傾倒するということは、主流のサービスに異議申し立てをする上での失敗につながった。彼らのいわゆる「実践のエスニック化（the ethnicization of practice）」では利用者の民族性が、利用者のニーズを決定する主要かつ決定的な特徴になってしまった（2007, p.45）。AtkinとChattooは、サービス提供者や資源分

94

配の責任者がアイデンティティの複雑さに対応するために、差異の政治の登場がどのような役割を果たしてきたのか、しかし同時に権力、特権、抑圧、差別の過程についての議論が差異の政治の登場によってどのように置き換えられたのかを論じている。例えば、バングラデシュの人々が不利な立場に置かれている原因として、宗教や文化的属性に焦点を当てることにより、貧困、劣悪な住宅、労働市場からの排除など、彼／彼女らの生活に影響を与える問題の本当の原因が見えなくなってしまうのである。

マイノリティの文化に焦点を当てるということは、その人たち自身に何か問題があるのだという考えを助長する。つまり、彼／彼女らの文化的な属性、言語、私たちの市場におけるスキルの不足、ネットワークの不足、適応の失敗、そして／あるいは引きこもっていこうとする欲求が彼らの苦痛の原因だとみなすことになる。したがって、これらの問題に対する「文化主義的」解決策は、問題の本質が別のところにあるため、効果がないだろう。しかしながら、おそらくそれは、ソーシャルワーク介入のより安易な焦点を提供してきた。つまり、それは個別的で経験的な根拠に基づいてニーズに対応するための、より具体的で管理しやすい領域であり、したがって、必然的に脱ラディカリズムの可能性への人質となることになる。

1980年代の反人種差別主義の戦略は、「黒人」ソーシャルワーカーを増やすことで、質の低いサービス提供の問題を解決できるかもしれないという考えに自らを引きつけることにもなった。Paul Stubbs（1985）とGail Lewis（2000）といった著者は、黒人ワーカーの国家機構への取り込みは、それ自体が国家の脱ラディカル化戦略の主要な要素であると述べている。実際、1980年代になっても、「少数派のニーズ」を特定することを目的としたポジティブ・アクション戦略の軌跡や、「黒人」ソーシャルワーカーの新たな幹部を「汚れ仕事をさせられる労働者（dirty worker）」の隊列に組み込む政策があった。しかし、一見ラディカルに見えても、これらは善意に基づくものではあるものの、人種的・文化的多様性の問題に対しては実際には不十分で、誤った対応であった。

この議論はソーシャルワークの分野では十分に展開されていないが、雇用と任命の政治は、こうした労働者が内部から組織を変革したり、あるいはそれぞれの伝統的コミュニティによりきめ細やかにサービスを提供したりする革命的な可能性というよりも、むしろ利益供与や名ばかりの差別撤廃主義、あるいは宥和政策の政治なのかもしれない。そうはいっても、［黒人が］代表を務める

というテーマは、たとえサービスに応答するメカニズムに関する問題ではなくても、重要なことである。より多くの黒人やエスニック・マイノリティの人々が集まり、より多様な職場となり、経験がより多様になることは、社会の権力構造を打ち破ろうとする一つの専門職の特徴を示すものであるべきだ。専門職の内部では、それが実践の上級管理職であろうと、編集委員会であろうと、研究助成金に関してであろうと、研究者や専門家の任命であろうと、権力基盤に変化を与えるようなことはほとんど確認できず、実際には、ソーシャルワークにおける黒人主導のロビー活動の衰退を見てきた。その間、静かに自己満足している専門職は、このような人材登用がもたらす可能性を育もうとはせず、黙認してきたのである。

　公務員ソーシャルワーク（state social work）が変化をもたらすリベラルな専門職として何らかの「正当な」位置にあるという認識は、この路線の一般的な要素でもあった。つまり、私たちが平均的なソーシャルワーカーの考え方を一新し、彼／彼女らに新しい言語を教え、文化的な差異について理解させることができれば、すべてうまくいくだろう、という考え方である（Sivanandan, 1985）。ソーシャルワークが内部から変化する可能性がある（「たとえ政府に反対してでも」）という仮定は、危機的な状況にある中で、自分の仕事に何らかの「スタイル」を確立すること、黒人やエスニック・マイノリティのサービス利用者の利益のために周辺部で変化を起こすこと、そしてロビー活動でたとえ弱い声であっても堂々と述べられるようにするために、ソーシャルワーカーが自己満足や無気力、抵抗勢力と闘うことを意味した。［しかし］政府は依然として抵抗されないままだった。法改正を促したのはソーシャルワークではなく、知名度の高い悲劇（例えば、ヴィクトリア・クインビー事件［2000年2月、8歳の少女が父方の叔母と同居中の男性により虐待された上殺害された］のような）であり、最終的に組織を屈服させたのはソーシャルワークではなく、スティーブン・ローレンス[i]を含む多くの死によって促された法制度の譲歩であった。

　反人種主義という使命を解釈するための実践的な闘争は、安易な方法、防衛的な実践、恐怖、そして今日に至るまでにあまりにもよく知られたポリティカル・コレクトネスに安住することにつながったのだ。1990年代半ば以降には、

---

i　1993年にロンドンで、バス停でバスを待っていた当時18歳のスティーブン・ローレンスが白人少年グループに襲われ刺殺された。

反人種主義者を目標とした制度的コミットメントが著しく後退し（Tomlinson and Trew, 2002）、人種間の養子縁組などの問題への対策が解体され、非政治化された（Tomlinson and Trew, 2002）。McLaughlin (2005) は、反人種主義運動のこのような後退は、政治的な反動というよりも、1990 年代後半にスティーブン・ローレンス調査[ii]のような出来事によって、人種差別の問題が組織的に広く認知され、「ラディカルな理論と実践がイギリスの体制側のほとんどのセクションによって受け入れられる」ようになったことに起因すると主張している（2005, p.297）。McLaughlin はある程度まで正しいかもしれないが、CRE が出版した『やることがたくさんある（*A lot done, a lot to do*）』(2007)[iii] の評価版から得られる証拠が示唆するように、「受け入れる（emvrace）」よりも「認める（acknowledgement）」という言葉のほうがより正確なのかもしれない。公共部門の組織は、「人種平等」の使命を受け入れるどころか、特徴的に不従順であった。この「使命」がいとも簡単に失われてしまうのは、マイノリティの存在に対する国家と一般市民に広がる相反する価値観、そしておそらく多民族・多宗教・多文化社会という複雑な課題に直面しているソーシャルワーク側の無能感を反映しているのだろう。

　しかしながら、専門職としてのソーシャルワークは、進歩的な実践に結びつけることができなかったとしても、少なくとも「人種平等」の原則と価値観を受け入れてきたことは明らかである。ソーシャルワークの実践者と教育者たちは、ラディカルなミッションを黒人やエスニック・マイノリティの人々と実行可能な協力関係を結ぶような形で発展させられなかったし、実際、このミッションを個々のクライエントの協力のもとで大規模に進展させることもできなかった。地方政府機関と弱い専門職が現実的な変化をもたらすという期待は大きすぎたのだろうか？　あるいは、常に小さなことが重要だったのだろうか？つまりワーカーとクライエントの接点における社会的関係や経験的な出会いを大切にすることが、最も価値ある変化の可能性を生み出すのだろうか？　私たちが、福祉関係の質という点で経験的にエスニック・マイノリティの人々の生活に触れてきたのか、あるいは社会資源の配分における権利と変化を守るため

---

ii　事件後の調査で、警察の中で組織的な人種偏見があり初動捜査が適切に行われなかったことが判明し、組織的な人種偏見に対する批判が高まり、警察組織の改革につながった。

iii　『やることがたくさんある（**A lot done, A lot to do**: Our vision for an integrated Britain）』は人種平等委員会の 30 周年記念誌のこと。

に行動したかどうか、ということは、社会サービスを利用する黒人とエスニック・マイノリティの人々の体系的な調査による根拠や文書化された証言と物語がない限り、立証が困難な主張である。ソーシャルワークにおける研究の不足はラディカルな路線における最大の欠点の一つであることは間違いない。なぜなら、倫理的な使命を支える具体的な確たる根拠がなければ、公共政策の優先順位が変化する世界では、常に容易に脇に追いやられてしまうからだ。その主張に対する評価は、常に欠けた物語の一部でしかなかった。

　新旧の専門職が混在する中で、ソーシャルワークの独自性を確立するためのアイデンティティへの関心をもたらしたという点で、最も大きな影響や利益があったのは専門職そのものであった、と指摘する論者もいる（Millar, 2008）。反抑圧的実践（および反人種主義的実践）は、専門職の価値基盤となる独自の特徴と、専門職の評判とその実践者の道徳的権威を高めるためのイデオロギー装置のようなものを提供した、と論じられている。ソーシャルワークは、看護師、薬剤師、保健専門職員などヘルスケアに関わる姉妹専門職よりも言うべきことを適切に言うことに長けており、平等な実践の原則は、その専門職の実践規範の中でしっかりと支持されていることは確かである。これは間違いなく、ラディカルな要素の成果である。しかし、この成果が一過性のもので、自己中心的で形だけのものであり、単に自由主義的な寛容さの限界を示しただけだという結論には失望するだろう。平等法の観点から見れば、現在ではより強力な手段があることは間違いないが、主要な実践者として専門職は文化的多様性の問題への対応に悲しいほど不十分であり、持続的で広範囲な結果の不平等を是正することに貢献することも、専門職は依然として悲しいほどに不十分である。

　専門職集団としてのソーシャルワークは、黒人のボランタリー部門との堅固なパートナーシップを築くよう十分な関与をすることができてこなかった。社会福祉の枠組みの中で、黒人のボランタリー部門は、全体的に資金不足で、サポートが不足しており、過小評価され続けてきた。一つの専門職として、ソーシャルワークは対抗的な政治的言説の力強い意見を十分にもってはこなかった。ソーシャルサービスの枯渇や、リスクを分かち合う福祉国家に必要な結束を掘り崩している事態を、黒人とエスニック・マイノリティのコミュニティに対して提示するような政治的言説をもたなかったのである。私たちは、それ以降、現実逃避に落ち込み、異文化適応力アプローチの技術家集団へと後退していったのである（Laird, 2008）。

だからと言って、ソーシャルワークにおけるラディカルな要素の遺産が残っていないわけではない。私たちは、この「ラディカル」な遺産から専門性を獲得してきたことは疑いない。それは、私たちの分析的な眼差し、科学的（社会学的）な観点、また、反人種差別／反抑圧の実践理論を進展させるという観点、そして、実践における失敗にも希望をもつということである。しかし、革新的な変化、進歩的な実践、急進的な目的を、私たちが支援する人々のためにどのように前進させればいいのかというもどかしさは、過去を振り返る以上の新たなアクションに変化したわけではない。本書の出版プロジェクトを立ち上げた運動上の論議そのものが、ソーシャルワークにおける刷新されたラディカリズムを探求する先例となるものである（SWAN）。したがって、課題とは現代的な「ラディカル」なパラダイムを、近代化された福祉の政治に照らして理論化し直し、論争し議論することである。さて、もう一度、ある皮肉を確認しておこう。

道化師のコメント

　「『人種』について語る必要性がなく、もっと簡単に多様性やコミュニティについて話される一つの時代にある。すなわち、アイデンティティが不安定、不確実で、集団の基礎となるはずの政治的なカテゴリーが無視される時代である。不平等がシステム化されているために見えにくく、個人の力量や性癖によって測定される時代である。『人種』が、不平等の多様な訴えのマトリックスの中の単一の次元にされ、すべてが異なっているが平等であるとされる時代である。もし私たちが選ぶならば、私たちはみな声を上げ、福祉の民主的で激しい論戦に参加することができ、国家は私たちにそれをほとんど任せてくれる時代である。利用者がもはや利用者にとどまるのではなく、彼／彼女ら自身が統治の機構となり、私たちが彼／彼女らになり、彼／彼女らが私たちになるような時代である。私たちの草の根グループが、市民社会と私的な領域の中心に国家の腕を広げ、耳を傾けケアをし、あるいは、耳を傾け見守りをする。私たちの草の根グループがそのような人たちと契約を結ぶ時代である、すべての国家機関が平等を実践するのに忙しいとき、何かを疑う必要があるだろうか？」

現代的な和解

　したがって、現代の福祉の枠組みにおけるラディカリズムの性質と焦点に関する諸問題が生ずる。それは、BaileyとBrakeが変革のためのマニフェストを作成した当時に広く行き渡っていた状況とは異なる政治、社会および経済的環境の下で、反人種差別主義的な（「人種的平等」）ソーシャルワークの使命をどのように前進させるのか、という問題である。

　もちろんBaileyとBrakeとその仲間たちが実践の刷新に向けた戦略を練り上げた1970年代以降、多くのことが変化してきた。多文化主義は現在では、ダイナミックで変化に富み、伝統的な「人種」政治の、黒人と白人の分断を超えた内部的な差異である、と認識されるようになった（Vertovec, 2007; Fanshawe and Sriskandarajah, 2010）。多文化主義政策と実践は、複雑なアイデンティティ形成の現実に適応し、単に肌の色だけでなく、文化や宗教の要素に基づく、より広範で新しい形態の人種主義を認識するようになった。また、Denham（2010）が指摘するように、一般の人々はアンビバレントな側面はあるものの、イギリスが多文化社会であるという事実に少なくとも慣れてきた。このように明らかにコスモポリタニズム（世界市民主義）が高まる一方で、9.11以降の社会の不安は、いわゆる「テロとの戦い」において顕在化し続けている。また、より厳しい経済状況下では、移民と福祉サービスの流出に関連があるとされ、不安が煽られる。メディアによって煽られた強力な言説が、マイノリティの市民権の有無とは関係のない理解を誇大宣伝しているのである。

　「人種」に対する新自由主義的アプローチは広く受け入れられ、「母国」を明示した者に対する強力な同化政策という二重戦略によって固められてきた。その戦略とは、コミュニティを結束させる政策や、多様なイギリス人らしさのプロジェクト、および「アウトサイダーたち」の入国管理と亡命者保護を一層厳しくする政策などのことである。「黒人」のラディカルな草の根集団や諸個人による圧力の下で、歴代の政府は、こうした変化した人口構成に対応してきた。そして、「制度的な人種差別主義」があることを確認し、「人種的」平等を前進させるための法的枠組みを徐々に強化してきた。近代化の結果生まれた福祉システムは、もはや今日では画一的なものとみなされてはいない（Williams and Johnson, 2010）。「人種」は、実施の精神に含まれていないとしても、法定上の義務によって、公共サービス供給の中心に事実上組み込まれてきた。しかしな

がら、法的な後押しがイギリス国内の黒人やエスニック・マイノリティの集団に対して、効果的で繊細かつ迅速なサービス提供につながっていると言える根拠はほとんどない。人種平等委員会（the Commission for Racial Equality: CRE）は、公共部門の諸機関に関する最終評価の中で、イギリス政府（Whitehall）においてさえ多くの部門が「人種平等」の責務を果たしていないと報告した（「ガーディアン」紙、2007年9月18日）。［CREの30周年記念誌］『やることがたくさんある（A lot done, A lot to do）』においては、最近行った47の地方当局のモニタリング調査で、そのうちの30は「人種平等」を推進する責務を遵守しておらず、プロジェクトの対象となっている地区協議会のすべてにおいて遵守されていなかったと報告した（CRE, 2007, p.53）。依然として、サービスへのアクセス面での要となるゲートキーパーであり、政策の最も重要な実行者であるソーシャルワーカーは公と民の領域の接合部分という特殊な領域に位置し、エスニック・マイノリティの集団やコミュニティのための具体的な変革の実現のため、また、彼／彼女らの社会的環境を真に変革するためにロビー活動にも携わっている。

　新自由主義的な国家において、「人種」の包摂は反対意見や不満を和らげる上で最も効果的な方策である。「人種的平等」は官僚制の技術家集団的な文化の主題となってきた、道徳的で感情的な内容を剥ぎ取り、「インパクト評価」などの方法を通じ、標準化と定量化に従わねばならなくなってきた。現代的なサービス供給のチェックボックス文化[iv]は、組織内の規範や文化的慣行に対して実質的な異議申し立てをするよりもむしろ、手続きの遵守と最低限の法的義務に焦点を当てることを助長するのだ。新たな立法行為を支える前提とは、公権力の責務への関与と遂行にあたっての自発的な意欲である。そのためには、健全な関与のための能力形成や、より高い水準の市民参加など、法律だけではつくり出せない市民社会の条件が明らかに必要となる。しかし、この参加のあり方そのものが、エスニック・マイノリティにとっては諸刃の剣なのである。

　ケアへの関与や参加を装って、反人種差別主義者によるロビー活動のラディカルな潜在力は巧妙に排除されてきた。なぜなら、利用者の関与、パートナーシップ、エンパワーメント、コミュニティへの関与や結束といった概念に対し

---

iv　アンケート等で選択肢の□にチェックするように、対象者の状況を形式的に判断する手法のこと。

て、誰が［反対の］声を上げることができただろうか。しかし、近代化された福祉の枠組みの中心にあるこれらの概念こそが、どんなラディカルな意図をも脱ラディカル化する役割を果たしているのだ。参加型パラダイムは強力な沈黙化装置として機能し、重大な権力委譲のような様相を呈し、より民主的であるかのように見せているが、グループ間や中央政府に対する根深い不平等な力関係を覆い隠している。それは事実上、責任が委譲される一方で、権力は中枢に強固に集約され、参加の方法論は抑制され、制限され、選択的である。参加型イニシアティブは、人々が政策に影響を与え、政治的アクターとして学ぶ機会をもつフォーラム［公開討論の場］であるべきだが、黒人やエスニック・マイノリティの人々にとっては、ゲームのルールのような以下の一定の条件を伴うものであった。

・共有された価値観への同化─そして関わり方のルールの受容。服装、ライフスタイル、地域組織に関連する新たな侵略的同化主義が、今や黒人やエスニック・マイノリティの公共サービスへの関わり方の特質を規定している。
・エスニック・マイノリティ（minority ethnic）グループは、政治的過程に関与するために彼／彼女らのエスニックにより区分されたプラットフォームを利用してはならない。なぜなら、こうした活動は分離主義とみなされたり、彼／彼女らが資金源などのレバーによって、特定の信念や特定の選挙区でのロビー活動をすることを抑止されるからである。国家機構が「黒人」ボランタリーセクターに関与する現在の文化は、多文化主義を脱構築しようとする国家政策の上で、彼／彼女らの機能、目的、野心を操作し、植民地化した。
・ボランタリーセクターの組織がますます国家機構に取り込まれたり、疑いの目で扱われたりしているように、このより身近な自治によって、彼／彼女らは自らのライフスタイルをかつてなく監視に晒されるのだ。

この目的のために、新自由主義的な命令に従ったソーシャルワークは、Mc-Laughlin（2005）が指摘するように、国家機関の監視と統制を黒人や少数民族のコミュニティ生活にまで拡大させるのにうってつけの存在である。Mc-Laughlinは、「個人の変化を促し、新しい道徳的コンセンサスを上から強制するという意味において、反抑圧的なソーシャルワーカーは、不利な立場にある人々を政治的にエンパワーメントするのではなく、個人的に取り締まる立場に

ある」(2005, p.300) と述べている。したがって、皮肉にも、参加型パラダイムが示唆する民主的関係は、それ自体が民主主義にとって危険であり、実際には、門番、その場しのぎの相談、取り込みなどのメカニズムによって妥協の対象となる可能性がある。そしてその一方で、終始、国家を多様な権利主張の解決を図る中立で温和な裁定者として描いている。

　国家についてのこのような考え方によって、公共サービスの理念に対する重大な難問が立ち現れる。すなわち、ソーシャルワーカーは中立的で合理的な仲裁者として、進歩的な変革に携わらなければならない、という難問である。10年ほど前のParekhによるレポート『多文化主義の将来 (*Future of multiculturalism*)』(2000) では、公の共有された価値観に基づく公共サービスという概念を批判していた。そこでは、国家機関は、本質的に自由主義的な価値観である公平性というものからは、遠くかけ離れていることは議論の余地がないと示唆されていた。このことはソーシャルワークに関係するところでうまく説明されてきた。例えば、サービスの文化的ユニバーサリズムは白人主義的な規範に準じて組織されている (Atkin and Chattoo, 2007)。これに関連して、Newman (2007) は自由主義的な公的領域の再考を求めている。国家は相反する主張についての透明で中立的な仲裁人であることからはほど遠く、自由主義的価値を標準の見解として利用しながら、承認や正義に競合する主張に対応できないことを証明している、と彼女は主張している。したがって、福祉国家の構造を再構築し、その前提となる世界（価値観）が手付かずのままでは、多文化主義に対応して、終わりのない非効率なサイクルを生み出すだけである。ソーシャルワーカーは、このような公共サービスのエートスに関する新たな概念の構築に携わるのにふさわしい立場にある。

　こうした拡散的で多次元、多層的でより開かれた福祉の混合経済においては、新たな福祉計画が地域や地方レベルで生じつつある。運営管理が大きな政府に取って代わり、福祉部門全体の政策と実践に直接影響を与える機会が増えている。そして、平等な実践のためには、学際的で、諸機関と連携し、権限委譲された政策循環の仕組みが必要だという明確な含意がある。エスニック・マイノリティのコミュニティや彼／彼女らの集団や組織は大抵の場合、新しい福祉の協調政治においては発言力の弱い立場にある。その背景には、「黒人」のボランタリーセクターは依然として資金不足で支援を受けることがなく、主流の福祉提供から大きく外れている (Syed et al., 2002)。このような福祉提供の

抜本的な再構築の中で、平等（parity）や健全な関与、参加を達成するための問題に再び取り組む新たな機会があることは明らかである（Williams and Johnson, 2010）。

　こうした福祉の枠組みにおける主要なアクターとしてのソーシャルワークは、現代の福祉の枠組みにおける新たな関与のルールを支える概念、言語、価値に対する「人種」についての現代の妥協に左右される。現代的な実践は、相反するアイデンティティの要求の仲裁における、中立者としての国家の位置づけを修正する作業を引き受けてきた。現代的な実践は「人種」に関する言説を一新することに対応してきた。現代的な実践は「黒人」やエスニック・マイノリティのコミュニティが直面する、よく言えば「文化的」な、悪く言えば彼らの道徳的失敗やライフスタイルの選択の一部に関わるような問題の命名に関わっている。

　これこそ現代的な妥協点である。国家がマイノリティに対して矛盾と両義性をもっていることを考えると、ソーシャルワークは、国家主導の「人種的平等」に関する変革のためのイニシアティブに深く疑念を抱く必要がある（Craig, 2007）。国家はこの国のマイノリティに対して怠慢で、時にあからさまに敵対してきた（Craig, 2007）。このことから、この国が変革の中心になれるのか、という疑問がわいてくる。

　したがって、こうした観点から、BailyとBrakeが提唱したラディカリズムの「国家の内部から、国家に対抗する」というモデルを、反人種主義プロジェクトとの関連で現代的に解釈するとどうなるのだろうか。

道化師のコメント
　「国家とは何か？　それとも誰の国家なのか、と問うべきなのか？」

未完成の事業─前へ進む道

　ソーシャルワーカーは新自由主義の近代化プロジェクトによって**行動させられる**だけではなく、**その代理人としても**新自由主義的な策略の最前線にいる。専門職の意図がイデオロギー的に制御され、その批判は弱められ、その政治的手段は奪われ、**使用される言葉の変容を含む多くの方法で同化させられてきた**（Harris, 2003）。それは、大部分が自由主義的な規範や価値観に基づく「白人」

機関であり、**主に国家組織の中に基盤を置いている**。したがって、ソーシャルワークが現在考えられているように、「人種的平等」を実現し、黒人やエスニック・マイノリティのコミュニティのために有益な変化をもたらす先導役を果たす能力があるのなら、これを熟考することは有意義であろう。現代の官僚制の要求がラディカルな目標にコミットするだけの余地や時間やエネルギーをほとんど与えておらず、実践者たちが変化を実現することに関わる任務の大きさに直面し尻込みしてしまうと主張することもできるだろう。彼／彼女らは専門職としての自身の脆弱な立場を受容し、反差別主義の実践者として「与えられた職務に取り組む」ことで、**最低限度の要求を満たしている**と言うこともできる。

　また、ラディカル派の著者たちが初期の形成段階に「国家の内部で国家に対抗する」方策もしくは変革として認識してきた、緊張関係に立ち返ることは有意義である。Stan Cohen は、このミッションの解説において、「未完の事業」という考えを用いている（1975, p.92）。「未完」とは、短期的な目標だけでなく、長期的な戦略的変化に取り組む必要があることを示すプログラムが存在しないことを指す。Cohen は国家内の位置づけが示す矛盾を把握し、それを利用し、変化を生み出す創造的な空間として活用することを述べている。

　　　ソーシャルワーカーなら誰でも知っているように、吸収というのは結局、あらゆる種類の微妙な方法で行われ、機関の秘密に入り込み、長い間妥協することになる。他方では、短期的には非常に効果的な可能性もある。人道的な活動だけでなく、資金のために支配者層を急襲し、支配者層の危機の原因となり、そのイデオロギーや虚飾の仮面を剥いで困らせるような政策もある。そのような有効性は、終了することによって失われる可能性がある（1975, p.92）。

　彼はラディカル・ソーシャルワーク・プログラムのための提言において、次のようなメモを盛り込んでいる。

　　　実践的にも理論的にも、「未完」に留まる。短期的な人道主義あるいはリバタリアンの目標のために働くことを恥とは考えず、常に、長期的な政治的展望を念頭に置いておくことだ。すなわち、長期的な政治的展望を抱いて生きることと言ってもいいだろう。そして、あなたの最もラディカルな仕事（work）が、あなたの日常の職務（job）の外にあるという居心地の悪い不確かさの中で生

きることを意味するかもしれない（1975, p.96）。

　これらの著者たちは、もちろん、大きな政府の高度に集権化された普遍的な国家という文脈で、処方箋を組み立てていた。変革の中心とは内側から改革することであり、大部分は、苦悩するソーシャルワークの実践者たちの手中にあった。今日、暗示されていることは、はるかに広範囲で重層的なものである。それは、現代の政治的諸課題や可能性、関与と連帯を構築するための新しい戦略の開発、（家の中でじっとしている活動家の）新しい技術のあらゆる可能性を活用し展開すること、そして何よりも変革への熱意に満ちた黒人やエスニック・マイノリティの集団によって促進され導かれること（導くのではなく）である。このことはいかなる普遍的な公式を求めるのではなく、厳格な関与の原則を求めるものであり、特定の政治的文脈で特定の瞬間に利用可能な空間に耳を傾け、知り、交渉し、利用するものである。そのためには、福祉の協調的な政治に取り組む技能が必要となる。福祉の供給にとって、エスニック・マイノリティのコミュニティは危険な存在ではなく貴重な資源であり、福祉の資源を浪費するのではなく、大きく貢献する存在なのである。それゆえに、ソーシャルワーカーたちは、サービスに対する「問題」あるいは浪費として彼／彼女らに投げかけられる、広く流布している言説の修正に貢献しうる。

　福祉の社会的関係が、ほとんど単一文化的であり単一の特質なままであれば、利用可能な構造と関与の仕組みについて、世の中のあらゆる手立てが無駄になるであろう。福祉的介入がマイノリティのコミュニティが直面する課題に対する誤った認識によって特徴づけられ、他者の価値観や信条を侮辱するものであれば、それらの効果は明らかに限定的になるだろう。福祉の同化主義が優勢である限り、サービスは、多様な集団のニーズを満たすことに失敗し続けるだろう。これらの新しい協働の取り決めにおける課題だけでなく、まさに「関与のルール」を継続的に点検することが重要であり、基盤となる価値観とその価値観の潜在的な対立を批判的に精査する必要がある。公共サービスの倫理は精査を必要とし、ソーシャルワーカーのような主要な実践者によって変革される可能性がある。こうした領域において、国家は中立ではなく、良識的でも公平でもなく、自由主義の価値観を反映し、マイノリティの人々に対する矛盾と両義性に満ち、ポピュリズム的な訴えに対処する必要性に左右され、人種差別で分断されていることを自ら証明してきた（Craig, 2007）。

　この点において、変革の中心が国家をはるかに超えたところにあり、トップダウン式の社会工学を通じてではなく、市民社会の諸組織、ボランタリー組織、市民の協力、とりわけ、地域レベルの多様な関係者間で確保された福祉に関わる協定の中で、実質的で重要な権力の移行を通じて実現されることを認識することが大事である。このようなことに直面した際には、公務員ソーシャルワーカーたち（state social workers）は誠実な関与を促進し、平等の原則を堅持し、弱者の声を擁護し、協働の介入を最大化し、協働事業を支援するための十分な資源を確保し、介入主義的な国家を抑制する役割を担っているのである。より包括的な現代的ガバナンスへの移行は、ソーシャルワークの「ラディカル」な可能性を減じるどころか、意思決定者との距離がより近くなることを意味しており、政策立案と形成においてより直接的な職務の機会を提供することができる。同時に、それは専門性と福祉の社会的な関係での平等性との間での不可避的な緊張をもたらす。それは、現代のソーシャルワークの内部で批判的に内省する価値のある問題でもある。そこには、変革のための命令権の危機が存在し、解決を必要としている。進歩的な変革を推し進めていく舞台に立ち戻り考察を深める機は熟している。その舞台は、福祉の**社会的実践**であるべきだと信じているし、私生活の中での関与、そして、市民社会のレベルにあるべきだと私は確信する。さらに、このような物語や、それらを仕上げていくこと、そのための交渉や、その諸成果を記録し、そしてそれらを理論化していくことは時宜にかなっている。このようなソーシャルワークの再生の過程は目下進行中である。

　1980年代の反人種差別主義のプロジェクトによってもたらされた進歩というのは、21世紀の福祉の枠組みに合致した新たな運用方法を見つけ出そうとする私たちの願望に照らせば、過小評価したり不信を抱いたりされるべきではない。私たちは、後知恵を働かせれば、理論上の路線や政治的主張の方法が、実践の最前線や草の根の当事者から切り離されていると容易に確認できる。研究者たちは、「人種的平等」に関して、確固たる研究上の根拠に基づく勧告を行うことが極めて不十分であり、実践と支援活動のための実証的証拠を提供するために、研究の不足を補う必要がある。ケアの提供におけるエスニックな適合化の妥当性、「人種的平等」研修の性格と質の評価、地域ごとのマッピングやニーズに基づいた研究、ケアの実践とケア経験者からの物語の構築、多様性への対応に関する市井の実行者の能力の評価など、古い議論も再検討し研究する必要がある。ケアの個別化やケアの民営化など、福祉供給における新たな方

向性がエスニック・マイノリティに及ぼす潜在的影響は、福祉の混合経済の発展における信仰に基づく組織やその他の第三セクターの役割と同様に、公共政策のすべての新しい領域における「平等性のインパクト評価」の法的要件にもかかわらず、十分に研究されていない領域である。年齢の変化、新たな移住、その他エスニックな人口構成の概要の変化を考慮すると、最新のエスニシティ・マッピングはずっと以前から必要とされてきた。また、「自己分離 (self segregation)」、共通のエスニックや共通の信仰の排除（あるいは包摂）といった考え方に、実証的な証拠によって挑戦する必要がある。研究は、政治的主張とラディカルな変化を促進するための重要な手段である。

　加えて、「人種」問題にあたってのより批判的なリーダーシップが専門職団体、ソーシャルワーク教員協会（Association of Professors of Social Work）、イギリス・ソーシャルワーカー協会（British Association of Social Workers）および全国ソーシャルケア協議会（General Social Care Council）そのものから生じることが必要である。「人種的平等」に対する専門職の関与の再承認は、イングランドの新興ソーシャルワーク・カレッジ（Social Work College）についてなされている審議の一部であり、新たに認定された研修年度に組み込まれるべきである。カリキュラムを自由にすることで、新しい福祉の枠組みでの政治的主張や戦略、そして多様なコミュニティと協力して働くためのより詳細な技能について、学習と技能開発の場を確保するために、学術的なリーダーシップが必要とされているのである。

　専門職として、私たちは大切なことをうっかり見逃し、自己満足に浸り安易な方法に陥ってきた。反抑圧的で反差別的な実践を表す慣れ親しんだ言葉の後ろに隠れ、自らの怒りを忘却してきた。ソーシャルワーカーたちは道徳的な代理人であり、日々、道徳的で政治的な選択を行っている。「人種的平等」は道徳課題であると同時に、多様性に対応し変革を擁護する技術的スキルと能力を必要とする課題でもある。私たちは、専門職として、国家の単なる末端職員となることを拒否するのであれば、現代社会の人種差別主義という不道徳行為に対する自らの怒りや憤慨の念を取り戻す必要がある。

道化師
「誰がソーシャルワーカーを必要としているのか、と聞くほどラディカルになってもいいだろうか？」

第5章

LGBTへの抑圧、
セクシャリティと現代のラディカル・ソーシャルワーク

Laura Miles

はじめに

　2009年はニューヨークでのストーンウォール暴動[i]とそれに続くゲイ解放戦線（Gay Liberation Front）の40周年の年にあたる。ニューヨークのストーンウォールというバーで、レズビアンとゲイ、ドラァグクイーン、トランスヴェスタイト（transvestites）、トランスセクシャルの人々によって開始された1969年6月27日のストーンウォールの反乱の意義を過小評価することは難しい。彼／彼女らは、警察のハラスメントにうんざりしており、それゆえ「もうたくさんだ」と口にしたのだ。怪しげなニューヨークのクラブで起こった抵抗運動は、結局、野蛮で人種差別主義で同性愛嫌悪の警官グループと一緒にストーンウォールバーの中に閉じ込められることになった。それは、ある一つの運動に火をつけた祝祭とひらめきの一瞬だったと言える。

　当時の多くのレズビアンやゲイ、バイセクシャル、トランスジェンダー（LGBT）[1)]の人々にとって、それは最高の瞬間であった。特にアメリカ合衆国における公民権運動とブラックパワー・ムーブメントを手本にして、自らへの

---

i　ストーンウォール暴動は、1969年6月27日にアメリカで最初に男性同性愛者が立ち上がり、自分たちに対する差別への抗議行動を行ったもの。27日深夜、警察がニューヨーク市南部にあった「ストーンウォール」という小さなバーを酒類販売法違反で摘発した際、200人以上の同性愛者が警察に抗議した。アメリカの同性愛解放運動の始点に位置づけられる。

1)　この章で私は通常、頭文字のLGBTを用いるが、著者あるいは組織がセクシャリティの問題に専念するのであれば、頭文字のLGB (lesbian：レズビアン、gay：ゲイ、bisexual：バイセクシャル) のほうがより正確かもしれない。

罪悪感から自分らしさという自尊心への決定的で大胆な転換が生じた。その自尊心と抗議行動、そして挑戦は、草創期のプライドマーチにも持ち込まれた。当時の雰囲気はその反乱の参加者のひとりである Sylvia Rivera の回想録に概括されている。Sylvia Rivera は 1970 年に黒人のドラッグクイーンであった Marsha P. Johnson と共にトランスヴェスタイト街頭行動委員会（Street Transvestites Action Revolutionaries: STAR）を共同設立した。2002 年に亡くなる数年前に、Sylvia は Leslie Feinberg（1998）のインタビューに答えて当時の様子を次のように述べている。

> 私たちはこんなことだけに没頭していました。私たちは、他の運動のためにもずいぶんと行動しました。そういう時代だったのです。…その当時、私たちはみな、多くの運動のために働きました。みなが女性運動や平和運動、市民権運動と関わりをもっていました。私たちはみなラディカルだったのです。そうした関わりが私たちをラディカルにしたと信じています。…私はラディカルな人間であり、革命家でした。私は今も革命家です。…もし私があの瞬間を失ったならば、私は少し傷つくことになるでしょう。なぜなら、あれは私や私の周りの人たちにとっての世界が変わるのを目撃した瞬間だったから。もちろん、私たちはまだ遠い道のりの途上でしたけれど（1998, p.107）。

LGBT への抑圧は、ソーシャルワーカーとソーシャルワークの教育者が自ら関心をもつべき問題である。LGBT への抑圧に対しては、積極的に抵抗することが求められる。LGBT の解放を促進することは、近代資本主義社会の抑圧に挑戦しようとするすべての実効性のあるラディカル・ソーシャルワークの理論と実践の発展にとって不可欠であるはずだ。

1975 年にドン・ミリガンは Baily と Brake 編の論集において、「同性愛—性的欲求と社会問題」と題した画期的な章を執筆した。1970 年代半ば以降、形式的平等の権利や法制化、性的指向やジェンダー表現に関する社会的態度の全般的な解放という点で進展があったことは否定できない。しかしながら、抑圧と闘い、平等を促進し、解放を求める闘争において、より広い社会の中で、またソーシャルワークそれ自体の中で、いまだ長い道のりが残されている。では、ミリガンがこの章を書いてから何が変わったのだろうか？

1975年以来のLGBT経験の変化

　1975年のLGBTの人々にとって、戦後の緊縮経済の悲惨な状態や同性愛であることをひた隠しにして生きる現実、逮捕や拘束への罪悪感や恐怖心といった状況は改善し始めていた。1960年代の社会的・政治的混乱は、LGBTの人々を地下に追い込んだり、とりわけゲイの男性を警察のオトリ操作の餌食にしてきたイギリスやその他の国々の懲罰的・抑圧的な法律の枠組みを解き始めた。これに伴い、特にその当時の社会主義者や労働組合運動の一部においてレズビアンの女性やゲイの男性が注目されるようになり、社会的態度の解放が始まった。

　したがって、ドン・ミリガンの章は、歴史的文書として部分的に読むことができる。それは、ロールモデルがほとんどなく、ゲイの人々の性的指向を否定したり、侮辱する恐れや思い込みのある「ストレートの」社会で育ったゲイの人々の自信、自尊心、自己イメージへの影響を、非常に効果的に説明した当時を切り取ったものである。

　1975年においてゲイであるということは、一般的に、苦悩あるいは欠陥、もしくは病理的とさえ受け止められていた。ミリガンは述べている。

　　すべての同性愛者たちは、異性愛の世界で異性愛者として育てられている。異性愛の「正しさ」が、すべての教室やゲームや、街頭や公園、パブ、映画館、ダンスホール、日刊紙、そしてすべてのジュークボックスやラジオ、テレビ、広告ポスターでも追認されるのだ（1975, p.97）。

　この時期の同性愛（およびトランスセクシャリティ）はまだ、多くの人々から、とりわけ精神保健の専門職や、かかりつけ医たち（GPs）からは、精神分析や行動主義に基づいた嫌悪療法をしばしば使って治療される精神疾患の一種とみなされていた。

　アメリカ精神医学会は、精神障害の診断と統計マニュアル（DSM）の定義が変更された1973年まで、同性愛を一種の病気とみなしていた。イギリス国内では、イギリスの国際疾病分類のリストは、1994年まで一つの精神疾患として同性愛を含んでいた。同様に、（イギリス心理学会に代表される）イギリスの心理学の正統派がレズビアン＆ゲイ部会の結成を認めたのは1994年になっ

てからで、会員がレズビアン＆ゲイ部会を立ち上げようとする試みが何度か失敗した後のことであった。今日でも、トランスジェンダーの人々に関しては医学モデルの適用が継続していると指摘しておくことは、価値がある。「移行（transition）」を希望する人々は、ジェンダー適合の過程（かつては「性転換（gender reassignment）」と呼ぶか、一般に「性変更（sex change）」という誤った名称が使われた）で、公的医療の介入や援助を受けるために、依然として精神医学アセスメントを受け、現行版DSMに即して診断されることを求めなければならない（APA, 2002）。

1957年のウルフェンデン報告に続いて、1967年の性犯罪（同性愛改革）法の採択後、（少なくとも同意した成人の間では）もはや男性間の同性愛が犯罪とされなくなった1960年代に現れたイギリスのゲイ男性たちにとっての大きな影響を、ミリガンは強調している。もちろん、レズビアンの関係は、直接的にはこの問題の一部ではなかった。なぜなら、悪名高いラブシェール修正条項（1885年の刑法改正法の11条）では男性の間での「著しい猥褻行為」[ii]を一つの犯罪として構成したにもかかわらず、女性間の同性愛が19世紀末のイギリスにおいて、犯罪化を被らなかったためである。

1967年の非犯罪化は巨大な前進であり、今日まで多くの高齢のゲイの人々たちの記憶に残っている。それまでの状況では、刑務所の6人に1人の男性は、その法律に抵触し、しばしば同性愛嫌悪の警察権力による罠にかかったと見られている。そうした状況は、大多数のゲイの人々にとって、恐怖やストレス、自殺、そして自身がゲイであることを隠す主たる原因であった。自発的な意思によるもので21歳以上の2人の男性の間の性的関係が許されたことにより（2000年には16歳まで下げられた）、その法律はゲイの男性が数十年間苦しんできた逮捕や拘禁への恐怖のほとんどを取り除いた。しかしながら、ミリガンは、この非犯罪化の不完全な性質を適切に強調している。一方の男性が別の男性へ提案や要求をすることは「強要」とみなされるため、このような性的関係を合法化することはできなかった。つまり国防軍あるいはイギリスの商船の乗組員である男性には適用されなかった。スコットランドや北アイルランドでは今も適用されていない。

このように1970年代半ば以降、LGBTの人々にとって多くのことが変わっ

---

ii　実際には権力や財力をもった成人男性による少年の買春が多かった。

ていった。この分野のひとりの著名な作家（Weeks, 2009）は、「ひとつの偉大な遍歴－いくつかの歩み」と題して1950年代から今日までのLGBTの歩みを要約している。1950年代においては、イギリスは世界で最も保守的な性的秩序（sexual regimes）の一つを有していた。今日では、当時のような状態は非常に息苦しいだろう。1950年代には、結婚は唯一のまともな性交渉に至る道として理解されており、婚前交渉および婚姻外妊娠、離婚に対しては、強力なタブーがあった。闇中絶が広がり、男性の同性愛は完全に違法であるためホモセクシュアリティは陰で存在した。現在では、LGBTの人々に社会権や人権、労働の権利を授与する新しい法的枠組みがあり、男性の同性愛はほとんど非犯罪化され、法的な承諾年齢は切り下げられてきた。ゲイの養子縁組および同性愛者のカップル（市民パートナーシップ）は合法であり、そして、とりわけ若者の間での社会的態度はより自由で寛大な傾向にある。

　この解放への過程は、連続的で単線的なものだったわけではない。1988年、マーガレット・サッチャーの保守党政権は、地方自治法に悪質な同性愛嫌悪の法律を追加した。それは、「同性愛の助長」の禁止を求め、地方自治体に次のようなことを禁止するものであった。

（a）意図的に同性愛を助長する、あるいは同性愛を助長する意図のある資料を発行すること。
（b）擬似家族関係としての同性愛を受容し続ける学校での教育を促進すること。

　28条には、保守党の1987年の「選挙の重要な分岐点」と名付けられてきたものの影響が現れている（Lavalette and Mooney, 2000）。当時、HIVおよびAIDSは、すでに怯えられ、怒りを向けられていたLGBTコミュニティを叩く政治的なムチとして利用されていた。28条は、2003年11月の新労働党政権の第二期まで廃止されることはなかった。

　28条の施行は、保護下にある若者（もちろん学校でも）は、彼／彼女らのセクシャリティおよび彼／彼女らの性的アイデンティティの受容と支援について議論するための場が認められないことを意味した。場合によっては、これは積極的差別を意味し、他方ではいじめへの道を開くことになった（Equality Challenge Unit, 2009）。実際には、28条の下でこれまで誰も起訴されてはいないが、その存在は学校や他の諸機関での恐怖や拒絶、無知の風潮をつくり出

すには十分であった。そしてその風潮は今日も影響を持ち続けている。

　スクールズ・アウト（Schools Out）による調査では、今日の学校における同性愛嫌悪とトランスジェンダーへの嫌悪感の拡大に対する懸念と、多くの教師がこの問題に取り組む自信がない、ということが一貫して証明されている。例えば、ソルフォードの全国教員組合（NUT）による最近の調査（2010）では、組合員の52%が「毎日あるいは毎週」、74%が「一学期中に」、同性愛嫌悪の嫌がらせを目撃したり気づいたりしたことがあると答えている。教員の中には、同性愛嫌悪の嫌がらせの対象となったことがある者が一学期単位で13%、一つの学年が終わる間で23%あった。NUT組合員の80%は、同性愛嫌悪は取り組むべき深刻な問題の一つだ、と考えていたにもかかわらず、所属する学校がその問題に精力的に対処している、と考える者は33%だけだった。

　28条の影響は学校よりもはるかに広く行き渡った。ケアリーバー協会（Care Leaver's Association）（2010）は、以下のように言及している。

　　ケアシステムの中にいるLGBTの若者の生活において28条がもたらした影響の主要な領域の一つは、彼／彼女らの性の健康に関わるニーズについての情報や支援の欠如に直結していたことである。そうした若者たちの性の健康に関わるニーズについての議論に加わることで、ソーシャルワーカーたちや里親支援者、登録ソーシャルワーカーたちは、「同性愛を助長」していると見られる可能性があった。それゆえ多くの人たちは、その話題を完全に避けていた。

　それでもなお、いろいろな意味で過去35年間を描写すれば、全体的で総合的な改善があった。イギリスでのLGBT平等化の変化に関するレビューの中で、平等人権委員会（Equality and Human Rights Commission: EHRC）のSue Botcherbyは以下のような調査を引用した。例えば、1987年のイギリスの社会的態度に関する調査（Britain Social Attitudes Survey）では、75%の人々が同性愛は「常に、あるいはたいてい間違っている」と考えていたが、2008年のこの調査では32%に低下したことを示している。それらの数値はいくつかの注意が必要かもしれない。1987年はゲイ男性の間でのHIV/AIDSの流行が西部で猛威をふるい、ひいてはそれらが当時の同性愛嫌悪の増大をもたらした可能性がある。しかしながら、その後の調査は社会的態度の自由化が継続していることを示している。

　大変興味深いことに、ジェンダー・アイデンティティとトランスセクシャリズムについて、2006年のスコットランドの社会的態度調査（the Scottish Social Attitudes survey）でさえ、回答者の50%が、もし近親者がトランスセクシャルの人との関係をもったなら不幸だろうと答え、30%がトランスセクシャルの人は小学校の教師として不適切だ、と回答したことを示している（Bromley et al., 200）。

　ミリガンはまた、「コテージング（cottaging）」（男性が性行為のために他の男性を探すこと、伝統的には公衆トイレで行われる）について、（当時としては）非常に進歩的な見解を示し、これがどのように感情的な絡み合いを伴わない性的関係の模索を含むのか、またそれがゲイ男性の社会的状況からどのようにして生じうるのかを説明している。それは抑圧や同性愛嫌悪への一つの反応であり、今日でさえ、多くのリベラルな人たちがコテージングやクルージング（cruising）ⁱⁱⁱに対して舌打ちをしていることは、侮蔑的で的外れなものだ。彼はまた、ゲイの環境とゲイ・コミュニティ、そしてその存在の説明と擁護において非常に先進的な意見も述べている。例えば「ゲイ・コミュニティは本当のコミュニティではない」とも述べている。彼は続けて、「単にバーやクラブで構成されたゲイの環境は、特別な制約をもつ一つの社会的ゲットーである。それは居住を目的としたものではなく、階級や人種、職業あるいは性的な同質性がない」（1975, p.102）と指摘する。

　ピンクポンドⁱᵛの過去30年間とゲイの環境のその後の発展を考えると、それらの意見は十分に根拠のあるものであると考えられる。多くのプライド、最も顕著なものはロンドンのプライドが商業的利益と企業の財政支援に制覇されたライフスタイルのお祭り騒ぎになっている様子を見るだけでよい。それらは、純粋な政治的抵抗を欠いており、どの程度までそれらが明確な資本主義的規範と市場優先に組み込まれてきたのか、そして、それらがポストストーンウォールのゲイ解放戦線の理想から、いかに遠く移り変わってしまったのかを確認することができる。

　それゆえミリガンの章は、ソーシャルワーカーと関連する専門家が単に同性愛嫌悪を認識するだけでなく、同性愛嫌悪に対する闘いに積極的に関与する必

ⅲ　ゲイの人が街中で関係をもてそうな人を探すこと。
ⅳ　ゲイ・コミュニティのマーケット購買力を表す言葉。

要があること、LGBTソーシャルワーカーは自らを定義し、政治闘争に関与するために組織化する必要があること、そしてソーシャルワーカーは、精神的苦痛、孤立、自傷行為や虐待の可能性など、同性愛嫌悪の集団的および個人的な影響と闘うために、啓発された反抑圧的カウンセラーと密接に協力する必要があることを要求している。

　しかしミリガンの章は1975年においては画期的なものであったが、約35年もの後に再読すれば、当然のことながら、いくつかの非常に時代遅れの解釈もある。例えば、今日では、反論されるかもしれない意見が散見される。バイセクシャリティの議論の中で彼は、かかりつけ医またはカウンセラーに会っているバイセクシャルの人々は、事実上、レズビアンやゲイの男性と同じ立場にいると主張している。「バイセクシャリティは、同性愛のレッテルを貼られることを恐れる人々によってしばしば用いられる防衛的な表現である」（1975, p.107）と彼は述べている。これは非常に議論の余地のある意見である。今日では、バイセクシャリティは以前に比べてはるかに固有性を有するものとして認識されている。

　同様に、ミリガンが性的指向の問題とジェンダーの不一致、あるいは男らしさ／女らしさ、そして概念的にはっきりと異なるものとして検討されるべきものすべてを、一緒にしているように見える記述がある。1970年代以降、クロスドレッサーやトランスヴェスタイトから、性別適合（または性自認再判定手術）を求めるトランスセクシャルの人々まで、既存のジェンダー分類に当てはまらない人々の存在（gender variant）が次第に明らかになってきていることから、うまくいけば、ジェンダー不一致は、ゲイであるとか異性愛（straight）であることとはまったく異なるという認識が高まり始めている（とはいえ、性転換は明らかに、トランスの人々の性的指向を認識する際の再定義や再構成について興味深い可能性を提起している）。

　当時、ミリガンがジェンダー不一致とトランスジェンダーの問題を書いており、現在でもなおLGBT頭文字の中でマイノリティなのだが、それらの問題は一般的な社会的・政治的問題のほんの一部にすぎなかった。イギリスでのエイプリル・アシュリー（1970）[v]と彼女のトランスセクシャリティに起因した彼

---

v　エイプリル・アシュリーとは、イギリスのファッションモデルであり、2004年に女性としての性別変更が認められる。2012年にはトランスジェンダーの権利運動に貢献したと大英帝国勲章を受勲する。

女の結婚の取り消し（数十年間トランスの法的権利を妨げた判決）の事例は、あの時代において多くの人々によく知られたトランスの人の唯一の有名な例であった。

　ミリガンの章は、それがLGBTソーシャルワーカーの経験あるいはLGBTのサービス利用者のニーズに関する研究への言及を欠いているという点においても注目に値する。それは責められることではない。当時、研究上の根拠あるいは研究文献はほとんどなかったのである。今でも、イギリスを、例えばアメリカと比べたならば、LGBTのワーカーやサービス利用者のニーズに関するイギリスの研究は限られている。しかし非常に重要なことは、現在のLGBT人口の推定値と彼／彼女らが直面している諸問題を見てみると、大多数が見守りの対象になっており、そのうえ／あるいは、薬物やアルコールの乱用、精神的苦痛や精神疾患、自傷行為などの影響に苦しんでいることがわかる。さらに、シェルターや支援を求めるLGBTの高齢者の割合も増加していることがわかるだろう。

　2002年のMINDの調査は、LGBの人々に薬物およびアルコール乱用と同様に不安神経症やうつ病、自傷そして自殺行為の人が極度に多いのではないかということを示していた。他の研究は、40%の若いLGBの人々は少なくとも1度は自らを傷つけたことがあると明らかにしていた（Rivers, 2000）。若いトランスジェンダーの人はとりわけハイリスクにあるという事例的な根拠がある（Social Perspectives Network, 2006）。アメリカでの証拠（Reardon, 2009）は、家族の拒絶に苦しむ若いLGBTの人々が大人になってもいくつかの健康問題の危機にあるという見方を支持している。LGBTの若者たちは、同年齢の異性愛（straight）者よりも、自殺を試みる可能性が3倍も高かった。

　保健省の性的指向およびジェンダー・アイデンティティ検討グループ（SOSIAG）は、LGBTの人々に関するこれらの精神的健康の格差に取り組むための活動が不足しているか、資源不足であることを示唆している。部分的にはこれらの不足は、必要最低限度の監視の欠如に関係しており、LGBの観察を行ってきた全国的な調査あるいはデータ収集機関はほとんどなく、トランスジェンダーのための機関については一つもないのである。これは、政策形成、資源の配分、トレーニング、その他を可能とするような根拠が、単にないか、わずかしかないか、あるいは場当たり的なものでしかないということを意味している。

　ロンドンのポラリ住宅協会のために行われた高齢のレズビアンおよびゲイの

人々の居住およびコミュニティ支援ニーズに関する調査において、Hubbard and Rossington（2005）は高齢のLGBTの人々自身に認識されている居住とコミュニティケアの提供に関する懸念事項、および不十分な点を提示した。それは、セクシャリティ、LGBTの人々や彼／彼女らの関係性についてのサービス提供者のためのトレーニングの欠如、個人同士や関係団体と利用者グループのネットワーク形成の必要性などであった。

　同様の諸問題は、高齢のレズビアンとゲイの人たちへの社会政策の影響の問題を調べるために、2002年のイギリス最初の会議を組織した高齢者支援団体であるAge Concernによっても確認されている。Age Concernはどれほど多くのヘルスケアの専門家たちとソーシャルワーカーたちが、無意識に患者あるいはサービスユーザーが異性愛者であることを前提にしているかを指摘してきた（Age Concern, 2002）。Concannon（2009）は、LGBTの高齢者の助言と関与の必要性に関心を向け、そのことが、不適切な言葉の使用や無神経な質問や思い込みなど、不適切な行為の実践例を避けるために、どのように役立つかという点についても注意を喚起している。

　抑圧や人権の認識および尊重において、ほとんどの専門職のガイドラインは、1970年代半ば以降、相当な改善を示してきた。全国ソーシャルケア協議会（General Social Care Council: GSCC）は2002年にソーシャルケアワーカーたちとソーシャルケアワーカーの雇用者のための行動基準を発表した。第1条項は次のようになっている。

　　1．ひとりのソーシャルケアワーカーとして、あなたはサービス利用者と介護者たちの権利を保護するとともに利益を促進しなければならない。

これには、次の項目も含んでいる。

　1.5　サービス利用者と介護者たちの平等な機会の促進
　1.6　多様性と異なる諸文化や価値観の尊重

　トランスの人々を擁護するジェンダー・アイデンティティ研究教育協会（The Gender Identity Research and Education Society: GIRES）は、ウェブサイト（www.gires.org.uk）で、「地方自治体が、特にトランスの人々に関する法的

義務をどの程度満たしているかを評価する確固とした調査から得られた最近のデータはないようだ」と指摘している。

　スコットランドの2006年のLGBTの人々に関する調査は、32の地方議会すべてが平等政策をもっていたが、そのうち性的指向に言及しているのはわずか9議会で、独立したLGBT政策を有しているのは一つだけ、固有のトランスジェンダー政策をもつところは一つも存在しなかったことを明らかにした。

　確かに、どのソーシャルワーカーも、ソーシャルワーク実践に携わりエンパワーするアプローチを開発していく作業の一翼を担おうとする限り、同性愛嫌悪およびトランス嫌悪という抑圧に対する批判的認識が必要である。そうしたソーシャルワーカーたちは、職場内外での抑圧に挑戦する自信を生み出すような理解力を身につけている必要があり、その際、彼／彼女ら自身がLGBTなのかストレートなのかにかかわりなく、LGBTのサービス利用者と協力関係を築いていく必要がある。そしてそれは、現代の資本主義社会におけるLGBTに対する抑圧のルーツについての理解を必要とする（Halifax, 1998; Carlin, 1989; Wilson, 2007）。

　ソーシャルワーカーたちは、年齢やジェンダー、エスニシティにまたがるさまざまな境遇に置かれているLGBTのサービス利用者に対応することになるだろう。これがニーズのアセスメントであろうとサービスの調達であろうと、高齢LGBTのサービス利用者や子どもの世話をする人、移住や亡命先の入国管理事務所や難民事務所により彼／彼女らの性的指向を「明確にする」ことを求められている亡命希望者、ゲイカップルによる養子縁組、家庭内暴力、メンタルヘルス、そして薬物および麻薬乱用などの範囲に広がっている。要するに、ソーシャルワーカーが実践で何をするにせよ、LGBTへの抑圧がもたらした影響に対する認知と共感、非審判的な感性が求められるべきである。

　それだけでなく、現行の法制化は、ソーシャルワーカーたちが同性愛嫌悪およびトランス嫌悪と闘い、LGBTの平等を促進するための訓練を受けることを義務づけている。最近の平等に関する法律は、このための法的枠組みを提供している。新しい平等法（2010）は、公共セクターの諸組織、および公的セクターと契約を結んでいるか、もしくは公的セクターに資金援助をしてもらっている諸組織に対して、法の下で決定された義務に基づき、七つすべての平等の連鎖（「人種」、ジェンダー、障害、年齢、性的指向、ジェンダー・アイデンティティ、宗教および信念）をカバーする単一の平等計画を策定することを義務づけてい

る。

　多くの組織は、単一の平等計画の策定作業を前進させてきたが、多くは長い
道のりであった。労働組合は、過去40年間、職場における平等化と、革新的な
平等法制定のための影響力の大きな牽引役として存在してきた。イギリスにお
ける労働組合運動は、職場における同一賃金法、人種関係法、中絶権（中絶を
制限しようとする動きに対して繰り返し反対する動員をかける）、障害者差別
禁止法（DDA）、LGBTの権利を強く要求してきた。組合はシビル・パートナー
シップ［法律によって認められたパートナー関係］およびジェンダー承認法
（the Gender Recognition Act）を支持した。

　ある意味ではこの一連の労働組合の関与が、LGBTの平等、正義そして解放
（そしてジェンダーおよび人種の平等と解放）に向けた運動の再生を運命づけ
た。それは、イギリスにおける初期の社会主義者および労働組合運動の不可欠
な要素であった（Engels, 1884; Carpenter, 1908）。

「比率（prevalence）」をめぐる諸問題

　それは、さらなる訓練のためのさらなる資金調達の要求という単純な問題で
はなく、それ自体として重要だ。社会やソーシャルワーク実践における同性愛
嫌悪やトランス嫌悪の問題に取り組む前に、嫌悪に含まれる問題の程度や問題
の本質を見極める必要があるという、主張もある。ここにはいくつかの真実が
あるが、研究基盤は弱いままである。このことは、イギリスの公式統計データ
ベースが全般的に貧弱であることを一部反映している。例えば、国勢調査およ
び犯罪統計はLGBTの要素をチェックしておらず、この基準に基づいて職員
あるいはサービス利用者のモニタリングを実施している機関はほとんどない。
これはレズビアン、ゲイ、バイセクシャルあるいはトランスジェンダーの人々
の数を推定することを困難にしているだけでなく、社会の中で、彼／彼女らの
広がりを発見することは困難であり、もういなくなったか、あるいは多様な社
会的活動領域で少ししか存在しないとされるかもしれない。

　私たちは社会の性的指向およびジェンダーの不一致の比率について、何を
知っているだろうか。ストーンウォールによって用いられたイギリスにおける
ゲイおよびレズビアンの人々の人数の推定は、3,600万人であり、人口の約
6%である。この数字は、シビル・パートナーシップ法の、考えられる保険数

理的影響を調べるために行われた2005年の財務省の推定から導き出されている。10年ごとに実施されている国勢調査は個人のセクシャリティに関係する項目を含んでいない。権利擁護団体は時々これについて圧力をかけてきた。

　性的態度およびライフスタイルに関する大規模全国調査（NATSAL）が1989/90年、そして再び2000年にイギリスで実施され、1989/90年には約19,000人、1999/2000年には11,000人を調査した。この10年ごとの調査結果の比較によれば、より多くの人々が、同性との性的行動や態度を公表する心構えができてきているという興味深い傾向を示した。最近の数十年のイギリスの基本調査では、同性愛に対してより肯定的な態度が一般的であり、特に若者の間で肯定的な傾向が強いという兆候が疑いなく現れていた。

　その数値は（2002年において）以下のことを示している。女性の9.7%は同性との性的経験があることが報告され、それは必ずしも性器の接触を含む必要はない（1990年の2.8%から上昇）。そして男性の8.4%で同じことが報告された（1990年の5.3%から上昇）。2000年までに男性の8.1%と女性の11.7%が、人生の中で少なくとも一度は同性の人に性的魅力を感じていたことが報告された。もちろんこれは、それらの男性および女性が必ずレズビアンやゲイ、あるいはバイセクシャルとしてのアイデンティティをもっているということを意味しない。それは、より多くの人々がそのような情報を開示する心構えができてきており、排他的同性愛と排他的異性愛との間に明確な境界線はないことを示している。これは同様にアメリカの1940年代および1950年代のアルフレッド・キンゼイによる調査のかなり以前の結果を反映している（www.kinseyinstitute.org/research/）。

　2000年の10年単位の国勢調査から導き出された世帯構成でのアメリカの数字は、総世帯数1億550万世帯のうち同性のパートナーから成り立つ世帯が59万5,000世帯存在していたことを指し示している（www.avert.org）。それゆえアメリカの約120万のゲイの人々は同性のパートナーと生活しており、そのような世帯は14万5,000世帯のみだと報告された1990年の前回の国勢調査から非常に大きく増加している。これらの数字は、アメリカにおける独身のゲイの人々の数の非常に低い見積もりにつながっている。有権者の投票行動やその他の調査の分析を行う人権委員会は18歳以上のアメリカ人口の5%がゲイであると結論づけた。これはイギリスの調査結果と類似している。

　ストーンウォールはレズビアンやゲイ、バイセクシャルの人々のみに対応

し、トランスの人々はまったく擁護しない。ジェンダー・アイデンティティ研究教育協会（GIRES）による数字は、レズビアンおよびゲイの人々について、先に述べた数字とのいくつかの類似点を示している。イギリスとヨーロッパにおけるトランスの人々に関する3つの最近の調査を引用してReedら（2009）は、2009年に「ジェンダー違和（gender dysphoria）」を感じる人がおおよそ10,000人存在し、そのうち性別移行（gender transition）を経験した人が約6,000人いることを示唆している。彼／彼女らの約80％は生まれたときは男性とされ、女性は20％だけだった。しかし、女性から男性になるトランスセクシャルの人々の数は不均衡に増加しているようであり、人口におけるftm（女性から男性へ）とmtf（男性から女性へ）のトランスの人々はさらに増えて同じくらいになっている。

　これにジェンダー違和（gender dysphoric）の人々の毎年約15％の増加を報告しているジェンダー・アイデンティティ・クリニックから得られる数字を加えると、最近では、5年ごとに数値が倍増していることがわかる。最近の積極的な法規制の変化に加え、より多くロールモデルに触れるようになったことや、支援団体が増えてきたこと、そして社会的および医療的対策についての認識の高まりなどが、より多くのトランスの人々が姿を現し、支援や助言を求めることを勇気づける要因となっていると思われる。

　ここで、移行（transition）に関して支援を求める人々は、社会の中にあるジェンダー不一致を感じる人々の大きな氷山の一角であるのかもしれないことを指摘しておくべきであろう。「トランス（trans）」という言葉は、一般的にトランスセクシャルの人々だけでなくクロスドレッサーやドラッグクイーン、ドラッグキングなど、ジェンダー規範の前提や予想を覆す人々に対しても使われる言葉である。Reedらは、もしジェンダーバランスが等しくなると仮定するならば、イギリスにおけるジェンダー不一致を感じる人々の、より現実的な数値はおよそ500,000人と推定している。

　私たちはそれゆえ、「サービス提供者および雇用主は、医療的治療を受けていてもいなくても、今なお差別を経験し、いじめやヘイトクライムに傷つきやすい、この大きな集団を理解する必要がある」（Reed et al., 2009, p.4）と結論することができる。

　同様に5年ごとに数値が倍になるにもかかわらず、若いトランスの人々で援助を求める人は相対的に少なく、イギリスでの若者に対する専門的なジェン

ダー・アイデンティティ・サービスは一つしかない。いつ治療を開始するかは現在意見の分かれている問題であり、イギリスの政策は、よりクライエント中心の最良の方法を追求する、という国際的なアプローチから外れている。

　トランスセクシャルの人々が現れる年齢の中央値は42歳である。しかし、彼／彼女らは幼い頃からジェンダー不一致を経験していたと述べている。家族や友人、学校や職場にカミングアウトをすることは、LGBであろうとTであろうと多くの人々にとっては依然として難しく、ストレスフルでリスキーなことである。

　ニーズや利用者の需要を信頼できる形で推定するためのデータ収集の改善は遅れている。LGBTの権利擁護の諸団体は、特にトランス状態の人々に関して、機密性や匿名性、差別の可能性、同性愛嫌悪やトランス嫌悪の影響、データの安全性などの懸念を理由に、国や組織レベルでのモニタリングを含めることを支持しているが、これは全会一致ではない。

　ゲイの人々は現在、公的な数値としてより可視化されており、目を引く世間に認められたプライドパレードがあり、パブやクラブのような「安全な」空間があり、シビル・パートナーシップが法定化されているという事実にもかかわらず、諸団体の意見は一致しているわけではないのである。トランスの人々やトランスジェンダーの問題は確かに、いくつかの前進を遂げてきた。トランスの人々やトランスジェンダーの問題は、この10年ほどの間に公知のものとなり、世間の意識の中へ浸透してきたし、もっぱら刺激的な暴露記事の対象から、時にはより熟慮された注目を集めるようになるなど、ある程度の進歩を遂げてきた。LGBTへの抑圧、差別とヘイトクライムが依然として一般的であるという事実は、人々の懸念がそれほど不合理なものではないことを意味している。

　一方で私たちは、LGBTの人々をより「外に引き出し」、公的な権利と保護を増進させたが、しかしその同じ期間にイギリスにおける同性愛嫌悪による犯罪で報告されたものの発生率は、実際には2009年に増加した。数値を2008年と比べるとロンドンでは約20%急増し、グラスゴーでは32%、リバプールで40%、そしてマンチェスターでは驚くべきことに63%も急増した。ストーンウォールは2008年に、レズビアンとゲイの人々の20%が過去3年の間に同性愛嫌悪の攻撃を経験したという数字を報告した。この増加は警察に通報しやすくなったことを反映しているようには見えない。

　2009年の9月25日の夜にひとりのゲイの男性、Ian Baynhamはロンドンの

トラファルガー広場で悪質な襲撃を受けた。18日後、医師は彼の生命維持装置をオフにした。おおよそ同時期にリバプールで襲撃があり、他のゲイの男性が重症を負ったまま放置されていた。その後まもなく、ロンドンとリバプールで徹夜の抗議活動があり、その後リバプールで大規模なデモが行われた。それはLGBTの人々が感じた衝撃だけでなく、彼／彼女らと多くのストレートの人々が、同性愛嫌悪およびトランス嫌悪のヘイトクライムと抑圧に抵抗しなければならないという決意を反映していた。

もう一つの例は、2009年の終わりにBoyzoneという音楽グループのスターでゲイのStephen Gatelyが亡くなったときであった。ある新聞が、Gateleyの「不自然な」生活様式を攻撃し、彼の痛ましい死において、それが関係していたとほのめかすJan Moirというコラムニストによる記事を載せたのである。報道苦情処理委員会（the Press Complaints Commission: PCC）に25,000人を超える人々が苦情を申し立てた。その後、PCCは彼女の批評は多くの人々に不快な思いをさせたかもしれないが、それらはガイドラインに違反してはいなかったと判断した。多くのLGBTの人々はPCCの「報道の自由」および言論の自由を装った同性愛嫌悪への迎合としてこれを受け止めただろう。

悲しいことに、しばしば若者によって行われるそのような攻撃は、ゲイとみなされている人々に限定されていないことは言うまでもない。「トランスジェンダー追悼の日」という名のWebサイトは、彼／彼女らがジェンダー侵犯（gender transgression）だとみなされたがゆえの殺人に関する国際的な情報を集めている。Brandon Teenaは、二つの映画（"Boys don't cry"と"The Brandon Teena story"）で彼の人生が取り上げられてきたため、比較的よく知られている。Brandonは地方警察によって追い出された後に、アメリカにおいて死ぬまでレイプされ殴られた若いトランスの男性である。実際に、暴行を受けるのはトランスの人であるとは限らない。ある男性がテネシーの百貨店で暴行され殺された。それはその男性が盲目の男性の手を取ってトイレに誘導したこと、また、彼の妻が試着している間、彼女のバッグを持っていたことが理由であった。時にはジェンダー侵犯（gender transgression）だとみなされるだけで十分なこともある。

トランスの人々にとって、身体と心を同一にしておくことは大変なことだが、実質的にはすべての国々の保険会社や保健サービスが、性別適合手術（sex reassignment surgery）やトランスの女性のためのあごひげの発育を取り除く

電気分解治療、ホルモン治療のための支払いをしてくれないか、もしくは支払いを非常に渋るだろう。明らかにここには階級的要素があり、労働者階級の人々にとっては選択肢がはるかに限られている。

　一部のトランスの人々の間には、LGBTの権利、特にトランスの権利は平等原則よりも序列が低いという「抑圧のヒエラルキー」という認識がある。それゆえに、2008年のイギリスで、労働組合運動の多くの活動家から、福音派のクリスチャンのJoel Edwardsを新しい平等人権委員会（Equality and Human Rights Commission: EHRC）の長官に任命する人事に対して激しい抗議があった（報道によると同性愛嫌悪の発言が起因しているとされる）。これは宗教の権利がLGBTの権利に勝る一例とみなされたことは疑いない。

　平等人権委員会（EHRC）は、2006年の平等法を受けた、障害委員会と平等権委員会と人種関係委員会の代わりとなる統一された機関である。それはヘイトクライムに反対し、平等を促進する責任を負っている。多くの人々は、労働党政府によるEHRCの財政的支援の水準や、任命されたさまざまな委員の来歴、そして、おそらく無意味な平等概念である「公平」という根底にある概念に対して批判的である。

ソーシャルワーク教育

　全国教員組合（the National Union of Teachers: NUT）、大学教員組合（the University and College Union: UCU）、地方政府労働組合、公共サービス労働組合（Unison）などの労働組合が、教育機関におけるレズビアンやゲイの職員およびトランスの職員を対象とするモデル的な全国政策を交渉できるようになったのは、ごく最近のことである。

　ソーシャルワークのコースで教える私たちは、学生たちの多くが、私たちが住んでいる社会のあまり自由ではない前提条件や態度のいくつかを、反映しているかもしれないということを知っている。どの学生の世代も例外ではないだろう。もちろん、一部の学生たちはLGBTの権利と社会の階級的性格を十分に理解している。しかしながら優れたソーシャルワーク教育や倫理的でエンパワーするような実践の開発においては、LGBTの平等とは対極にあるようなすべての考え方に対して、明確に異議を唱える必要がある。新しい平等法は同様に、ただ単に差別に反対するだけではなく、平等の**促進**とヘイトクライムに反

撃するという考え方を含んでいる。これは、トレーナーや講師や実践者たちが、LGBTへの抑圧に対して異議申し立てをする必要性を重く受け止めなければならないということを明確に示している。

ソーシャルワーク実践におけるLGBT抑圧への抵抗や平等の促進のための闘いは、明らかにLGBTの職員あるいはサービス利用者のためだけの問題ではない。人種差別に反対することは黒人あるいはエスニック・マイノリティの人々に限られるべき、あるいは障害のある人への抑圧に反対することは障害のある人々に限られるべきだと主張する人は誰もいない。しかし、教育者やトレーナーたちは、LGBTの権利は「良いものだが、私はゲイではないので本当は私を含んでいない」という考え方にしばしば遭遇するだろう。

これは明らかに、専門職の仲間や学生たちが捨て去るべき誤った理解である。どの抑圧された集団も、自ら団結する権利をもたなければならないが、抑圧への抵抗は、抑圧されていない集団や他の抑圧された集団と連帯する場合にのみ、最終的に効果を発揮する（Dee, 2010）。ゲイの権利のための共通の闘争において、ストレートとゲイの人々を結びつけるとき、LGBT抑圧への抵抗は歴史的に最も効果的で成功したものとなってきた。

結論

もし私たちがエンパワーメントと解放のラディカル・ソーシャルワークの発展を求めるのならば、ソーシャルワーカーはLGBTの解放のための要求に、言い換えれば人々が自身のセクシャリティやジェンダー・アイデンティティを自由に、不安や脅しもなく表現できる社会をつくるための運動に、共感をもつように働きかけられなければならない。

ソーシャルワーク教育および実践に関してはいくつかの提案をすることができる。

1. LGBTに対する抑圧とその諸結果への認識は、ソーシャルワーク教育コースと実践に組み込まれる必要がある。これは政策や法制化、優れた実践についての知識や理解を必要とするだけでなく、資本主義体制の構造と、その内部での家族の役割におけるこの抑圧の根源についての理解も必要である。LGBT問題についてのトレーニング教材は入手できるし、広く使用されるべきである（例

えば、Learning and Skills Improvement Service, LSIS, www. lsis. org. ukを参照）。

２．職員やサービス利用者は、LGBTに対する抑圧に挑戦する経験や優れた実践を共有し、検討することができるフォーラムやネットワーク、協議会など（スコットランドのSWANのような場）に参加するように働きかけられる必要がある。

３．人々が何を感じ、何を求め欲しているのかを知りたいときには、その本人たちに尋ねるのが最も良い手段である。ソーシャルワーカーたちは、すべての割り当てられた領域において、サービス利用者や権利擁護団体との誠実な相互関係を発展させる必要がある。これはすでに障害および精神保健サービスの利用者団体との間で形成されてきている。それは性的指向やジェンダー・アイデンティティに関わるグループとの間でも発展させられる必要がある。

４．LGBTの人に適したモニタリングや評価の仕組みが全面的に導入される必要がある。さらに、これはサービス利用者と権利擁護団体とが協力した肯定的で支持的な方法を通じて遂行される必要があるだろう。

５．ソーシャルワークの機関や職場、トレーニングの環境は職員や学生、サービス利用者にとってLGBTに優しい環境として意識的に開発していく必要がある。

　ここ数年間は、世界危機の影響により、ソーシャルワーカーがソーシャルワーク実践を容易に見つけることができなくなる可能性がある。財政的な行き詰まりは、富裕層によってつくり出された危機のために労働者や貧困層が支払うことを余儀なくされた無理強いの結果に違いないと、私たちは述べてきた。これは、さらなる貧困化と経営管理主義に向かう推進力が大幅に増加することはほぼ確実であることを意味する。しかしながら、この章において述べられた諸問題に取り組むための時期の善し悪しは何もない。

　期待されているのは、一般的に貧困を増大させるだけでなく、最前線のサービスと利用者を攻撃することになる削減の影響に対する集団的な形の抵抗運動を発展させることである。そして、この抵抗運動は、性的指向とジェンダー表現を中心に据えた真のラディカル・ソーシャルワークの倫理を積極的に再発見する、反抑圧的ソーシャルワーク実践者とサービス利用者とのネットワークが拡大する中で闘うことができるのだ。

第6章
ラディカル・ソーシャルワークとサービス利用者
―極めて重要な結びつき

Peter Beresford

はじめに

　ソーシャルワークは基本的に関係性に関する活動である。その広い範囲の関係には、ソーシャルワーク、ソーシャルワーカーと国家、社会、コミュニティ、家族、個人、集団、差異と平等の間の諸関係が含まれる。こうした諸関係の特質こそが、ソーシャルワークの形式と目的を表している。これが、歴史的にソーシャルワークが解放と規制の力の両方として考えられてきた理由であり、実際、同時に両方の力として認識されることがある理由であろう。それは、人権と市民権を支持したり制限したりするだけではない。国家とそのサービスシステムに特権を与えたり、サービス利用者のニーズや利益を優先することを求めたりもする。すべてのことがその関係性の性質と目的に依存する。最もよく検討されてきた関係は、ソーシャルワークと国家との間の関係である。しかし、ソーシャルワークにとっての究極的に重要な関係性、つまり、その役割、過程および存在理由を定義づける関係性は、ソーシャルワークとサービス利用者との関係である。

　この章では、特に、ラディカル・ソーシャルワークとサービス利用者との関係について焦点を当てる。1970年代における一世代前のラディカル・ソーシャルワークの立ち上げ以来、この関係がいかに発展し、変化してきたのか、また、ラディカル・ソーシャルワークが今後も持続され、将来にわたってサービス利用者の権利とニーズの最良の支援をめざすならば、今後いかに探求され発展されなければならないか、について述べる。ラディカル・ソーシャルワークに関する初期の著作の多くは研究者や、実践者、教育者など、ソーシャルワークの

業務に関わっている人たちによって書かれている。しかし、この章は多少異なる起源を有している。それは、主としてサービス利用者の視点に拠っている。つまり、私はソーシャルワークを含むメンタルヘルスサービスを利用しており、その結果として、サービス利用者組織とその運動に関与するといった、直接的な経験に基づいてこの章を書いている。

　しかし、私はまた、イギリスの大学のソーシャルワークの教育者および研究者として、ソーシャルワークに学術的に関与する者として論じている。私たちの所属や考え方を明らかにしておくことは有益だ。なぜなら私たちの所属や考え方が、これらの問題に対する私たちの理解に確実に影響を与えるからである。

サービス利用者運動の登場

　ラディカル・ソーシャルワークは、伝統的な左派と労働組合の運動と組織化だけではなく、女性と黒人の市民権、レズビアンやゲイ、バイセクシャルの人たちの運動などによって成長してきたと捉えることができる（Langan and Lee, 1989; Williams, 1989）。しかし、本章で私たちに関連するのは、多くの諸運動の台頭であった。ラディカル・ソーシャルワークの創設以来の大きな進展の一つは、サービス利用者運動の登場である（Lent, 2002）。これは、ソーシャルワーク一般に対して、そしてとりわけラディカル・ソーシャルワークに対して、特にサービス利用者の理解と関係性を広げていく上で、深い意味合いをもっている。

　このようなサービス利用者の運動とは、サービスの受け手側にいたと自己認識する人々の運動で、特に長期にわたり相当量の社会政策実践や給付を受けてきた人々の運動のことを意味しており、こうした運動が、自分自身のアイデンティティや自己理解、そして、自分たちが経験してきた政策やサービスに対する理解を形成する上で中心的な役割を果たしてきた。

　そのような運動のメンバーは、特に、長期間のヘルスケアやソーシャルケアサービスの利用と関連している。彼／彼女ら固有のアイデアや議論を発展させる際に、そのような社会政策の直接的で明確な経験を中心に含む彼／彼女ら自身の視点と、そういうものを含まない支配的な議論との間にある違いを強調してきた。彼／彼女らは、サービスを利用している人々の地位と役割の両方が、彼／彼女らが発達させてきた価値観や信念、考え方を理解することに直結して

おり重要だということを強調した。

　これらの運動は、障害のある人、精神医療のサバイバー、学習障害の人、高齢者、国の保護下でケアを受けている若者、HIV/AIDS を抱えて生きる人々、その他のヘルスケアやソーシャルケアの利用者や所得維持サービスの受給者などを含んでいる。それらの運動は、地域や国、国際的なレベルで民主的に構成された組織とグループをもった、強力で影響力のあるものになりつつある。これらの運動とその中で活動している諸組織は、独自の文化、技術、組織の仕方、知識、理論、価値観、戦略、そして要求を発展させてきた（Campbell, 1996; Campbell and Oliver, 1996; Morris, 1996; Oliver and Barnes, 1998; Barnes et al., 1999; Beresford, 1999; Lindow, 2001）。それはまた、ラディカル・ソーシャルワークと同様に、マルクス主義的分析と左翼的批判が、これらの運動の考え方の発展において重要な役割を果たしたことに注意することも重要である（例えば、Oliver, 1990; Shakespeare, 1998参照）。

ラディカル・ソーシャルワークとサービス利用者

　これらの運動は主に1980年代に注目されるようになったが、障害者の運動はもっと早い起源を有していた。その起源は、施設に隔離されていた障害のある人々が主流の社会で同等な生活を送るために努力した1960年代に遡ることができる（Oliver, 1990, 1996）。彼／彼女らはこの運動の先駆者であった。障害のある人々は、障害のない人々によって管理された障害者のための組織—特に大きな伝統的障害慈善団体—と、障害のある人々の組織の違いを描き出した（Oliver, 1990）。これらは、彼／彼女らが発展させていた新しい組織であった。これらは障害のある人々自身が管理する組織であり、障害のある人々の運動の基盤となった。

　ラディカル・ソーシャルワークとイギリスにおける障害のある人々の運動の初期の重要な出版は、それらがおそらくまったく別々の展開であったにもかかわらず、ほとんど同時期に起こった。イギリスの障害者運動の設立文書である『障害の基本原則（*The fundamental principles of disability*）』（UPIAS/Disability Alliance, 1976）は、Bailey と Brake（1975）の『ラディカル・ソーシャルワーク（*Radical social work*）』出版の一年後まで発表されなかった。後者は、実践者とサービス利用者、あるいはクライエントとの間の変化した関係性に常に関

心を寄せてきたが、初期のサービス利用者の発展とソーシャルワークをラディカル化しようとする運動との間には、重なり合いや連携はほとんどなかった。1989年に出版されたMary LanganとPhil Leeの『ラディカル・ソーシャルワークの現在（*Radical social work today*）』は、この問題の進展を一つの章において図示し（Beresford and Croft, 1989）、いかに多くの作業がなお必要となっているのかを強調している。この時点では、ラディカル・ソーシャルワークは、サービス利用者に深く関与し、長い間サービス利用者の視点から問題が提起されてきたという事実があったにもかかわらず、利用者の参加は限られたレベルでしか達成できなかった（Beresford and Croft, 1980; Oliver, 1983）。

　サービス利用者運動の登場は、ラディカル・ソーシャルワークを含むソーシャルワークによるサービス利用者の理解を大きく変えた。ラディカル・ソーシャルワークの支持者は、常にサービス利用者やクライエント、そして彼／彼女らと提携する必要性を強調してきた。例えば、1989年にLanganとLeeは、最初のラディカル・ソーシャルワークの運動における主要な成果の一つは、「それがクライエントの関心を前面に押し出したことであった」（p.7）と述べている。「クライエント」は、「政治的同盟者」として語られていた（Taylor, 1972）。ラディカル・ソーシャルワークの創設者のひとりであるRoy Baileyは、「ソーシャルワークの受給者に対するスティグマとステレオタイプに反対し、彼／彼女らの尊厳を損なう国による権威主義的な試みに抵抗する人たち」を支援する役割を強調した（Langan and Lee, 1989, 序文, p.xviii）。

　しかし、ラディカル・ソーシャルワークの初期の段階におけるサービス利用者の役割は、その構築において能動的なパートナーとして、より象徴的なものであったようである。

　ラディカル・ソーシャルワークの中で時間の経過と共に変化してきたと思われるのは、どのようにサービス利用者が理解され、どのように表現されてきたか、ということである。ソーシャルワークやラディカル・ソーシャルワークの文献において、さまざまなグループが把握されてきた多様な方法を見ていくことは興味深い。いくつかの集団、例えば、失業者、ホームレス、貧困層、刑務所や刑事司法制度の中にいる人々は、国家や資本主義経済の抑圧的な性質の結果や象徴であると見られていた。したがって、これに対抗しようとするラディカル・ソーシャルワークにとっては、自然な同盟者であり、焦点であった（Bailey and Brake, 1975; Brake and Bailey, 1980）。

一方、Mary Langan と Phil Lee は、ラディカル・ソーシャルワークを再検討した1989年の著書において、「障害者、ネグレクトされた子どもたち、心理的に不安を抱えている人々、高齢者などのような、一般的には多年にわたる社会的犠牲者」(p.7) と評した他のグループとの関係におけるソーシャルワークの役割について述べていた。彼らは、ラディカル・ソーシャルワークには、そのようなサービス利用者を「エンパワリング (empowering)」する過程の中に、果たすべき真の役割があると考えていた (p.9)。これは、エンパワリング (empowering) をする専門職としてのソーシャルワークの役割について説明した Oliver Stevenson や Phyllida Parsloe のような、主流のソーシャルワークの論者の意見と一致していた (Stevenson and Parsloe, 1993)。これとは対照的に、サービス利用者たちは、この見解を繰り返し拒否してきた。彼/彼女らだけが、自分自身や互いをエンパワーすることができ、ソーシャルワークがエンパワーに関して役に立つのは、本質的に利用者主導の集団的活動を支えることであると主張している。

　したがって、まず最初に、ソーシャルワークのクライエントまたはサービス利用者は、権利要求者や賃借人たちの組織およびホームレスの人々などを単位として構成される傾向があった。これは、人々がどのように組織化されたか（その時点において）、そして何を主要な問題としてみなしたかに関連していることがわかる。不平等、貧困、ホームレスは、ラディカル・ソーシャルワーカーたちによって、サッチャリズムの下で差し迫って悪化する問題として捉えられた。このことについては正確に言うのは難しいが、1970年代と1980年代のラディカル・ソーシャルワークは、成人に対するソーシャルワークよりも家族や子どもに焦点を当てていたようであった。その後、ソーシャルワークとソーシャルケアにおける利用者参加についての議論は逆転し、家族と子どもたちのニーズや彼/彼女らを参加させることの複雑さについてはあまり注目されなくなってきた。

　最近のイギリスでは、障害のある人々（一般的に身体障害や感覚障害のある人々を意味するとされる）、高齢者、学習困難な人々、精神保健サービスの利用者／サバイバーなどの成人グループに焦点が当てられている。これは、社会政策、ソーシャルケア、そしてソーシャルワークなどへの自分たち自身の関与を強く求めてきたサービス利用者の運動や組織の出現と明らかに関係している。これらの成人グループとのソーシャルワークには、公務員ソーシャルワー

クの管理的機能が含まれうることは確かであるが、このことはしばしば曖昧にされてきた。また、児童保護やいくつかの他のソーシャルワーク領域に関連した議論は、よりためらうことなく避けられてきた。

　興味深いことに、私が最近ソーシャルワーク教育への利用者参加を評価し、向上させるためのスウェーデンの国家プロジェクトに参加したとき、多様なサービス利用者グループが参加していたようだった。例えば、違法薬物使用、アルコール依存、刑事司法制度の経験者や、精神保健サービス利用者の参加がより強調されていたが、学習障害や身体障害、感覚障害のある人などの関与は少なかった。学生もまた、積極的に過程に参加していた（Bergsten et al., 2009）。

サービス利用者の価値、ソーシャルワークの価値

　地方レベルから、地域、全国、欧州、国際レベルでのサービス利用者組織が存在している（Beresford, 1999）。サービス利用者運動はそれぞれに異なる性格や目的をもっているものの、形式的には民主的に構成された組織に基づいている傾向がある。このような運動は、西側諸国だけではなく、世界各地で発展してきた（Charlton, 1998; Stone, 1999）。例えば、障害者およびメンタルヘルスサービスの利用者／サバイバー運動には多くの重要な違いがあるように見えるが、すべてのサービス利用者運動には共通の重要な価値と目標がある。彼／彼女らは全員、以下のような重要性を強調している。

・自分たち自身のために発言し行動するサービス利用者。
・変化を達成するために共に働くこと。
・彼／彼女らの人生と自分たちが受ける支援について、より多くの発言をすること。
・スティグマと差別に挑戦すること。
・支配的な医療化された介入と理解に対する代案を利用できること。
・利用者によって管理された組織や支援とサービスの価値。
・人々の人権と市民的権利と彼／彼女らのシティズンシップに焦点を当てる。これはごく最近に現れたものだが、サバイバーの運動がますます明らかにしてきている。
・主流の生活や地域社会の一員であり、権利を確保するだけでなく、責任も担え

る（Beresford and Harding, 1993; Campbell, 1996）。

　サービス利用者運動の原則に対する最初の明確な表現は、障害者が「障害分野で、より積極的に活動できるようになり」「長期の活動プログラム」を考慮して活動できるようするために、1976 年に隔離に反対する身体障害者連合（Union of the Physically Impairment Against Segrigation: UPIAS）が発表した「障害の基本原則」（UPIAS/Disability Alliance, 1976, p.3)）」に含まれていた。1972 年に設立された UPIAS は、「『障害者』を社会的文脈の中にしっかりと位置づけた［イギリスにおける］障害者運動の発展において重要な組織として」障害のある人々によって描かれてきた。［それは］イギリスでの最初の障害者解放団体になり、世界で初めての障害者解放団体の一つになった」（www.gmcdp.com/UPIAS.html）。その「基本原則」は、「障害は、社会的条件によって引き起こされる一つの状態であり、その除去を必要とするものである」ということであった。

（a）所得、移動しやすさ、制度といった一側面だけが孤立して扱われない。
（b）障害者は、他者のアドバイスと支援を受けて、自分の人生をコントロールすべきである。
（c）専門職や、専門家、支援を求める人々は、障害者によるそのようなコントロールを促進することに尽力しなければならない（UPIAS/Disability Alliance, 1976, p.3)。

　「基本原則」と UPIAS の価値を土台にすることは、障害者運動および自己組織化の将来にとって鍵となってきた二つのアイデアであった。そしてそれらは、公共政策だけでなく他の利用者運動にも大きな影響を与えてきた。まず第一に、これらは障害の社会モデルである。それは、障害の医療化された個人理解を否定し、障害者が社会で経験する差別や抑圧を強調する。第二に、これは自立生活の哲学から来ている。それは障害のある人の欠陥や欠乏や病理に応じた支援の必要性を見出そうとするのではなく、障害のない人と同等の条件で生活するために必要なアクセス手段と支援を確保しなければならないと主張する（Oliver, 1996; Thomas, 2007）。

異議申し立てに応えることへの失敗

障害者運動家であり学者であるマイク・オリバーは、2009年にソーシャルワークに影響を与える努力とソーシャルワークの反応についての彼の結論を発表した。彼の1983年の著書の目的は、「障害者分野のソーシャルワークは、障害のある個人に対するソーシャルワークの介入を取りやめ、障害を引き起こす社会を目標とするものに切り替える」ことであった（Oliver, 1983）。1986年に、イギリス・ソーシャルワーカー協会がこの社会モデルアプローチを採用したが、オリバーは、他の職種と同様にソーシャルワークにおいても依然として個人モデルが支配的であり、ソーシャルワーク教育においては障害者問題への対応はお粗末なものであったと結論づけている。（Oliver and Sapey, 2006）。

> ソーシャルワークは、障害者自身が発したニーズを満たすことに失敗してきた。20年前、私は、ソーシャルワークが障害のある人々に関係する実践において変革の準備ができていなければ、最終的には完全に消滅するだろうと予測した（Oliver, 1983）…。その予測は現実になりそうだ。私たちはおそらく、少なくとも障害者の生活への関与に関しては、ソーシャルワークは消滅したと発表することができる。（Oliver, 2009, p.51）

オリバーは過度に悲観的で、彼の結論はあまりにも大胆すぎる、と感じる人もあるかもしれない。確かに、全国サービス利用者組織でありネットワークでもあるShaping Our Lives（私たちの生活形成）においては、私たちは多くのサービス利用者の間でソーシャルワークに対しての強力な支持を見出してきた。なぜなら、彼／彼女らは、サービス利用者たちと共に働く優れた実践者と関連する社会的アプローチに価値を置いているからである。そのアプローチは、個人としての利用者と、彼／彼女らを取り巻く広い環境、そしてそれら両方の関係を考慮に入れているからだ（Beresford et al., 2005; Branfield et al., 2005）。しかし、同時に、成人のサービス利用者は今日ではソーシャルワーカーとの接触が大幅に減少している。例えば、認可されたソーシャルワーカーの役割は、さまざまな学問分野から来ていると思われる、認可された精神保健専門職に置き換えられた。ケアマネジメントへの移行は、成人サービス利用者に関わる多くのソーシャルワークが、支援を提供することよりも、配給や制限に移

行することを意味した。また、「個人化」と「自己主導型支援 (self-directed support)」への移行は、専門的なソーシャルワークとしての業務の喪失と、アセスメントし「ケアパッケージ」を提供する無資格のスタッフへの置き換えを伴ってきた。

　Roy Baileyは、1988年、ソーシャルワークの教育と訓練が「実践主導」でなければならないと述べた。一方、それが「雇用主主導」であれば、「教育者、学生、実践者および『クライエント』に損害を及ぼす」であろうと懸念した (Langan and Lee, 1989, 序文, p.xviii)。このことは、ソーシャルワークの教育だけでなく、ソーシャルワーク一般にもあてはまる。現実は、ソーシャルワークが利用者中心どころか、実践や実践者主導からも遠くかけ離れてきてしまっている。その結果、他の外部の力、特にイデオロギー的、政治的（地方政府と中央政府の両方を含む）、経営者的、技術的および階級的な諸力によって、形成されるようにますますなってきている。このような状況は、政府が設置したソーシャルワーク改革委員会 (Social Work Reform Board) の最終報告書にも反映されている。この報告書では、不適切な情報提供技術や官僚主義に過度に依存することの悪影響が指摘されている (DCSF/DH, 2009)。

ソーシャルワークの弱いリーダーシップ

　ソーシャルワークのリーダーシップは、慢性的な弱さに長く苦しんできた。これはソーシャルワークの専門組織であるブリティッシュ・ソーシャルワーカー協会 (BASW) に象徴されている。2010年初めには、政府が政治的・財政的に関与した独立系大学と直接競合する形で、独自のソーシャルワーク大学を設立することに関してメンバーに投票を求めたことが再び話題となった。BASWの問題の多くは、ソーシャルワークの問題にも見えるかもしれない。これは、医学的または法学的な地位や保障が欠如している職業の問題でもあるだろう。そして、これらは難しくて政治的に慎重を期する実践や、評判の良くないサービス利用者グループと関連している。

　しかし、雑誌『コミュニティケア (*Community Care*)』のバックナンバーを読むと、BASWの困難さは長期的なものであるとわかる (Editorial, 1978a, 1978b, 1981; Bessell, 1978)。それは、この組織の初期から始まったように見える。だから、1978年、『コミュニティケア (*Community Care*)』誌の編集者は「BASW

の危機を解決する時」（Editorial, 1978b, p.1）という見出しを掲げた。1981年までに、別の編集者は、BASWが「歴史上最悪の状況に苦しんでいる」と述べた（Editorial, 1981, p.1）。BASWは、長年にわたり、財務問題、内部の不一致、難しい決断の繰り返しなどに直面してきた。無資格のソーシャルワーカーを含めるのか排除するのか、専門職団体であるだけでなく、労働組合であるべきなのかそうではないのか、等についての両方を、その時々で決定してきた。1981年というかなり前に、『コミュニティケア（*Community Care*）』誌は、「個別的な社会サービスの提供に関わる、ケアや管理の複雑な問題を、時々に、意欲的に検討することのできる、強力で自信に満ちた専門職組織の必要性がかつてなく高まってきている」と報告した（Editorial, 1981, p.1）。これに異議を唱えることは難しいであろう。これらは、およそ30年後に、ソーシャルワーク・タスク・フォース［2009年キャメロン政権がソーシャルワーカーの信頼回復と質的向上を目的に設置］が到達した内容とまったく同じ結論であった（DCSF/DH, 2009）。

　1978年、『コミュニティケア（*Community Care*）』誌は、BASWの「会員数の衰退」への懸念を表明した（Bessell, 1978）。当時の会員は、10,000人以下であった。しかし、ここで重要なことは、有資格のソーシャルワーカーの30％を代表していることである。現在、80,000人の有資格ソーシャルワーカーのうち **BASWメンバーは13,000人未満** で、その状況は今やはるかに悪化している。ソーシャルワークのように多くの同様の困難に直面している、作業療法のような他の専門職に目を向けると、そのような状況にもかかわらず独自の国立大学を設立しており、高い割合の専門職の会員を確保している。また、専門職団体だけでなく、労働組合ももっている。

　このようなソーシャルワークのリーダーシップと集団性、そして独立性の弱さは、BASWの枠を超えて広がっている。そして、何らかの集団的組織のメンバーとなっているのは、有資格ソーシャルワーカーの半数に満たないと思われる。General Social Care Councilや、Social Care Institute for Excellence and Skills for Careのような協会は、政府の資金や計画によってさまざまな形で結びつけられており、ソーシャルケアという用語でブランド化されている。それは、過去の協会のように国立ソーシャルワーク研究所（National Institute for Social Work）の基準に従って、ソーシャルワークに焦点を当ててはいるが、国民の理解と支持はほとんど得ていない。提案されたソーシャルワーク・カレッ

ジが、他の協会を傷つけてきたトップダウン方式や官僚主義化の問題を、どのように避けられるかは明確にされてはいない。

ラディカル・ソーシャルワークとサービス利用者の現在

　これが、ラディカル・ソーシャルワークの役割が非常に重要な理由である。確固とした効果的なラディカル・ソーシャルワークの運動の存在抜きに、将来においてソーシャルワークの積極的な役割がいかに確保され、持続されるのかを予想することは難しい。これは、大きな変化と不確実性の時代であり、特にソーシャルワークの時代である。2004年、長期的な資格のあるソーシャルワーク実践者のSuzy Croftと私は、1980年代に初期のパンフレット『社会サービス部門のコミュニティ・コントロール（*Community control of social service departments*）』を出版して以来、次のように書いてきた。

　　　サービス利用者とその組織はいくつかの点で変化してきた。ソーシャルワーク実践者の場合、どちらかと言えばさらに弱体化してきており、他方、地域住民は（社会サービスにおいて）依然として周辺部に留まっている。しかし、今では、少なくとも、サービス利用者の運動と組織といった形で、「コミュニティ・コントロール」を可能にする力がある（Beresford and Croft, 2004, p.65）。

　ソーシャルワーク・タスク・フォースによる判定では、対面的ソーシャルワークの実践者に対する負の圧力は、それ以来低下してきてはいない（DCSF/DH, 2009）。この数年間、主流派においては、ソーシャルワーカーの連帯を強化することはほとんど達成されなかったように思われる（Beresford, 2010）。しかし、ソーシャルワークでのラディカリズムにおいては大きな進展があった。証明までいかなくても、雰囲気の変化を感じ取ることはでき、いくつかの積極的な事柄を伴った反撃が起こっているという明確な兆候がある。

　2006年と2008年の二つの主要な全国的イベントと、その間のより小さな企画、およびそれに続く企画は、ソーシャルワークの価値基盤に焦点を当てていた。それらのイベントでは、スピーカーとして、ラディカル・ソーシャルワークや進歩的ソーシャルワークの主要な発信者たちを呼び集めた。まず、「ソーシャルワークとソーシャルケアにおける私たちの価値基盤の確立」という『コ

ミュニティケア（*Community Care*）』誌のキャンペーンを開始した。ノッティンガム・トレント大学のジム・ワイルドと彼の同僚たちが主催したこの大規模で大人気のイベントでは、数千のソーシャルワーク実践者、ソーシャルワークの学生、教育者、サービス利用者が集まり、その後、引き続いて多くの注目を集める出版物が出てきた（Beresford, 2006a, 2006b; Barnard et al., 2008）。参加者の若さと多様性が強調された。学生たちは長距離バスでイベントに参加し、中には正規カリキュラムの一部として会議に参加していた者もいた。サービス利用者たちは企画において、参加者としてだけでなく、主要な貢献者として関わっていた。

　第二の重要な発展は、ソーシャルワーク・アクション・ネットワーク（SWAN）の設立であり、この取り組みの一つがこの本である。SWANの発展は、2004年に「ソーシャルワーク・マニフェスト（*The Social work manifesto*）」の発表から始まった（Jones et al., 2004）。SWANは、自らを「ソーシャルワーク活動が、経営管理主義と市場主義、そしてサービス利用者に対するスティグマや福祉削減とさまざまな規制によって掘り崩されていると懸念する、ソーシャルワークの実践者、研究者、学生そして社会福祉サービス利用者の緩やかなネットワーク」だと表現している（SWAN, 2010）。

　運営グループに導かれてSWANは、イベントの企画、地方でのグループと活動の確立、国際的な存在感や発言権の構築、そして独自の取り組み、討論と出版物、労働者や地域社会、サービス利用者やその他の進歩的な諸組織とのつながりの構築だけではなく、ベビーP事件審理やイギリス・ソーシャルワーク・タスク・フォースのような主要なイベントや出来事への対応もする。その過程、焦点と目標において、SWANはその初期から、サービス利用者とサービス利用者組織の積極的な対等の条件での参加を追求してきた。その運営グループの議長はひとりのサービス利用者である。

　ノッティンガムでのイベントとSWANというこれら両者の発展は、効果的かつ有意義な方法での利用者参加とサービス利用者の対等な参加を優先させてきた。それらの過程と目的の両方に、そのような参加に対する真の献身があったようである。筆者の視点からすれば、これは、ラディカル・ソーシャルワークとサービス利用者の関係が、初期の宣言から一段階の変化を遂げてきたことを反映している。ラディカル・ソーシャルワークの初期において、サービス利用者の闘いや利害への強い忠誠がきっぱりと表明されていたが、これはラディ

カル・ソーシャルワークの戦略開発や日々の業務における有意義なパートナーシップと日常的に結びつけられてはいなかった。これはサービス利用者組織の発展が、その時点では初期段階にあったことを反映しているのかもしれないが、ラディカル・ソーシャルワークとサービス利用者活動は本質的に無関係な発展であった。

　先に詳述した二つのラディカル・ソーシャルワークの発展は、地方や国レベルの他のものとも同様に、サービス利用者との対等な関係を築き育成していくためのラディカル・ソーシャルワークの基準点を提供している。もしそのようなラディカル・ソーシャルワークが、持続してソーシャルワークや社会政策に対する強い影響力をより一般的に発揮するとすれば、将来のために、サービス利用者の観点から、二つの主要な懸案事項が浮かび上がってくる。それらは以下のようなことに関連する。

- そのようなラディカル・ソーシャルワークのとるべき形態
- 利用者参加とサービス利用者やその運動との対等な関係をいかに拡張し、維持していくべきか。

　私はこれら二つの領域に焦点を当てることで、この章を締めくくりたい。これについては二つの指摘がなされるべきである。第一に、これらは、議論をやめるのではなく、議論の土台を提供することを意図した、私の考え方の提示である。第二に、焦点を当てた二つの領域は、「ラディカル」ソーシャルワークという特定の種類にとってだけでなく、すべてのソーシャルワークの基礎として最も有益となるに違いないということである。すべてのソーシャルワークは、差別禁止、権利に基づく社会変革、自立生活とエンパワーメントに全力を傾けるべきである。しかし、ラディカル・ソーシャルワークになお求められる価値ある役割は、ソーシャルワーカーが、そのような価値観や原則を支持することを、もっと普通に日々の現実において身近なものにできるようにすることである。

ラディカル・ソーシャルワークの形態

　このリストはすべてを網羅することを意図したものではないが、ここには、

ラディカル・ソーシャルワークが、ソーシャルワークにおける変革の原動力として、参加型で開放的かつ持続可能なものであるために、不可欠であると思われるいくつかの性質と構成要素が示されている。これらがサービス利用者とその組織が重要視する諸要素であることは間違いない。

（1）ソーシャルワークの本質的に政治的な性格

　究極的に、ソーシャルワークはほとんどの他の職業とは異なり、**政治的な**専門職である。これはその決定的な特徴であり、政府や他の支配的な諸機関からの反対に直面する理由であることは疑いない。それは、本質的かつ基本的に、人々のエンパワーメントを支え、現存する不平等や不利益に挑戦し、人々が自らの権利を確保することを保障し、彼／彼女らが責任を果たすことを可能にし、市民権と人権を確保し保護することに関係している。

　ソーシャルワークの本質的に政治的な性質を認識することは、極めて重要である。それは、「援助の専門職」として同意に基づく方法で技術的援助を提供したり、機能するものであると単純にみなすことはできない。もしソーシャルワークが、働きかける諸個人、家族、グループ、コミュニティと共同したり、代理人として効果的に機能しているならば、市場や地方政府と中央政府、そして彼／彼女らを無力化する可能性のある他の強力な勢力に対して挑戦していけるだろう。

（2）ソーシャルワークのミクロ政治的認識

　ラディカル・ソーシャルワークの解説者たちは、ソーシャルワークのための「ミクロ政治」の重要性についてわかりやすく書いている（Statham, 1978）。彼らは、「ソーシャルワーカーの間での個人や個人的関係性のレベルで、そして、ソーシャルワーカーと［サービス利用者と］の間の相互作用で、より広範な政治的過程がどのように作用しているか」に注意を向けることの重要性を強調している（Langan and Lee, 1989, p.8）。これは、サービス利用者の社会福祉給付へのアクセスを支援することや、社会福祉の権利活動を開発すること、そしてサービス利用者と共にキャンペーンを展開することを含んでいる（Langan and Lee, 1989, p.8）。長い間議論されてきたように、一部のソーシャルワーカーは、彼／彼女らが働きかけている人々の物質的な諸問題と貧困の重要性を的確に認識すること、あるいは、これを適切に彼／彼女らの実践の中に組み込

むことに失敗してきた（Wootton, 1978; Jones and Novak, 1999）。

（3）ソーシャルワークにおける関係性と人間的資質の優位性

　質問されたときに、サービス利用者が繰り返し強調するのは、ソーシャルワーカーとの関係性がワーカーの提供できる支援の鍵となると見ている、ということである。この関係性は、信頼と理解を築くための前提条件であり、ソーシャルワーカーがサービス利用者に有意義で適切な支援を提供できるための前提条件である。それにもかかわらず、そのような関係性は、現代の法定上のソーシャルワークにおいてはしばしば制限されていた。この関係性と並んで、サービス利用者はソーシャルワーカーの人間的資質を彼／彼女らにとって重要なものだと考えている。ここには、共感、傾聴、非審判的で受容的、温かさ、情報に通じた、支持的で、反差別や平等のために献身する、などの資質が含まれる。これらは建設的な実践の鍵であると考えられている（Beresford et al., 2007; Glynn et al., 2008）。

（4）社会モデルアプローチに基づいたソーシャルワーク

　ソーシャルワークを区別するのは社会的なものである。しかし、ソーシャルワークは、マイク・オリバーが観察したように、医学モデルと理解に結びついていることが多い。ソーシャルワークの特筆すべき強みは、特定の人と彼／彼女らの社会的環境、そして両者の関係に焦点を当てていることである。しかし、ソーシャルワークは、「環境に関わる」諸問題を認識し、より広い社会的・政治的文脈においてサービス利用者を捉えるだけでなく、社会モデルに基づく必要がある。それは、障害者運動によって開発されてきた障害の社会モデルに触発された社会モデルアプローチに基づいていなければならない。これは、それ以来、サービス利用者が経験する差別や抑圧を考慮した障壁に基づくモデルとして、サービス利用者によって、より一般的なものとして開発されてきた。これを引き継いで、ソーシャルワークは、自立生活の哲学や実践の解放的モデル、そしてより一般的には、サービス利用者の価値観やアイデアに基づいて行われるべきである。

（5）管理ではなく支援するソーシャルワーク

　ソーシャルワークは、ずっと人々の権利を支えるだけでなく、制限すること

に関与してきた。場合によっては、ある人の権利を保護するように見せかけて、他の人の権利を制限することに関わることもある。ソーシャルワークに「取り置きされた業務（reserved tasks）」、すなわち、ソーシャルワーカーだけが行う資格があるとみなされる業務について議論した最近の政府声明は、ソーシャルワークの管理的役割に重点を置く傾向があった（Beresford, 2007a, 2007b）。これは、ケアマネジメントにおける配給システムとしてのソーシャルワークが強調されているのと同じくらい役に立たない。

　ソーシャルワークは、まず第一に支援の源泉として理解される必要がある。例えば、ソーシャルワーカーが親よりも子どもの権利を優先させなければならない場合、別のソーシャルワーカーまたは他の擁護者が、リスクにさらされるかもしれない親の権利を保護するために関与すべきである。ひとりのソーシャルワーカーが、子どもたちの権利と、その子たちに対する虐待の疑いのある両親の権利との両方に関与することは期待できない。この両義的な忠誠関係は、近年、私たちが見てきた多くの児童保護問題の出発点となってきた。ソーシャルワークの主要な役割は、支援を提供するためにあると理解しなければならない。ソーシャルワークが管理の役割を保持する場合は、単に政府の代理人としての役割を果たすのではなく、別の人の利益を守るためであることを明示しなければならない。

（6）ソーシャルワーク教育への参加

　資格取得のためや資格取得後のソーシャルワークの教育と訓練は、今や、そのすべての側面と段階において利用者と介護者の参加が求められている。これは、学生やサービス利用者によって高く評価されている。しかし、そのような実践と政策は、バラバラな状態が続いている。いくつかの大学や地域においては非常に積極的な発展を示しているが、他のところではあまり進展していない。サービス利用者と介護者および「卓越したソーシャルケアのための研究所（Social Care Institute for Excellence）」との共同事業である「ソーシャルワーク教育参加プロジェクト（www.socialworkeducation.org.uk）」は、全国的に情報と指針を提供するために、そのような参加のための利用者主導の戦略的アプローチの開発に取り組んでいる。

(7) ソーシャルワークへの参加

　ソーシャルワークが家父長的もしくは規制的な活動ではなく、真に解放的な活動であるならば、それは実践者、地域住民、そして決定的には、サービス利用者を対等な条件で含む、完全参加型でなければならない（Beresford and Croft, 1980）。そのような参加の本質と価値基盤も明確でなければならない。Suzy Croftと私が、1989年に『ラディカル・ソーシャルワークの現在（*Radical social work today*）』で書いたように、「民主化を新しい福祉多元的な消費者主義と混同してはいけない。…消費者主義モデルは、市民権に基づいて挑戦し続ける、民主化を意図したサービス利用者に受動性を押しつけるものである」（p.117）。以下でさらに述べるように、ソーシャルワークはその過程と目標への参加型でなければならず、サービス利用者とその組織が、開発と意思決定において、完全かつ平等に関与していなければならない。

(8) 実践に導かれたソーシャルワーク

　ソーシャルワークはまた、対面する実践者の視点や経験的知識を優先させることも絶対に必要である。それらはソーシャルワークの発展の主流においてはしばしば周辺化されてきた。とりわけ法令に基づくソーシャルワークにおいては、政治的、経済的、経営管理主義的でトップダウン的な基準が優位を占め、ソーシャルワーカーやサービス利用者に不利益をもたらす傾向を有してきた。ソーシャルワークは実践に導かれることが必要である。そうあるべきならば、実践者は職場やその場を超えて、もっと多くの支援を必要とするであろう。ソーシャルワーク・タスク・フォースの最終報告書においては、これに合致した重要な提言が含まれており、ワーカーが経営陣に入って支持的で「健康的」な職場環境の重要性を強調するよりも、専門職として対面的実践にとどまるようワーカーを激励した。また、ワーカーに十分かつ適切な支援、スーパービジョンおよび資源確保ができるよう保障することも提言している（DCSF/DH, 2009）。

(9) 共同創造（co-production）としての実践

　利用者参加が、会議や委員会、情報探索などに基づいた、それ自体が独立したものとして、抽象化され区別されて取り扱われる傾向がある。しかしながら、参加においてしばしば無視される領域であるとしても、専門職の実践は重要である。これは、ソーシャルワーク実践についての理解と構築は、サービス利用

者とワーカーの共同の活動もしくはプロジェクトとして捉えられるようになってきており、そこにおいて、サービス利用者は彼／彼女らの権利とニーズに従って構造化し、形成していく上で積極的な役割を果たすことができる、ということを意味する。したがって、サービス利用者は、彼／彼女らが望む限り、全過程を通して、そのような実践に参加し、影響を与えることができる。こうしたことがおそらく、優れた実践を常に生み出してきたのである。

(10) すべての人のためのソーシャルワーク

　現代のソーシャルワークは、主として特に不利な立場にあったり、権利を奪われているとみなされる個人や集団に焦点を当てている。そのような状況に置かれている人々が声を集め、彼／彼女らの権利を確保するよう支援することは、疑いもなく価値のある役割である。しかし、そのような狭くて残余的な役割に限定される理由はない。これは、政策立案者がソーシャルワークを取るに足らない活動だと考えていることを反映している。ソーシャルワークは、特定の物質的な障壁に直面して周辺化された人々にだけではなく、すべての人々にとっての支援の源泉として、その価値が認められ、認識されることが重要である。これは、緩和ケア専門のソーシャルワークの場合でそのようになってきており、非常に幅広い人々に届いている。そして、サービス利用者によって高く評価されている（Beresford et al., 2007）。

(11) 平等と多様性への取り組み

　まず最初にラディカル・ソーシャルワークで関心が高まり、次いでここ数年ソーシャルワーク全般で関心が高まっているのは、多様性と平等の問題に取り組むことの必要性である。これは、多くの論議を経て反差別ソーシャルワーク実践（ADP）と反抑圧ソーシャルワーク実践（AOP）の概念の発展に反映されてきた。反抑圧ソーシャルワーク実践（AOP）はソーシャルワークの重要なアプローチおよび理論として提示されてきた。しかし、AOPは、少なくとも20年にわたりソーシャルワークの教育と実践において指針とされてきたテーマであったが、サービス利用者から浮かび上がってくるソーシャルワークの状況は依然として一般的に好意的なものではない（例えば、Harding and Beresford, 1996; Oliver and Sapey, 2006）。

　これまで、反抑圧的な実践の開発に、サービス利用者とその組織を組み込む

にあたって、著しい失敗を重ねてきた。その結果、真の開放的な開発というよりもサービス利用者の知識と経験を「専門家」が私物化してしまっているように見受けられる（Wilson and Beresford, 2000）。ラディカル・ソーシャルワークにおいて、平等と多様性の問題を効果的に発展させるためには、これは取り組まれなければならない課題である。

（12）ラディカル・ソーシャルワークにおける平等な参加の保障

　ラディカル・ソーシャルワークにおいて、効果的な利用者参加を保障することは、優れた実践を規定する実践者とサービス利用者との間のソーシャルワークの共同創造（co-production）を、政策および実践としてのソーシャルワークの業務にまで拡張していくことを意味する。これは、サービス利用者とその組織がソーシャルワークの政策と実践の形成に効果的に関与していくことを意味する。「私たち抜きに私たちのことを決めないで」は、国際的な障害者運動の結集の叫び声となった（Charlton, 1998）。このフレーズは、政策立案者によって、サービスシステムの中でますます使われるようになってきた。その過程で、いくらかその価値が下がり、決まり文句になってきた。しかし、その真の意味は、サービス利用者にとっては依然として強力であり、ラディカル・ソーシャルワークとサービス利用者との関係がどんなものであるべきなのか、つまり、サービス利用者とその組織が絶えず関与し、存在し続ける関係だということを強調する重要な方針である。

　ラディカル・ソーシャルワークが、サービス利用者の権利と利益を高めるための関与を維持、拡大しようとするならば、利用者参加はその組織や機構や活動の中に体系的に組み込まれなければならない。そのような参加が形式主義的で破壊的なものではなく、効果的であるべきものだ、ということがサービス利用者とその組織の長年のメッセージであった（Beresford and Croft, 1993; Campbell and Oliver, 1996）。そのような参加は、イニシアティブの開始からできるだけ早期に導入され、絶えず監視され、評価されなければならない。それはまた、参加のための経営管理主義的／消費者主義的アプローチではなく、民主主義的なアプローチに基づく必要がある。単に相談、市場調査、情報収集の一形態としての参加ではなく、サービス利用者の発言力や規制力を強化し、権力関係を平等にするための参加でなければならない（Beresford and Croft, 1992）。

　そのような参加を支援することの困難さを過小評価すべきではないが、現時

点で存在する相当量の経験の蓄積から学ぶことで、それは実現可能になり達成可能となる。参加へのコミットメントがそこにあり、それを達成するための新たな学習をし続ける限り、これは実現できる。いつも理想的な参加を保障することはできないかもしれないが、これが最善の成果を追求するための作業の妨げとなることは、決してあってはならない。効果的な参加を保障するための多くの重要な要素が繰り返し確認されており、これらはラディカル・ソーシャルワークを前進させる上で取り組まれる必要がある。

（13）多様で包摂的な参加の保障

　幅広いソーシャルワーク・サービス利用者を巻き込むことが重要であり、そうでなければ、参加は単により広範な排除を反映するにすぎない。したがって、サービス利用者としての人々を巻き込むための努力には、次のようなことが含まれるべきである。

・ジェンダー、性別、「人種」、信念、障害、年齢、階級、文化などに基づく排除や差別に挑戦すること。
・子どもたちや若者から高齢者、慢性的疾病や生命に関わる病気の人々、管理されているだけでなく支援を受けているサービス利用者、例えば法医学サービスの下にある精神保健サービス利用者、児童保護状態に置かれている親、違法薬物使用者、または刑事司法制度の下にある人々などを含むサービス利用者のすべてのグループを参加させること。
・居住型施設（residential institutions）や刑務所にいる人、ホームレスの人、旅行者、あるいは農村部や都市部の住民など、どこに住んでいるかに関わりなくサービス利用者を参加させること。さらに、難民申請者、非言語の人、イギリスの手話を使用する人、英語が母国語でない人、障害のある親など、異なる意思疎通をするサービス利用者の人々といった追加的な障壁に直面しているサービス利用者を参加させること。
・複雑で複数の障害のあるサービス利用者。

（14）多様な参加を可能とするためのアクセスとサポート

　利用者参加について学んだ重要な教訓は、すべての人のために働き、多様な参加を可能にし、「ほとんど聞こえない声」を受け入れるためには、二つの必

須要素があるということである。

　それらは、アクセスとサポートという、わかりやすい表題にまとめられる。アクセスとは、サービスや仲介機構に関わり、組織やマネジメントや管理および意思決定等の構造に参入し結びつく、といった体系的で持続的な参加の方法を意味する。アクセスには以下のような内容を含める必要がある。

- 物理的および環境的なアクセス
- 意思疎通のアクセス
- 文化的なアクセス

　サポートとは、人々が必要とする援助や支援、励まし、情報、そしてスキルの開発などのいずれであっても、望むものを望む方法で得ることを期待できるという意味である。サポートとは、費用、支払い、子どものケアやケアする人のためのレスパイトケア、アクセスしやすい会場などの、参加のための実用的な資源を有しているというだけではなく、新しいスキルと自信感を得ることができるということを意味する。アクセスする手段がないと、参加しようとしたとき、閉じたドアを激しく叩いているように感じることになる。しかし、もしサポートがなければ、最も自信をもった人や経験のある人、自己主張の強い人々だけが参加できる傾向が強まり、「代表的」ではないという批判を受けることが予想できる。

　アクセスとサポートは、目標を、より平等で広範な利用者参加に基づいたものに移行させようとする際には、極めて重要な要素である。アクセスとサポートという両者の有用性を確保することは、諸組織は異なる方法で機能しなければならないということを意味する（Beresford and Croft, 1993）。Shaping Our Lives（私たちの生活形成）で長年関わってきた私の個人的な経験から見ると、全国の障害者とサービス利用者組織とネットワークは、より包括的でアクセス可能な方法で活動することが、実際に多くの人々の利益になるのだということを追求している。しかし、それは個々人と集団がいかに協力し合うかについての大きな変化の必要性を認識しなければならないということを意味する。

　長い時間をかけて、私たちは、特定の分野においては利用者の参加ができるようにすることが有効だということも学んだ。これは、次のような分野で利用者参加の開発をしていくことを含む。

- 専門職の実践
- 専門職の教育と訓練
- 利用者が管理するサービスと支援の開発

　これらについては、すでに見てきた。しかし、利用者の参加は次のような分野においても重要である。

- 元々は専門的または官僚的であったものを利用者主導のものにするため、標準型や成果の尺度を開発すること。
- 研究と評価（Beresford, 2005; Lowes and Hulatt, 2005）。

　ラディカル・ソーシャルワークにおける最も効果的かつ包括的な利用者の参加は次のようなことも意味するだろう。

- ラディカル・ソーシャルワークの構造、過程、活動および組織の中に、そのような参加を日常的に組み込むこと。例えば、SWANは、サービス利用者と彼／彼女らの組織および運動との連携を構築するなど、今までこれを実行するための実際の関与を示してきた。
- 意思決定のすべての段階と水準での参加の保障。
- 地方、地域、国内および国際的な、利用者が管理する組織やサービスや支援の開発を支えること。ラディカル・ソーシャルワークは国際的な運動として捉えられる必要があり、それと調和して利用者の参加も国際的に発展していく必要がある。

結論

　2010年の初めに、その一部はSWANに関わっている、ロンドン・サウスバンク大学のソーシャルワーク学生のグループが、「新自由主義」対「社会正義」というテーマでカンファレンスを組織した。彼／彼女らは、ソーシャルワークとソーシャルワーカーについての二つの重要な問いを立てた。

- 法定化された部門で私が信じているソーシャルワークを実践できるのか？
- ソーシャルワークは、未来の倫理的挑戦に対応できるのか？

　このイベントの基盤となるのは、経営・管理者的、イデオロギー的、政治的な圧力によって、サービス利用者の権利とニーズに調和した価値に基づくソーシャルワークが、それとは異なった方向に引きずられていくことに対する懸念であった。これはソーシャルワークの未来にとって極めて重要な問題である。参加者には、ソーシャルワークの学生だけではなく実践者、サービス利用者、教育者も含まれていた。重要なことに、他の多くのソーシャルワーク・カンファレンスとは異なり、Moira Gibbs ソーシャルワーク改革委員会議長といった重要人物の他にも、現役のソーシャルワーク実践者やサービス利用者たちが、発言者のラインナップの中心を占めていた。このカンファレンスは絶大な注目を浴び、『コミュニティケア（*Community Care*）』誌のオンライン・スレッドにも取り上げられ、その後、雑誌でも報告された（Morton and Angel, 2010）。

　おそらく、持続可能なラディカル・ソーシャルワークの未来は、まさにソーシャルワークの学生と共にある。意義深いことに、彼／彼女らは SWAN とノッティンガム・トレント大学が組織した二つのイベントにおいて強力な主役を担ってきた。ソーシャルワークの学生の中にはサービス利用者としての独自の経験をもつ学生が増え、彼／彼女らにとって、ソーシャルワーク教育における利用者参加は日常的なものになっているのである。毎年新しいソーシャルワークの学生が募集されるたびに、教育者たちは、人々がソーシャルワークに参加するのは、人々を支援するため、そして人々の権利を守るために無力化を克服するため、といった前向きな理由を繰り返し聞くのである。そのような約束は、より一般的にソーシャルワークや社会政策において作用している抵抗力によって、踏みにじられたり、妨害されることがあまりにも多い。サービス利用者と共にサービス利用者に寄り添って共同創造されるラディカル・ソーシャルワークは、私たち全員のために、その炎をもやし続ける重要な役割を担っている。

第7章
なぜ今も階級が問題なのか

イアン・ファーガスン

はじめに

　2009年の末にかけてイギリス政治は思いがけない回り道をした。それまでの12年間、階級という概念は公式の政治論議から事実上消し去られ、貧困は所得の不平等の問題というよりは社会的排除の問題として提示されていたのだが、ニューレイバーが階級を再発見した。

　この階級の再発見は、同年11月にアリスター・ダーリング財務大臣が銀行家のボーナスに超過利得税を課したことから始まった。それに続いたのがゴードン・ブラウン首相[i]の用意周到な一問一答で、保守党の経済政策を「イートン校の校庭で思いついた」政策だとからかい[ii]、大々的に報道された。そしてクライマックスは、2010年1月に刊行された機会均等に関する主要な政府委託報告書に対するハリエット・ハーマン機会均等担当大臣の返答であった。このとき大臣は、「いつまで経ってもなくならない社会的・経済的地位や階級の永続的な不平等が、ジェンダーや人種や障害がもたらす差別や不利益の上に覆いかぶさっている」と断じた（ガーディアン紙、2010年1月20日）。

　保守党幹部（Conservative front bench）[iii]と右派系タブロイド紙は、彼らの表

---

i　ゴードン・ブラウン（1951-）は、1997年から2007年までブレア政権で財務大臣を務め、その後、2007年から2010年までブレアの後継として第74代首相、労働党第19代党首についた。

ii　イートンはロンドン西部に位置する地方。イギリスの名門校として位置づけられるイートン・カレッジがあることで有名。

iii　フロント・ベンチは、議場で前列席に座っている議員を指す。与党側では大臣が座り、野党側も「影の内閣」と言われる閣僚が向かい合って座る。

現によるところの「階級闘争」政治への回帰に対して、予想通り怒りを露わにしたにもかかわらず、この展開が、1997年以来のニューレイバー政府の社会・経済政策を特徴づけた新自由主義的原理を廃棄する前兆ではないかと期待した人々は、失望させられることになった。保守党指導層の階級的背景を攻撃してから何週間も経たないうちに、ゴードン・ブラウン首相は、労働者階級の政党としてではなく中流階級（Middle class）の政党として、何よりも社会移動や社会的地位達成を励ますことが新労働党の使命だと強調して、右派からの攻撃に反論することに尽力していたのである。

　実際のところ、従来の「第三の道」政治へのこのような素早い撤退に驚いた人はほとんどいなかった。ニューレイバーの階級の再発見は、党の指導層の心境が大変化したからではなく、総選挙が目の前に迫っていて、二つのまったくタイプの異なる選挙争点に取り組まなければならないという認識があったことが大きい、とみる人がほとんどであった。

　まず第一に、前年に起こった二つの出来事に対するイギリス国民の大きな怒りがあった。一つは、2008年にグローバル金融システムを崩壊寸前にまで追い込んだにもかかわらず、巨額の特別報酬を受け取り続けた銀行家たちの並外れた強欲さに対してである。もう一つは、イギリス下院議員の半数以上が経費の不正申告をしていたことが露見し、下院議長がスキャンダルで辞職に追い込まれ、国民の下院への信用がかつてなく急落したことである。国民の間に広がっていたこの怒りを何らかの形で表現しないと、政府内での実績にもかかわらず、労働者階級の利益をある意味で代表していると多くの人々から見られていた政党が、選挙でさらにダメージを受ける危険性があった。

　しかしながら、ニューレイバーが階級という言葉を使うのには、もっと気にかかる第二の理由があった。というのは、2009年は政治家やリベラルなメディアの一部によって、「白人の労働者階級」が陥っている苦境について新たな言説が喧伝された年であったからである。その含意は、黒人やアジア人の物質面、教育面での進歩は白人労働者階級の犠牲による、というものであった。この主張の根拠については本章の後半で論じるが、この主張の下地になった大きな要因には、議論を自分たちの土俵に移すことによって、極右のイギリス国民党の選挙アピールを切り崩そうという明白な意図があった（Sveinsson, 2009）。

　とはいえ、ニューレイバーが気まぐれに階級政治に興味をもったことの肯定的な成果は、階級という精霊を瓶の中から解放し、貧困や不平等の問題を政治

的議論や討論の争点に再び据えたことである。そうなると、この論集のさまざまなテーマに関係して、1970年代のラディカル・ソーシャルワークの議論との有益な接点が浮かび上がってくる。当時、論集『ラディカル・ソーシャルワーク（*Radical social work*）』の編者たちにはっきりわかっていた主題が一つあったとすれば、それは、ソーシャルワーク・サービスを利用する人たちの生活は階級を中心として形成されていたということである。編者たちが序文に書いているように、「ラディカル・ソーシャルワーク（中略）にとって最も重要なことは、彼／彼女らが暮らす社会・経済構造の文脈の中で、抑圧されている人々の立場を理解することである。私たちにとって、社会主義的な視点は、ソーシャルワーカーのための最も人間的なアプローチである」（Bailey and Brake, 1975, p.9）。

　この章では、それからの35年間、いくつかの点で大きく条件の異なる21世紀においても、ソーシャルワークにとって、なお階級の問題が重要であり続けているということを明らかにしたい。この探求は、階級に関する三つの相互に関連のある次元を含むことになるだろう。

- 社会的区分とライフ・チャンスの決定要因としての階級
- ソーシャルワークサービスを利用する人の経験とソーシャルワークサービスを仕事とする人の経験、この両方の経験を理解する説明の枠組みとしての階級
- 社会変革の担い手としての階級—階級の政治学

社会的区分とライフ・チャンスの決定要因としての階級

　興味深いパラドックスが、階級をめぐる現在の議論を取り囲んでいる。理論的概念としての階級がトレンドになったことはほとんどなく、政治的・学術的な議論から事実上排除されてきた（Westergaard, 1995; Mooney, 2000）。他方、疫学者、地理学者、経済学者たちが過去30年間に蓄積してきたエビデンスの多くにおいて、社会的区分としての階級が重要であったことはほとんどないが、所得格差が半世紀以上にわたり最高位にあり続けている（Dorling, 2010; Wilkinson and Pickett, 2009）。実践のエビデンス基盤について論じたくても、そのような格差の大きさや影響に関する、より確固たる一貫した経験的データを見出すことは、社会科学のどの分野においても難しいであろう。

　新たなデータもそうであるが、既存のデータのほとんどは、2010年の初期に、

社会政策学者であるJohn Hillsらが『イギリスにおける経済格差の構造（An anatomy of economic inequality in the UK)』[iv]と題する456ページの政府報告書（Hills et al., 2010. 以下「ヒルズ・レポート」と称す）で発表されたものに基づいている。この報告書はある意味、1979年に出た健康格差についての画期的な報告書であるBlack Report（ブラック・レポート）の21世紀版に相当するだろう（Whitehead et al., 1988)。ヒルズ・レポートは貴重な情報の宝庫であるが、ここでは本章のテーマに関連する重要な二つの発見に焦点を当てよう。

世帯資産の格差

ヒルズレポートは、広く活用されているジニ係数で測定すると、イギリスの所得不平等が第二次世界大戦直後以来のどのときよりも高くなっていることを明らかにした（Hills et al., 2010, p.39)。人口の上位10%の世帯資産は85万3千ポンド以上であり、人口の下位10%の最貧層は8.8千ポンド以下であるから、その差は100倍ほどある（車やその他の財産を含む資産総計）。銀行家や最高経営責任者のような最高収入の雇用者をこの方程式の中に入れると、資産の差は一段と開き、人口の上位1%にいる個人の総世帯資産は260万ポンド以上となる。

1990年代、「第三の道」論者の間で「3分の2、3分の1」社会に言及するのが流行った。これは、大多数つまり3分の2の人はそれなりに恵まれるが、残りの3分の1の人は全般的な経済発展から恩恵を受けられなかった底辺層となる社会であった。ヒルズらが実証しているように、当時も今も現実は、それとはまったく異なっている。それどころか、ヒルズ・レポートによると週の収入が223ポンドに満たない人がイギリス人口の50%以上を占めているという社会を、今私たちは話題にしている。

ヒルズが示しているように、この格差の拡大の大半は、マーガレット・サッチャーとジョン・メージャー[v]の保守党政権下の1980年代、1990年代に生じた。これは強調すべき事実である。近年、さまざまな政治信念をもつ政治家たちが、

---

iv An anatomy of economic inequality in the UK の URL は https://eprints.lse.ac.uk/28344/1/CASEreport60.pdf。

v ジョン・メージャー(1943-) イギリス保守系の政治家。サッチャー政権で外務大臣などを務めたのち首相となる (1990-1997)。1997年の総選挙でブレア率いる労働党に敗れ退陣となった。

現代の社会問題の責任を 1960 年代の「寛容な社会」の価値観になすりつけようとすることが流行っている。特に、デイヴィッド・キャメロンやイアン・ダンカン・スミス、そしてこの彼らをイデオロギー的に支える社会正義センター（The Centre for Social Justice: www.centreforsocialjustice.org.uk/）[vi] の「破壊された社会（Broken Society）」[vii] というレトリックがそうである。これとは対照的に、ヒルズ・レポートが示唆しているのは、イギリス社会の崩壊について（このテーマは論争的なものであるが）、その分裂（fracture）の起源は 1960 年代ではなく 1980 年代に求めるべきだということである。

　ヒルズ・レポートはまた、保守党政権下で不平等は最も拡大したのに、13年間のニューレイバー政権がその傾向を逆転させるためにほとんど何もしていないことも、明らかにしている。

　　　最近の 10 年間で、所得不平等は少し縮まり、いくつかの指標では所得不平等は安定しているものの、1980 年代の不平等の大きな広がりは逆転していない（Hills et al., 2010, p.1）。

　ニューレイバーの指導者層が 1997 年以来、再分配主義的な税制政策を拒否しており、イギリス資本主義の既得権益への挑戦を伴ったであろう貧困・不平等対策を容認したがらないことを考えれば、この指摘は驚くにはあたらない。

階級、ジェンダー、「人種」

　本章で取り上げたいヒルズ・レポートの第二の発見は、さまざまな社会集団（女性、少数民族コミュニティなど）の間の不平等水準と、各集団内部での不平等の程度に関わるものである。ヒルズ・レポートは次のように述べている。

　　　人口をどう分類しようと、各社会集団内部の貧富の差のほうが、社会集団間

---

vi　The Centre for Social Justice（社会正義センター）は、イギリスの政治家であるイアン・ダンカン・スミスが設立したシンクタンク。ダンカン・スミスは、2001 年から 2003年まで保守党の党首を務め、キャメロン政権において労働・年金大臣を務める（2010-2016）。

vii　1997 年以来 2010 年総選挙まで野党であった保守党は、2010 年時点でのイギリスを「破壊された社会」と呼んだ。

の貧富の差よりも大きい。社会集団間の差を全部取り除いたとしても、全体としての不平等は広がったままであろう。過去40年間に拡大した不平等のほとんどは、集団間の格差（gaps）よりも社会集団内の格差の拡大に帰せられる（Hills et al., 2010, p.1）。

　この発見は重要である。前述したように、一部の政治家やメディアの解説者は、特に黒人や少数民族（BME: black and minority ethnic）のコミュニティでの教育が進んできている証拠に飛びついて、今や人種差別に対する運動は勝利を収め、懸念の的は「白人労働者階級」に移ったと主張している。そういうわけで2010年初頭の演説で、ニューレイバーのジョン・デナム地方自治大臣[viii]は、過去10年で「人種間関係」は大幅に改善したからには、政府のその部分を「人種」から階級戦略に移行する必要があると述べた（Denhamn, 2010）。しかしながら、ヒルズ・レポートが明らかにしているように、これは誤った結論づけである。その理由は二つある。
　まず、第一に以下があげられる。

　社会集団間に存在した広大な格差、とりわけ所得の男女差や学歴の人種・民族間格差は過去10年間で縮小した。（中略）私たちが調査したすべての次元を通じて社会集団間には、経済的成果において、根深い体系的な差異が残存している。このような差異の説明としてしばしば言われる、学歴格差を除去し逆転させてもなお、男女間、人種・民族間には雇用率と相対的賃金の格差は残っている（Hills et al., 2010, p.385）。

　例として、人種関係研究所（the Institute for Race Relations）が2010年に発表した調査結果は、2年間の景気後退の後、黒人のほぼ半数が失業していたことと、16〜24歳の黒人の失業率が白人の失業率（20%）の2倍を上回っていたことを示していた（Bourne, 2010）。
　第二に、これらの数字が示唆しているように、イギリスでは過去数十年の間に黒人の中流階級（middle class）が出現し、一部の女性もガラスの天井を突き

---

viii　ジョン・デナム（1953-）イギリスの政治家で、労働党に所属している。ブレア政権では社会保障を担当する大臣を務める（2007-2009）

抜けて、製造業、金融、公共サービスや専門的職業で収入の良い地位に就いているが、いずれも限られた少数の人たちの話である。女性や黒人の大多数が経験していることは大きく異なっている。これらの二つのグループの台頭は、アメリカでそうであるように、一部は1960年代後半から1970年代前半にかけての人種差別と女性の抑圧に対する大きな社会的闘争の産物であり、一部は、市場による評価が抑圧と不平等の障壁に打ち勝つことができるという、今主流になっている新自由主義的世界観の産物でもある（バラク・オバマ大統領の選出は、両要素が融合した見事な実例である；Michaels, 2009）。

　しかし、デナム大臣の主張は別の理由からも誤りである。Bourne が述べているように、デナムの主張には、人種差別の性質は不変のものであり、黒人や少数民族の中流階級（middle class）にとって職業的な流動性が向上することを人種差別の緩和とみなす前提がある。しかしながら、Bourne はこう指摘する。

　　人種差別は常に経済・社会システムの変化とともに変容する―そしてグローバリゼーションと市場は新たな人種差別を生み出した。人種差別が今日でもむき出しで絶え間なくおこなわれている場所は、難民申請者やその子どもたちに対する処遇の現場にある。そこでは悪びれもせず、このような人たちが権利も生計の手段も避難所もない別のひとつの階級とみなされている。同様に過去10年間に、悪意に満ちた人種差別の対象に上ってきたのは、「テロとの戦い」や恐怖政治に直面させられたイスラム教徒のコミュニティである。これらはどちらも、国家的人種差別といえるような政府の政策によって増強され、民間での人種差別やイギリス国民党（BNP）の増長の温床になっている（Bourne, 2010）。

不平等―それは問題なのか?

　イギリスにおける所得の不平等が現在の水準にまでなったことに関する一つの明確な要因は、ごく最近まで、この格差の拡大がニューレイバーの指導者層によって問題とはみなされていなかったということにある（保守党の指導者層はもっと問題視していなかった）。部分的には、そういった関心の欠如は、遅かれ早かれ自由市場政策が生み出す景気の全般的な上昇から誰もが利益を得るであろうという新自由主義の教義が受け入れられていることの現れであった。

それと同時に、残存する貧困への対策（主として、福祉から就労へという諸政策）がなされる限り、人々が豊かになっていくのを妨げることは政府の優先事項にはならないという見解の反映でもある。しかし、資本主義の最も深刻な危機が始まる前の60年間においても、不平等は問題ではないと提起することは間違っていた。WilkinsonとPickettが『水準器—より平等な社会がたいていより良い結果を出す理由（*The spirit level: Why more equal societies almost always do better*）』[ix]の中で説得力をもって論じているように[x]、所得不平等の水準は実際に、健康、死亡率の重要な決定要因であるのみならず、精神疾患や肥満、殺人などを含むその他多くの社会問題の重要な決定要因でもある（Wilkinson and Pickett, 2009）。所得不平等の水準こそが、ある特定の社会の全般的な健康を評価できる基準もしくは「水準器（spirit level）」である、と二人は主張する。そういった社会問題の産出において経済的不平等が関与しているというメカニズムが、不平等が人々の価値判断に影響を及ぼす仕方であることを二人は示唆している。

　　個人心理と社会的不平等は錠前と鍵という関係にある。不平等の影響が、これまで正しく理解されてこなかった理由の一つは、両者の関係を理解し損ねていたからである（Wilkinson and Pickett, 2009, p.33）。

ソーシャルワーカーや、かつてない水準の精神疾患−保健の解決策としての認知行動療法を提唱する人たちに、いったん立ち止まって考える時間を与えるべきだ、というのがふたりの結論である。

　　かつてない水準の精神の疾患−健康の解決策、不平等に起因する問題の解決策は、みんなのもつ傷つきやすさを軽減することを目的とした集団精神療法ではない。大きな不平等によって被った痛手に対処する最善の方法は、不平等そのものを縮小することだ（Wilkinson and Pickett, 2009, pp.32-33; Ferguson, 2008bも参照のこと）。

---

ix　邦訳『平等社会—経済成長に代わる、次の目標』2010年、東洋経済新報社
x　　『水準器』では、「相対所得仮説（スピリットレベル仮説）」が提示され、平等な社会ほど健康水準が高く、社会福祉も充実していると分析される。

『水準器』は、当然のことではあるが、好意的に受け止められ、その論拠は不平等をめぐる論議の際に参照されるべき条件を変えたことは疑いない。しかしながら、多くの長所はあるものの、その中心的な主張、すなわち、すべての社会成員が不平等の影響に苦しんでおり、したがって誰もが不平等の縮小に関心がある、という主張には、いくつかの留保が必要である。

第一に、何人かの批判者が指摘しているように（Runciman, 2009）、そして公平であるために言うと、WilkinsonとPickettらも認識しているように、誰もが平等に苦しんでいるわけではない。例えば、アメリカのように極めて不平等な社会では、スカンジナビアの社会民主主義においてよりもはるかに多い人が刑務所に行く。そのことは、アメリカでは刑務所で最後を迎える裕福な白人はほとんどいないという事実を変えるものではない。

第二に、WilkinsonとPickettは、不平等が及ぼす社会心理学的な影響を重視しているために、今日のイギリスの物質的な貧困の程度や、人々の生活のあらゆる側面に不平等が及ぼし続けている影響を過小評価している（『水準器』では、一つの章が「問題は貧困かそれとも不平等か？」と題されている程度である）。社会心理学的要因は人々の健康や幸福（well-being）という面で重要ではあるが、貧しい食生活、湿気のある住居、遊び場所の欠如、失業、十分な資源のある医療サービスやソーシャルケアサービス資源へのアクセスの良さといった物質的な影響も同様に重要である。新政策研究所（the New Policy Institute）が慈善団体セーブ・ザ・チルドレンのために2010年の初頭に作成した報告書には次のように述べられている。

> 2007／2008年にかけてイギリス全体で、極貧状態で暮らす子どもたちが170万人いた。このことは、イギリスで貧困生活をしている子どもたちの5分の2が極貧状態にあることを意味する。イギリス全体で極貧状態の子どもたちが占める割合は2004／2005年は11％であったが、2007／2008年には13％に増加した。この増加の背景には、子どもの貧困レベルが悪化していることがある（Save the Children, 2010）。

第三に、WilkinsonとPickettは、すべての社会成員が程度はどうあれ、不平等の影響を受けていることを説得力をもって示しているが、このことから著者らが導く政治的結論については、少し注意が必要である。前出の例に戻ると、

アメリカでは刑務所に入る裕福な白人は、若い黒人男性よりずっと少ないことも事実であるし、若い黒人男性が刑務所に関わらなくても済むように不平等を減らす必要性を、裕福な白人が納得しそうにないことも事実である。実際に、裕福な白人はゲーテッド・コミュニティ[xi]にさらに引きこもり、法と秩序に対する（政府の）支出を増やすことを要求するようになってきている。マルクスがかつて指摘したように、資本主義の下ではブルジョアジーも疎外されているが、プロレタリアートとは異なりブルジョワジーは疎外状態でいることが幸せなのだ。

　最後に問題構築の仕方がある。WilkinsonとPickettは、中心的な問題は不平等であるとみなしており、解決策は富の再分配であるとみている。しかしながら、Mike Haynesが主張しているように、不平等それ自体は社会の症状もしくは産物である。その社会を動かす中心的な原動力は飽くなき利潤蓄積欲求である。それゆえ問題の根源と解決の可能性は分配の領域ではなく、むしろ生産の領域にある（Haynes, 2010）。つまり、階級は、不平等社会の**表現**方法以上のものである。階級は、社会の根底にある原動力の理解を助ける分析ツールでもある。では、説明の枠組みとしての階級概念に目を向けることにしよう。

説明枠組みとしての階級

　ヒルズ・レポートのエビデンスは、WilkinsonとPickett、Michael Marmotらのような疫学者の研究と共に、所得不平等という広い意味で、階級格差が30年前に劣らず今もソーシャルワーカーの援助を求める人の多くの生活と人間関係に影響を及ぼすことを示唆している。そしてまた、それはBaileyとBrakeが1970年代に明らかにしたように、このような階級格差の影響に対する有意義な対応方法を開発することは喫緊の課題であることを提起している。しかし、そのような階級格差が存在することを指摘したり、あるいはその影響を分析したりすることは、なぜそのような階級格差が存在し、どのようにそれが維持されているかを説明することとは同じではない。

　例えば、ヒルズ・レポートの発表に対する一部の右翼系のブログで見られた反応は、この報告書が明らかにしたことは貧困者には遺伝的欠陥があることを

---

xi　壁や塀に囲まれ、入り口に門番がいる住宅街。主に富裕層が住む。

示しただけだ、などというものであった！　同様に、過去には「剥奪のサイク
ル」や「アンダークラス」といった理論が展開され、貧困者が貧しいのは貧困
者自身のせいだと非難したが、もっと最近では、前述の「破壊された社会」と
いう主張が、19世紀末に「貧困者の問題」として知られていたものを進化さ
せ提起された。荒削りであっても、それに代わる理論的説明が他にない状況で
は、そういった何でも病理にしてしまうような説明が即座に席捲しうる。では、
階級に基づく分析から、上述した貧困と不平等に対する説得力のある説明枠組
みをどの程度まで構築できるだろうか。

個人―属性アプローチ（individual-attributes approach）

　アメリカのマルクス社会学者 Erik Olin Wright は最近の論文で、そのような
枠組みの役割を果たす、現代的な主な三つの候補について検討している。まず、
階級に対して**社会階層**（social stratification）もしくは**個人―属性**（individu-
al-attributes）からせまるアプローチがある（Wright, 2009）。Wright によれば、
このアプローチは、個人属性（ジェンダー、「人種・民族」、健康、教育など）
と生活条件（良い地域に住んでいる、良い人間関係がある、十分な収入がある
など）、そしてこれら両者の関係という観点から階級を捉える。このような諸
属性や生活条件のまとまりによって「階級」について論じることができる。こ
のことから Wright は次のように言う。

　　ここでいう「中流階級（middle class）」とは、曖昧に規定された「主流」
　の生活様式（例えば、特定の消費パターンを含む）に十分に与えるだけの学歴
　とお金をもつ人々のことである。「上流階級（upper class）」とは、富と高所得
　と社会的なつながりによって「普通の」人々とは隔絶した生活ができる人々を
　指している。「下流階級（lower class）」とは、貧困線を超えて安全に生活する
　のに必要な教育的・文化的資源が不足している人々を指す。最後に、「アンダー
　クラス」とは、極貧生活者であり、安定した雇用に必要な基礎教育とスキルが
　不足していることによって、社会の主流からはじかれている人々である
　（Wright, 2009, p.103）。

　Wright が指摘するように、このアプローチにおける研究者の中心的な関心

は、どのように人々が、一つの階級、あるいはまた別の階級へと配置される諸特性を獲得するのかを理解することであり、それによって、それらの重要な属性が獲得される家族環境である「階級的背景」に焦点が当たることになった。

　これは基本的に、階級への常識的なせまり方であり、人々がどのように地位や職業に振り分けられているか、ということに焦点が当てられる。この方法は、たいてい意識した明示的なかたちではなく、暗黙のうちにではあるが、ソーシャルワークに関する主流の文献で、ほぼ間違いなく最も頻繁に用いられるやり方である。それは、教育の流動性を高めることが、子どもたちに「よりよい人生のスタート」を切れるようにし、あるいは社会的排除を軽減することができるのだというような、標準的な「機会平等」という側面から支持されている。一例として、2010年のイギリス総選挙運動期間に、すべての主要政党が、自分たちの政策の「公正性」を主張するために競い合った。しかしながら、このアプローチは、社会内部の不平等の**根源**を問うことはめったにない。つまり、なぜ一部の人が他の人よりもずっと大きな権力と富を手にするのか、そしてとりわけ、一部の人が権力と富を享受し、その他の人たちには、それが欠如するという関係とはいかなるものなのかを問うことはめったにいない。

　反抑圧的ソーシャルワークの文献の中では、抑圧と差別のカテゴリーを通して、もっぱら階級を見る傾向がある。そのカテゴリーとは「階級差別」であり、これは年齢差別（ageism）や障害者差別（disableism）、同性愛者差別（hetero-sexism）と同種のものとして捉えられている（例えば、Thompson, 1998 参照）。階級差別の例として、労働者階級の人々が服装や食事の嗜好、会話の仕方をメディアによって冷やかされることなどが挙げられる。『恥知らず（Shameless）』や『ロイル・ファミリー（The Royle Family）』のような人気テレビ番組は、面白いことも多いが、階級差別的な態度の正当化を助長している。

　このようなステレオタイプは、とりわけ現代の労働者階級の若者を危険視することに関わって極めて有害であり（例えば、「フーディーズ（hoodies）」や「チャブズ（chavs）」[xii]）、このようなステレオタイプには異議申し立てがなされるべきである。しかし、Walter Benn Michaels が「白人労働者階級」をめぐる最近の論争に関して論じているように、階級を主に文化的な用語として描くこ

---

xii 「フーディーズ」や「チャブズ」は労働者階級に属し、フード付きの服や野球帽をかぶるなど特定のファッションや行動様式を共有する白人の若者を指す軽蔑的な言葉。

とや、差別と抑圧というレンズを通して階級の損傷を捉えることも、階級の構造的な現実を些少化し曖昧にすることになる。

　この論争の最大の効力は、どちらの論者においても不平等がスティグマに転ずるところにある。つまり、階級的差異の問題を階級に対する偏見の問題と再定義し始めた途端に——人種やジェンダー、階級を人種差別、性差別、階級差別に変換してしまった途端に——富の再配分の心配をしなくてもよくなるのである。貧困な人々を軽蔑しつつ扱うべきか、それとも敬意をもって扱うべきか、ということが争点になってしまうのである。そして人としては、敬意をもって扱うことがとるべき正しい道のように思われるが、それは政治的には軽蔑と同じくらい空疎なのである（Michaels, 2009）。

ヴェーバー的アプローチ

　Wrightが指摘するように、階級格差に対する個人属性アプローチには、関係性という次元が欠けており、権力の理論もない。これに対し、マックス・ヴェーバーの著作から派生した、階級に対する第二の主要なアプローチはこれら両方の特質を有しているとWrightは言う。この場合、中心概念は「機会の囲い込み（opportunity hoarding）」（しばしば「社会的閉鎖（social closure）」とも言われる）である。つまり、「特定の仕事に対して高収入と特別な優位性を授けるには、現にその仕事に就いている者たちが、それらに参入しようとする他者を排除する、多様な手段をもっていることが重要である」（Wright, 2009, p.104）。

　この枠組みの中でWrightは、発達した資本主義社会の内部には三つの大きなカテゴリーがあると主張する（Wrightのモデルはアメリカである）。資本家階級——生産手段の所有における私有財産権によって定義される。中産階級——教育とスキルの獲得をめぐる排除のメカニズムによって定義される。労働者階級——その両方から排除されている（労働組合によって守られている労働者階級の一部は特権層とみなされることがあり、中流階級の一部とみなされたりすることもある）（2009, p.106）。

　Wrightが述べるように、個人——属性モデル内では、貧困層の状態は他の階級の利害を損なうことなく改善できるとみなされる。このモデルとは対照的

に、機会の囲い込みモデルでは「富める者が富んでいる理由の一部には、貧しい者が貧しいということがあり、富める者がその富を維持するために行うことが、貧しい者が直面する不利の原因になる」という意味において、明確な関係性の次元がある（Wright, 2009, p.107）。

　同様に、カリニコスは、「ヴェーバーの資本主義観は多くの点でマルクスのそれに非常に近い。アダム・スミスと彼に続く自由放任主義者のように、資本主義は個人の自由を実現するための経済的に効率のいい手段だ、という捉え方をヴェーバーはしていない。それとは対照的に、資本主義は支配のシステムだと捉えている」と述べている（Callinicos, 1999, p.171）。したがって、このモデルは、最初のモデルよりもはるかに豊かな説明の枠組みを与えるが、それでもなお多くの制約がある。

　まず第一に、Kieran Allen がヴェーバーについての批判的研究で論じているように、権力闘争に関するヴェーバーの説明は、基本的に歴史に無関心である。マルクスとは違ってヴェーバーは、闘争の場を階級社会の起源の中や、階級社会が生み出す不平等と抑圧に対する社会運動の中には置かず、むしろ「ニーチェから引き出された、権力のための闘争は人間の生活の中心にあるという形而上学的観点に置いた。したがって、階級と地位はこの権力の全体的な配分のひとつの表現にすぎない」と述べた（Allen, 2004, p.82-83; Callinicos, 1999, p.154 も参照）。このように超時代的な見方であることを考えると、このモデルでは、先のモデル（個人―属性モデル）でもそうであったが、階級と階級不平等の存在は既定のこととして受け取られており、それらがそもそもいかにして存在するようになったか、それらがどのように克服されるのかについての関心も考察もほとんどないのは驚きではない。Allen が論じているように、ヴェーバーは、権力の「トップダウン」という観点においては（権力は「他者が抵抗しても自己の意志を貫徹させるチャンス」と定義づけられている）、支配的な権力に成功裏に挑んでいく、下からの大衆運動の可能性もほとんど信じていない。

　第二に、ヴェーバーと彼の後継者世代は、階級と階級闘争の存在を認識はしていたが、ヴェーバーは、それらを大勢の他者間で起こる社会闘争の一形態にすぎないと見ており、地位をめぐる争いが重要なもの、あるいは階級闘争よりも重要なものと捉えていた。

　ヴェーバーの基本的な主張は、「階級は共同体ではない」、だから階級が集団

行動をとる基盤はかなり弱い、ということである。諸階級は市場によって生み出された境界によって引き裂かれている。生産様式の両極に階級は二極分化するというマルクスの考え方とは反対に、多くの異なった諸階級がある。闘争は起こるが、そのような闘争は基本的な諸矛盾や搾取をめぐって形成されたものではない。この断片化した階級闘争の上に交差してくるのが地位集団間の闘争である（Allen, 2004, p.91）。

　地位の違いや階級内闘争は重要である場合もあるが、これらの次元を優先させると、階級の見方が表面的になりかねない。そのような見方は、服装、ライフスタイル、消費の選択といった要因を重視しすぎて、二つの長期的な過程の方向性を見失ってしまう（特に、ブレイバーマンが「20世紀における労働の衰退」と呼んだ過程〈Braverman, 1976〉）。そして過去20年間のニュー・パブリック・マネジメントもしくは「管理」政策が、とりわけ公共セクター内の「中流階級」と、かつてはみなされていた種々の労働者集団の労働条件と意識とを変化させている様子を見失ってしまう（Harris, 2003; Ferguson, 2008a; Harris and White, 2009）。

　例えば、労働者集団の中でも、公務員、教師、大学教員、客室乗務員など、しばしば「中流階級」であると考えられてきたいくつかの集団が、最近最も頻繁にストライキに参加している。賃金、雇用保障、昇進というような核となる領域において彼／彼女らの経験が収斂してきていることは、労働強化やITシステムの必要への専門技能の従属化というような、その他の圧力と結びついて、ホワイトカラーと肉体労働者を含む多様な労働者集団の間で階級として統一し、連帯していく可能性が実際には増大しつつあることを示唆している。ヴェーバーが不可避と捉えた「機会の囲い込み」と「社会的閉鎖」とは反対のことが起こっているのである。

　最後に、階級闘争と経済の関係がある。前述のように、ヴェーバーは資本主義を支配のシステムと捉えていたが、その支配は広範な官僚制化過程の一局面であって、マルクスが論じたような経済的搾取の産物ではなかった。Allenによれば、むしろヴェーバーの経済的な見方は、そのかなり広範な社会学的な見方と同様に、オーストリア限界効用理論経済学派に由来する方法論的個人主義によって支えられていた。ヴェーバーはこう書いている。

私が（認定証にしたがって）社会学者になれたら、いまだに私たちの間に残存している、集合的概念の悪霊を追い払うことが中心的な作業となる。言い換えれば、社会学それ自体は、ひとりもしくは、ばらばらの諸個人の行為から始めることしかできないのであるから、個人主義的な方法を厳格に導入しなければならない（Allen, 2004, p.71 より引用）。

　個人と階級と経済の関係のそのような捉え方は、特にヴェーバーの古典的テキストである『プロテスタンティズムの倫理と資本主義の精神』1904 の中で、ヴェーバーが、社会改革という過程において諸観念が果たす重要な役割を強調していることにも反映されていた（これに対してマルクスは経済的な諸矛盾を強調した）。ヴェーバーの思考の豊かさがもっている特色は、ヴェーバーの弟子であるボルタンスキーとシャペロという 2 人のフランス人がその膨大な研究（かつヴェーバーへのオマージュ）である『資本主義の新たな精神』(2007)[xiii] によって、現代の新自由主義イデオロギーに対する強力な批判の基盤を提供できていることを強調していることにある。とはいえ、カリニコスがボルタンスキーとシャペロに関する考察で指摘しているように、「（この 2 人は）"形式的で平和的な手段による資本の無限の蓄積"というミニマリスト的定義を超える経済システムとしての資本主義について、ほとんど説明を展開しようとしていない。それどころか 2 人は、資本主義の主要問題は経済ではないと観ているようだ」(Callinicos, 2006, p.71)。
　両著者に公平を期していうと、資本主義経済の俗悪なしくみの上に出現した観念と実践のシステムとして新自由主義を捉えているのはこの 2 人だけではない。しかしながら、そのような幻想は、2008 年のグローバル経済システムの危機再来によって突如崩れ落ちたいくつかの幻想の一つであった（Callinicos, 2010a）。

マルクス主義的アプローチ

　Wright が考察した第 3 の階級モデルはマルクスの資本主義分析であり、これは前出の二つのモデルとは二つの点で異なっている。まず第一に、その主な焦

---

xiii　邦訳『資本主義の新たな精神』ナカニシヤ出版、2013 年

点は、市場、分配、公正などにはなく、生産手段の所有と管理にある。第二に、社会の主要諸階級間の関係は、単純な支配関係ではなく余剰価値の抽出という意味での搾取関係である。それゆえ、ある最近の定義によると、マルクスにとっての諸階級とは、「人々が自らを見出せるような、現実の生産における社会的諸関係である。諸階級とは、物質的な生産に対する人々の関係の集合体が、他の同様の集合体に対して集団的に行動するよう強いるものである」(Harman, 2009, p.113)。

このダイナミックな関係は、人々の集団—資本主義下では企業や銀行などを所有する人々—が、他の集団—生きるために労働力を売らなければならない人々—の搾取の増大によって利益を最大化し続けようとする必要性に基づいている。それがシステムの促進を駆り立て、階級をつくり出し、搾取される側の人々が抵抗しようとするときに、階級闘争を生み出す。

そのような搾取は、資本家間の競争によって駆り立てられ、かつて人類が見たことのない最もダイナミックで最も破壊的なシステムを創造することに成功した。Harmanはこの過程を生々しくこう説明する。

　　資本主義は、全体化する（中略）システムとなってきた。いかなる過去の生産様式とも異なり、競争と蓄積の熱狂的なリズムに合わせて踊ることを全世界に強いてきた。（中略）各資本に、労働者が自発的に働けるぎりぎりのところまで労働力の価格を引き下げることを強いる。個別資本間（capitals）の衝突は、全体として利潤率の低下をもたらす圧力を生むような方法での蓄積を各個別資本に強いる。（中略）それは、その中で生きているあらゆる人にとって、周期的な大惨事を創り出すシステムである。それはフランケンシュタインの怪物とドラキュラをかけあわせた恐ろしい化け物であり、利潤を生み出す人［労働者］の生き血を貪ることによって支配から逃れ、生きながらえる人工の創造物である（2009, p.85）。

ラディカル・ソーシャルワークの理論と実践を発展させるという観点から見ると、階級に対するこのアプローチには大きな利点が二つある。まず、このようなアプローチの仕方をとると、本章の前半で述べたように、未曾有のレベルの不平等が生じたことを首尾一貫した説得力をもって説明できる。デヴィッド・ハーヴェイが論じているように、新自由主義プロジェクトの関心の核は、

決して偶発的でも派生的でもなく最初から、1970年代初頭の世界的危機の発生を受けた「階級権力の修復」（Harvey, 2005）と共にあった。それは過去においても、今もなお一つのイデオロギーである。その主要な関心事は、公共事業の民営化、サブプライム住宅ローンなどの分野での新たな市場の創出、労働組合の弱体化など、利潤を増大させる上でのあらゆる障壁を取り除くことによって、収益性を回復させることにある。

　第二に、このアプローチは、主に経営管理主義、つまりニュー・パブリック・マネジメント（NPM）という考え方を通して、新自由主義的な企図が具体的にソーシャルワークと社会福祉をどうつくり変えたかを理解する枠組みを与える。現在、ソーシャルワークやソーシャルケアにおける経営管理主義の諸側面を探求した文献が膨大にあるが、その中心には労働強化、取扱件数の増加、公的セクターの資源の減少、ボランティアセクターの「底辺への競争」などを通じた「少ない対価でより多くを得る」という考え方がある。このように経営管理主義を、本質的に階級に基づいた企図であり、新自由主義的な考え方と実践の公的部門への適用を含むものだと捉えることは、問題の根源（ソーシャルワークとソーシャルケアに対して市場価値や優先順位をつけること）に向けた対応を発展させることにつながる。そしてそのことは、症状にしか注目しない（アセスメントのためのITシステムをより利用者に優しいものにするといった）部分的解決に甘んじるよう労働者が説得されてしまうのを避けることにつながる。

変革の主体としての階級——階級の政治学

　階級について本章で最後に検討したいのは、社会変革と社会的変容の主体としての階級である。有名なことだが、マルクスにとって社会主義は「労働者階級の**自己解放**」（強調は著者）であった。Marjorie Mayo は、Bailey と Brake の選集の中で担当章を締めくくるにあたって、コミュニティ・ディベロップメントのラディカルな可能性ついて、社会主義者 Ken Coates の見解を引用している。

　　コミュニティ・アクションに関する明確に社会主義者的な見方では、「労働者とその扶養家族の連帯と自信を強めるものであるなら何でも支持する」はずである。しかし、「あらゆる貧困者、劣悪な住環境に置かれたすべての人々、

困窮したすべての人々を包み込んだ政治戦略を理解しない限り、そのような闘いの中で目覚めさせられる意識は部分的なものにとどまる（Mayo, 1975, p.143）」。

　地域社会や職場における労働者階級の人々の集団的闘争がコミュニティワークやラディカル・ソーシャルワークの中心的実践であらねばならないという信念は、過去20年間のイギリスにおける専門的な文献や実践からほぼ姿を消した。この消失の理由はわかりやすい。『ラディカル・ソーシャルワーク（*Radical social work*）』は、相次ぐ余剰人員解雇に反対する工場占拠運動の波（1972年のアッパー・クライド造船所のものが最も有名）や1972年・1974年に起こった全国石炭労働者のストライキの成功といった、ひときわ高度な階級闘争を背景にして書かれた。同書が出版される前年に、当時のエドワード・ヒース首相[xiv]は「誰が国家を運営するのか─政府かそれとも労働組合なのか？」というスローガンを掲げて総選挙に打って出た。ヒースは負けた。抽象的な理論的概念の上ではなく、労働者階級の権力の痕跡が至るところにあった（Harman, 1988; Sherry, 2010）。

　これとは対照的に、2010年初頭のブリティッシュ・エアウェイズの客室乗務員と公務員、鉄道労働者が関与した相次ぐストライキが1970年代の「不満の冬」と比較され、ガーディアン紙の労働党担当記者Larry Elliotは、1979年には3000万労働日、全労働日の0.45％がストライキ行為で「失われた」と指摘した。2009年には労働損失日数は45万6千日、0.006％であった。「今年、労働者の示威行為を1979年の水準に戻すにはストライキが75回必要になる（Elliot、2010年3月29日付けガーディアン）」。

　労働争議水準のこの落ち込みは、同時期に労働組合員数が約半分に落ち込んだことも相まって、特に労働者階級は実質的に「消滅した」、あるいは少なくとも、より平等な社会を創造していく主体としての役割はもはや労働者階級にはない、という見方を支持する際によく持ち出される三つの論拠の一つである。二つめの論拠は、この時期に行われた労働者階級のリストラは主に脱工業化とグローバリゼーションの帰結であり、かつて社会主義者が夢想したような

---

xiv　エドワード・ヒース（1916-2005）は、イギリスの政治家。保守党党首（1965-1975）、首相（1970-1974）を務める。

解放者としての役割を労働者階級はもはや果たせなくなったことを意味する、というものである。最後は、「今や私たちはみな中流階級だ」という見方である。つまり、ホワイトカラーの雇用の増大は、住宅所有の広がりや、気軽に海外旅行に行けるようになったことなどと相まって、個人主義を進展させ、集団的態度と階級帰属意識を崩壊させることにつながったという見方がある。このような議論に私たちはどう反応すべきだろうか。

「今や私たちはみな中流階級だ」

　20世紀後半以降、イギリスにおいては、長期にわたり製造業労働者は減少し、それと並行してホワイトカラーの雇用が増え、今やホワイトカラーとサービス部門の労働者が労働力の大部分を占めていることは、疑いようもない事実である。そういう労働者の中には自分を「中流階級」と捉えたい人や、自らと子どもに対し「中流志向」がある者もいることは間違いない（しかし、このことは誇張されるべきではない。調査会社 Ipsos Mori が1994年に実施した MORI 世論調査では、調査対象者の51％が労働者階級であると自己申告した；2002年に行われた同様の調査の数値は68％に上昇している）。しかし、ヴェーバーの著作が出た時代とは異なり、今日のホワイトカラー労働者の大半は、上級管理職や銀行家、高給の公務員といった特権的地位に就いているわけではない。それどころか、多くは中央・地方行政部門の薄給の行政職員として働き、コールセンターで働く人の数が増えている（2007年は85万人〈Smith, 2007〉）。
　賃金に関しては、ヒルズ・レポートによれば、人口の90％に当たる圧倒的多数の収入は4万2千ポンド未満であるが、多くの人の収入はそれよりはるかに少なく中央値は2万1千ポンドあたりである可能性が高い。（2010年のストライキに動員されたブリティッシュ・エアウェイズの客室乗務員のうち、年収が2万ポンド未満の従業員が占める割合は70％を超えていた〈2010年1月26日付け The Independent 紙〉）。こうした労働者の労働条件は、多くの場合、単調な繰り返し作業の仕事である可能性が高く、作業の過程や内容についてコントロールすることはほとんどできない。Martin Smith がインタビューした公営住宅局の従業員はこう語っている。

　　　私たちは、父が工場で働いていたときやっていたようにタイムカードを押す

必要はありません。今はコンピュータがあります——私はそれを陰の現場監督と呼んでいます。私たちがどれだけ仕事をしたかを管理部門が記録し監視するのに使われているのです。コンピュータは私の始業時刻も終業時刻もトイレ休憩の長さも知っています。コンピュータは私の電話応答件数を記録し、上司はスイッチ一つで私たちの仕事のペースを上げることができます（Smith, 2007, p.55）。

Whiteらが行った子どもと家庭チームにおけるコンピュータ化されたアセスメント・システムの導入に関する調査（White et al., 2009）と、Colemanによる相談（あるいはコール）センターにおける「電子ソーシャルワーク（e-social work）」の普及に関する調査（Coleman, 2009）によって明らかにされているように、過去10年間に及ぶITシステムの導入により、ソーシャルワーク実践も上述の例と同じように変容させられてきた。

より一般的に言えば、公共セクターで経営管理主義的な考え方と実践が支配的になっていることは、ソーシャルワーカーや職業訓練専門教育や高等教育の教員といった集団が、以前より自分の仕事の内容に裁量をふるいにくくなっていることを意味している。他方で、以前は当然のことと受け取っていた雇用の保障が、次の10年の特徴である公共セクターの支出の大幅カットによって脅かされるであろうことを意味している。

しかしながら、公共セクターの労働組合充足率は51％で、他のどの産業よりも高いという事実（そして近年、職業訓練専門教育の教員や公務員といった集団が労働争議に恒常的に関与しているという事実）から、労働行為において手先の器用さよりも知的スキルや対人関係スキルを用いるがゆえに、必然的に個人主義的な態度と価値を身につけるのだと単純に仮定することが、いかに表面的で誤解を招くものであるかがわかる。

脱工業化とグローバリゼーション

脱工業化とグローバリゼーションが資本の力に対する労働者の抵抗能力を破壊したという主張にも、同じように欠陥がある。過去30年間にイギリスで起こった産業構造の変化を過小に評価しなくても、イギリスの労働者の7人に1人が今も製造業で雇用されていることは事実である。この数値は30年前に比

べるとかなり低いが、今も雇用されている人はたいてい生産性が高く、潜在的に力をもっていることは事実である。例えば、2009年に最も成果を挙げた労働争議の一つはLindsey石油精製所の争議であった[xv]。この争議では、全国の比較的少数の労働者が起こした速やかな非公式（かつ違法）の行動が、世界で最も強力な石油会社の一部に対して見事な勝利を収めた（Basketter, 2009b）。

　その一方、世界的には、グローバリゼーションの浸透により、国際的労働者階級が推定約7億人まで**激増**したが、そのうち60%はOECD諸国以外に居住しており、中国が約25%、インド7%、中南米も7%である（Harman, 2009, p.331, p.337）—これらは、消えゆく労働者階級とはほど遠い。このテーマについての詳細な検討は紙面の制約上できないが、グローバリゼーションとは労働者が雇用者の要求に抵抗できなくなることを意味する。そのために、労働者たちは単に引き抜かれて、地球の別の場所に移動することを意味する。実際の構図はそれ以上にいびつで複雑である（Doogan, 2009; Dunn, 2009）。「グローバリゼーション神話」の一部について書かれた最近のあるレビュー論文は次のように結論づけている。

　　要するに、資本主義のグローバル化を裏付ける証拠は、せいぜいつぎはぎだらけのものであり、それと労働者の経験との関連性はなおさら弱いものである。資本は、高賃金や労働紛争から逃げることができるし、実際に逃げてきた。しかし、その度合いはグローバル化を支持する者が示唆するレベルよりもはるかに少ない。そのことが含意していることは、「現場」には抵抗力がまだかなり残っているということである（Dunn, 2009）。

　上述の論点はどれも、1980年代の初めに新自由主義的なグローバリゼーションが始まって以来、労働者階級がイギリスでも世界でも大きくは変わっていないことを示唆しようとするものではない。しかし、そのことが暗示しているのは、問題は労働者階級の消滅というようなことではなく、資本主義の夜明け以来継続している過程にあり、その構造改革だということである（こういう新たな局面がくるたびに、「消えゆく労働者階級」という理論が復活させられる。

<hr>

xv　イタリアやポルトガル人の労働者を雇用することに反対する争議で同情ストが広がった。

最も有名なのは1960年代の「豊かな労働者」という命題である〈Goldthorpe and Lockwood, 1968〉)。

結論――「Party (パーティ/政党) は終わった」

ここまでの考察のほとんどは『ラディカル・ソーシャルワーク (*Radical social work*)』の初版の時と現在との違いを中心に展開してきた。しかしながら、類似点を取り上げて、本章を締めくくりたい。

1975年に、国際金融業者によって操作されたポンド取り付け騒ぎのために金融危機に直面していたハロルド・ウィルソン[xvi]労働党政権の首席大臣であったアンソニー・クロスランドは、その年の地方自治体協議会の年次総会で「Party (パーティ/政党) は終わった」と告げた (Timmins, 1995, p.313)。つまり、当時の経済の危うい状態は過去の水準の公的支出を維持できなくなること――削減しかないことを意味していた。それからほぼ40年後、もう一つの資本主義の世界的危機が起こった今、歴史は繰り返し、保守・自由民主連合[xvii]が選挙後最初の予算で猛烈な福祉の削減を導入した。1970年代半ばにおいてもそうであったが、今、公共サービスを頼る人々と公共サービスを提供する人々は、自分たちが招いたわけでもない経済危機の対価を支払う必要があると言われているのである。

このような攻撃に直面し、イギリス全土のワーカーやサービス利用者のグループが、自ら組織化を始めている。例えば、2009年末のエディンバラでは、何百人ものサービス利用者とその支持者によるデモが行われ、身体障害者、精神疾患や学習障害などのある800人のための重要なサービスが、独立した調査を待たずに、新しい安い業者に移行することになる入札過程を阻止することに成功した (Edinburgh Support Workers' Action Network, 2010)。スコットランドでも2010年の初めに、公共サービス労働組合 (UNISON) とスコットランド教員組合 (EIS) が公共サービスを守ろうとデモを呼びかけた。EISのデモは「なぜ私たちの子どもたちが支払わなければならないのか？」というスローガンを掲げて行われ、スコットランドで近年最大の労働組合デモであった。

---

xvi　ハロルド・ウィルソン (1916-1995) はイギリスの政治家で、第14代労働党党首 (1963-1976)、首相 (1964-1970、1974-1976) を務める。

xvii　Con-Dem連合は、保守党と自由民主党による連立政権 (2010年～)

そんな抵抗はまだささやかなものだ。それでも、こういった抵抗の火花は、大勢の人が頼っているサービスを守ることへの、大きな希望を届け続けている。30年以上にわたり、あまりにも多くの敗北を喫した結果、限界もあり、信頼は失われてしまっているとはいえ、組合員は約700万人いて、その多くは医療とソーシャルケア分野で働いており、労働組合運動は今も間違いなくイギリス最大の社会運動団体である。30年以上前にBaileyとBrakeが記したような、労働組合運動とサービス利用者組織との間の同盟の構築は、サービスを守り、新しいタイプのソーシャルワークを確立するという二つの面で最大の希望をもたらし続ける。それは、これまであまりにも長い間ワーカーを窒息状態にさせ、サービスを利用する人々を抑圧してきた新自由主義的な経営管理モデルとはまったく異なるものである。

第8章

国際ソーシャルワークか、
ソーシャルワークの国際協力か
—ラディカル・ソーシャルワークをグローバル視点で捉える

Michael Lavalette/Vasilios Ioakimidis

はじめに

　Bailey と Brake 編の論集は、イギリスにおけるラディカル・ソーシャルワークを支持し、これに関連するさまざまな議論を提供することを狙いとしていた。この論集はイギリスの国境を越えたソーシャルワークの取り組みは視野に入れてはいなかった。これは別段驚くことではない。1975年当時においては国際的なソーシャルワークとそれぞれの国のソーシャルワークは相当にかけ離れていたからである。しかしながら、2010年代ともなれば、どんなラディカル・ソーシャルワークの関連書であっても、一国のソーシャルワークについてしか考察せず、国際舞台から引き出された展開や議論を無視すれば、奇異に映るであろう。それ以上に、現在鮮明になっていることは、Bailey と Brake 編の論集で提起された問いの多く—「専門的職業」としてのソーシャルワークの意味、ソーシャルワークと国家との関係、ソーシャルワークの実践の中にある社会的統制の要素といったこと—は世界各地のソーシャルワークを眺めると、一層鋭く多様なかたちで提起される。そこには、ソーシャルワークのさまざまな伝統や方法があり、地方政府と国民国家との間でとりうる代替的な関係があり、ソーシャルワークの役割と課題について対立する観点が存在する。

　本書で国際ソーシャルワークに関する考察を含める重要な理由はもう一つある。それは、ソーシャルワークが国際的に急速に広がっていることである。例えば、急速な経済成長を遂げている「虎の経済」と呼ばれる中国やインド、旧ソビエト連邦共和国諸国では、搾取、抑圧、貧困、不平等などさまざまな社会問題が生じており、各国政府はそうした問題をソーシャルワークによって「解

決」し管理しようとしている。しかし、ソーシャルワークはどうやってそうした各種の問題を「解決」するのだろうか。

　国際ソーシャルワークは、ソーシャルワークが取り組む対象となりうる社会問題の範囲、その土地に即した「土着（indigenous）」の実践と方法、専門職とソーシャルワーク供給の法的に規制された様式に具体化されたものなどに目を向けようとしている（Healy, 2001）。ソーシャルワークの広がりは、適切なソーシャルワーク形態とはどのようなものであるべきか、という議論を活発化させた。ところが、その議論は次第に、「新しいソーシャルワークモデル」が既存の英米型ソーシャルワークの実践概念にどれだけ近いかという観点で議論が組み立てられるようになっている。そのような概念化がなされるのは、英米型ソーシャルワークにありがちな傲慢さ―つまり、英米型ソーシャルワークが、他のあらゆるソーシャルワークを評価する基準になるのだ、という思い込み―を反映している部分がある。また、このことは「開発主義者」に端を発するソーシャルワーク史観を反映してもいる。

　本章では、ソーシャルワークとその歴史に対するヨーロッパ中心主義的な見方（あるいは英米的な見方）に異議を唱えたい。マルコム・ペイン（2005, p.9）は、ソーシャルワーク史が偏狭な「単一の歴史的物語」を描く傾向があるため問題があると指摘している。すなわち、単一の「公式」なソーシャルワークの「保守党的（whiggish）」な解釈であり、今日の支配的なモデルとソーシャルワーク実践の解釈に向けた歴史的発展の単純な物語に基づいている。そして、それらは英米型モデルとして描かれることが圧倒的に多いのである！

　しかしペインが指摘しているように、ソーシャルワークは福祉レジームに照らし合わせるとさまざまに異なっている。そこには異なる伝統があり、ソーシャルワークと国家との関係も異なり、何を「ソーシャルワーク」とみなすかについての異なる視点が存在する（2005, pp.5-9）。

　例えば、著者らは最近パレスチナ西岸を訪れた際に、ソーシャルワークとして何を重視するかということに対する視点がまったく違う実践家に会った。私たちは、ソーシャルワークと社会教育学（social pedagogy）の学生たちを同伴した現地調査旅行の一環としてパレスチナに滞在した。私たちが訪問したビリン村は、イスラエルの占領に対する非暴力抵抗運動の中心地なので、過去3年間、多くの英米紙で大きく取り上げられてきた（BBC, 2010）。毎週金曜日に現地のパレスチナ人は、イスラエルや各国の活動家たちと一緒に、イスラエル

政府がヨルダン川西岸への「土地接収 (land-grab)」拡張の一環として建設した分離壁に抗議するデモを行う。

　地元コミュニティの指導者のひとりであるRatebは、金曜デモは地元のコミュニティと国際的な活動家たちが参加するさまざまな活動の一つだと説明した。地元民と活動家たちは、自分たちの文化的な行事、コミュニティの集会、被害者家族の支援、イスラエル商品の不買運動、戦闘の最前線になってしまった村の人々への物資の支援や精神的なサポートの提供などに携わっているとのことだった。

　ビリン村を訪れると、地元民の非暴力抵抗運動に対するイスラエル政府の暴力的反応をまざまざと見せつけられる。分離フェンス付近の地面には頑丈な手榴弾の弾筒とゴム弾[i]が何百と散乱している。しかし、イスラエルが残忍な応酬をしても、この抵抗によってこの地区の分離壁の拡張は遅れており、国際的な注目と支持を集めている。

　私たちがビリン村を離れるとき、Ratebは熱のこもった感じでこちらの学生たちのほうを見て、自分もソーシャルワークの研究者であると告げ、こう言葉を継いだ。

　　「私たちがここでやっていることは、ソーシャルワークです。ソーシャルワークは三つの方法で成り立っているでしょう。ケースワーク、グループワーク、コミュニティワークですね。ここでやっていることは、コミュニティへの参加とコミュニティワークです。自分たちの状態を理解することです。自分たちの権利のために闘うことです。そしてその過程で、私たちは支援と連帯の気持ちを生み出します。それが、私たちのコミュニティを結束させ、問題に直面しても、コミュニティを強固なものにしてくれるのです」

　Ratebの言葉が刺激となって、国際ソーシャルワークの本質、範囲、機能について学生たちと延々と話し合うことになった。

　Ratebの言葉はまた、何をソーシャルワークとみなすのかという「単一の物語」について疑問を投げかけている。そして、ラディカル・ソーシャルワーク内の国際協力についても興味深い問いがいろいろとわいてくる。私たちはグ

---

i　ゴム弾とは、主に反乱、騒動、暴力鎮圧に用いられる硬化ゴム製の弾丸のこと。

ローバル化でどんどん小さくなる世界に住んでいるが、その世界は経済危機、戦争、気候変動、不平等、貧困、そしてさまざまな抑圧に支配されている。世界中のソーシャルワーカーは、広い地域に共通する問題や課題に直面することが増えている。粗略な言い方であるが、私たちは、全力で人間のニーズを満たすと公言する専門職であり、私たちはかつてなく豊かな世界に住んでいる。私たちは少数者の利益ではなく多数者のニーズをどのようにして満たしていくのか。この縮小していく世界で、ラディカル・ソーシャルワーカー同士が互いに何を学び合えるのか。

　本章では、国際ソーシャルワークについて二通りの方向に議論を展開したい。まず第一に、国際的なソーシャルワークの歴史は多義的だということを提起したい。つまり、それは「人道的」かつ「改革的」な介入を正当化するために利用しようとした（しばしば「社会民主的」な）言葉であるにもかかわらず、必ずしも進歩的とは言えないものである。例えば、国際ソーシャルワーカー連盟（IFSW, 2000）によるソーシャルワークの現在の定義は、人権擁護、不平等や抑圧に対する闘い、世界の変革に向けた政治参画、社会正義の重視などを引き合いに出して専門職を定義づけている。しかしながら、このような原則の表明がいかに重要であっても、これが、例えばイギリスの専門的なソーシャルワーカーが日常的に原則としていると考えるのは性急であろう。実際、このIFSWのソーシャルワークの定義を文字通りに捉えてイギリスの現状にあてはめたとしても、認定ソーシャルワーカーのうち、実際にどれだけがこのソーシャルワーカーの国際的な定義を満たしているかは判然としない。また、このような国際的な定義があるにもかかわらず、ソーシャルワーカーの中には、人権と社会正義への責務に反する活動に従事している人々（難民申請者や亡命を希望する児童の年齢審査に携わる人々など）もいる（Mynott, 2005）。

　歴史的にも今日においても、非常に多くのソーシャルワークがサービス利用者を病的だと説明することに浸りきり、その実践の中でさまざまな「社会統制」の課題を引き合いに出しているという現実を考えれば、IFSWの声明は、ソーシャルワークを赤に染める［共産主義化する］ものだと責められても仕方あるまい。

　例えば、BaileyとBrake編の論集は、当時主流のケースワークに対してとても批判的である。これは、当時のケースワークは、社会問題を個人の問題にして、サービス利用者を病的だとみなしがちだったからである。ケースワークに

おけるこの形式のルーツは、慈善組織協会（the Charity Organization Society）とこの組織が慈善としての寄付を「管理」しようとしたことにある。

　イギリスとアメリカではケースワークの「科学」が具体化され、それが、ソーシャルワークは専門的職業だという地位の主張の中心になった（Jones, 1999）。ポルトガルでは、ソーシャルワークは1937年に始まる。この国のソーシャルワークは当時の権威主義体制の中で生まれ、労働者階級のコミュニティを統制し「カトリック的家族観」を押しつける手段として利用された。しかし興味深いことに、1974年のポルトガル革命では、1960年代に訓練を受け、ラテンアメリカの解放のソーシャルワークモデルの影響を受けたソーシャルワーカーたちが、ファシズムに対する抵抗運動に関わった。ドイツでは、ナチスの時代を通して、ソーシャルワークは存在していた（Lorenz, 1994）。スペインでは、ソーシャルワークはフランコ政権時代に発展した（Martinez-Brawley and Vazquez Aguado, 2007）し、本章の後半で述べるが、ギリシャでは、ソーシャルワークは、内戦直後に「赤い子どもたち」の「問題」に対処するために独裁政権によって展開された（Ioakimidis, 2008）。

　結論ははっきりしている。公的ソーシャルワーク制度には矛盾した多義的な歴史があり、ファシスト政権や権威主義政権と結託することもあるということである。

　ここで、ソーシャルワーク史のあまり芳しくない別の面、第二次世界大戦後の国際ソーシャルワークのマーシャルプランと戦後のギリシャへのアメリカの帝国主義的な利害との交点に目を向けけたいと思う。

　しかしまた、さまざまなグローバル環境の中で著者らがソーシャルワーク関係者と共に現在実施中の研究も引きながら、別の可能性もあるということも述べよう。私たちは、最後のセンテンスを慎重に組み立てている。過去4年間、著者らはパレスチナ、レバノン、ギリシャ、インド、キプロスでソーシャルワーク関係者へのインタビューを行った。しかし、インタビューした相手のすべてが「有資格の」ソーシャルワーカーだったわけではなく、「認知された」専門職に就いているわけでもなかった。そのことは問題だろうか。私たちには、そんなことは問題ではない。地球規模のソーシャルワークはさまざまな活動から学びを得ることができる。そのさまざまな活動とは、私たちが「民間ソーシャルシャルワーク（popular social work）」と呼ぶものの範疇で行われているもので、コミュニティや活動家が協働して、それぞれのコミュニティが直面してい

る社会的・政治的・経済的トラウマに立ち向かっている（Lavalette and Io-akimidis, 2011）。

「公認の（official）ソーシャルワーク」と「民間（popular）ソーシャルワーク」

　「国際ソーシャルワーク」が表しているのは、やや範囲の狭い活動を「正統な」専門職の実践形態として推進しようとする試みである。しかしながら、このことは、ソーシャルワークの均質性を示唆するものであり、私たちはそれに疑いをもっている。［そのため］二つの切り口に沿ってソーシャルワーク分析が可能であると提起したい。まずは、私たちが「公認の」ソーシャルワークと呼んでいるものである。これは法規制、資格化、国の認定などが組み合わさったソーシャルワークであればどんなものでもよい。「公認のソーシャルワーク」の条件をこのように規定する必要がある理由は、それが国によってさまざまに異なるからである。例えば、イギリスではソーシャルワークは職名が保護されており、有資格の認定ソーシャルワーカーにしかできない仕事がある。

　一方、インドでは、ソーシャルワーカーは認定BSWやMSW[ii]コース（イギリスのソーシャルワーク課程の学士〈BA〉・修士〈MA〉に匹敵する）を受講するが、ソーシャルワーク課程を修了した有資格者が国に公式に認められた「ソーシャルワーカー」として明確な専門職に登録されることはなく、他分野の卒業生も同じように応募できる開かれた労働市場で競争する（Bhanti, 2001）。

　しかしながら、「公認の」ソーシャルワークを他と区別するものは、ソーシャルワークの教育訓練を受けた卒業生と国家登録過程のさまざまな関係だけではない。各国でソーシャルワーカーが担う任務は多様であり、その任務をこなす主要な方法や国家とボランティアセクターとの関係もいろいろある。

　再びインドの例を引くと、インドのMSWコースの学生は、コミュニティ・ソーシャルワーク、子どもと家庭、医療―心理学、そして人気抜群の人的資源（human resources）という四つの専攻のうちの一つを履修する必要がある。コミュニティ・ソーシャルワーク専攻は集団的社会行活動モデルが中心となっており、極貧地区などに赴任し、そこで生活して働くソーシャルワーカーを養成し、ソーシャルワーク実践のためのさまざまな権利擁護や政治目標や開発目標

---

ii　日本の医療ソーシャルワークのことではなく Master of Social Work のこと。

を検討する（しかしながら、Banksが本書の第10章で示すとおり、コミュニティ・ソーシャルワークは常に、または必ずしも進歩的であるとは限らない）。人的資源専攻は、インドや世界中の多国籍大企業の人事部門で働く人材を養成する。この専攻のソーシャルワークモデルは、従業員の問題の「解決と除去」、つまり資本主義企業内の労働過程を稼働させることに伴う集団的問題を個人化することに基づいている。この仕事は比較的高賃金で、男子学生が大半を占める。

　これら両者の例はいずれもインドの有資格ソーシャルワーカーの例である。しかし、これらの例は、ソーシャルワークの役割、配置、優先順位についてまったく異なる考え方があることの現れである。これらの例は［ソーシャルワークが］単一の均質な専門職だという単純な考え方を一蹴する。ところが、これらの例を比較条件として考察すると、今日のイギリスにおけるソーシャルワークの教育課程のほとんどは、この種のソーシャルワークモデルのどちらにも当てはまらないと結論づけなければならない。このように、「公認のソーシャルワーク」に含められうるものは多種多様である。

　しかし、公認のソーシャルワークに単一の均質的なアイデンティティが存在しないもう一つの理由がある。それは政治である。ソーシャルワークは、政治的立場のさまざまな領域によって分断されている。保守的で個人化し治療的な実践を行うワーカーもいれば、サービス利用者の行動変容を手助けし、サービスを利用しやすくし、居住地域の環境改善に助力しようとするワーカーもいれば、もっと政治的にラディカルな実践を行い、自分たちの実践を、サービス利用者と労働者の生活を形成する不平等な構造に対する、より抜本的な挑戦に結びつけようとするワーカーもいる。そして、これまで種々のソーシャルワーク史には、もっとラディカルな実践形態がしばしば取り上げられ書き記されているが、ソーシャルワークには昔から常に「ラディカルな核心」があり、より積極的で変革的な実践に取り組むソーシャルワーカーたちがいる（Lavalette and Ferguson, 2007）。

　そういうわけで、「公認のソーシャルワーク」は同質的ではない。それは、配置の場所、本質の捉え方、実践の課題や方法の点で多様な活動の場（arena）である。

　そこで、「民間ソーシャルワーク」という新たな切り口を付け加えてみよう。歴史的に、ソーシャルワークを「専門職化」する動機は、「土着化する」危険

からワーカーを守ろう、「汚染」の危険を食い止めようとする試みの一部であった。専門的職業にすることの狙いは、ソーシャルワーカーとサービス利用者の間に「距離」をつくり、サービス利用者の抱えている問題は社会の本質と不公正さの表れだと解釈させないようにすることである（Jones, 1983; Ferguson, 2008a; Lavalette, 2011）。

　逆に言えば、専門職化の歴史とは、ソーシャルワークの歴史から抜け出して、多種多様な形態の「民間ソーシャルワーク」を余さず書き記すことを意味する。それはソーシャルワーカーがサービス利用者に寄り添って、より広い社会変革の運動の一環としてサービスを提供してきたような、これまで軽視したり無視したりしてきた事例を洗いざらい書き記すことである。

　「民間ソーシャルワーク」の包含する範囲は、組織的キャンペーン、政治的ソーシャルワーク、福祉増進活動まで多岐にわたる。民間ソーシャルワークは、より広域的な社会運動活動に結びつきやすく、不平等で抑圧的な階層社会という文脈の中で、自分が担っているコミュニティのためにサービスを生み出し、提供し、発展させることに焦点を合わせている多種多様な人々（公認の訓練を受けた者もいればそうでない者もいる）によって行われる傾向がある。

　このような民間ソーシャルワークの例は、20世紀と21世紀初頭に散見される。民間ソーシャルワークは、イギリスの Sylvia Pankhurst や George Lansbury のような個人的な業績の中に存在していた。政治的キャンペーン（女性の権利、労働者階級のコミュニティの政治的代弁、労働組合主義、世界大戦反対などのための）と、事例に基づく権利擁護活動、救貧法裁定官に対する「クライエント」の代弁、貧しい児童たちのためのコミュニティ・カフェや食事の提供、困窮や大量失業に直面したときの住居や仕事を求める闘いなどとを結びつけた（Lavalette, 2006b; Lavalette and Ferguson, 2007）。

　民間ソーシャルワークのさまざまなビジョンは、20世紀前半のアメリカのジェーン・アダムスとバーサ・レイノルズのコミュニティ・ワークと組織的活動にも認められる（Reisch and Andrews, 2002）。また、スイスのソーシャルワークの先駆者であり、共産党員であり1930年代の活動団体 **Red Aid** の指導者兼実践者であった Mentona Moser の仕事にも見られる。Red Aid は、1930年代に政治亡命者を援助し、スペイン革命を積極的に支援した国際ソーシャルサービス組織であった（Hering, 2003）。「民間ソーシャルワーク」は1960年代のアメリカにおける福祉権運動の一部でもあった。Bill Pastreigch、Rhonda

Linton、Richard Cloward をはじめ、地域活動研修センター（the Community Action Training Centre）出身の多数のソーシャルワーカーがこの運動の先導役を果たした。これらのワーカーたちは、黒人女性グループと協働して、貧困に反対し、福祉給付を求め、広範な政治的権利・社会的権利を求めて組織をつくりキャンペーンを行った（Nadasen, 2005）。

　しかし、民間ソーシャルワークの事例は過去のものに限らない。イギリスでは1984年から1985年にかけて起こった炭鉱労働者による大規模なストライキの際、炭鉱労働者のコミュニティがスープと食事を提供する調理場を組織したり、クリスマスにパントマイムショーを行ったり、週末には時々子どもたちのためにパーティーを開いたり娯楽を提供したりした。その意図は、とにかく肉体的・精神的に生き残ることであり、気力やモラルの維持であり、人々に孤立感を抱かせないことであり、個人個人がトラウマや欲求不満やうつ病に打ち勝てるように助けることであり、基本的欲求を満たすことであった――これは、今まさに考察している民間ソーシャルワークの一例である。同様の例は、今日、世界の多くの地域で見つけることができる。ヨルダン川西岸に広がるパレスチナ難民キャンプでの、「非専門職の」ソーシャルワーカーが運営するコミュニティ志向の若者向け・障害者向けプログラムにはっきりと現れている。このようなプログラムは草の根のサービスをコミュニティに提供している。こうしたサービスは、難民たちが自らが直面している政治的および歴史的状況の深い理解を具体化することになり、難民キャンプにいる多くの人たちが個人的に感じている苦痛の「公的な原因（public cause）」（占領）を理解し、それに立ち向かうことの重要性を認識することになる（Jones and Lavartte, 2011）。

　2006年のイスラエルによるベイルート攻撃中にキャンペーン・グループのSamidoun のメンバーが行った福祉活動やソーシャルワーク活動が、もう一つの例になる。Samidoun のメンバーは、イスラエルの攻撃が最も激しかったときに、戦争難民向けにシェルターを設け、食糧と医療と心理的サポートを提供した（Lavalette and Levine, 2011）。

　同様に、欧州中の難民・亡命者のためのソーシャルワークはコミュニティ志向で、人権を基礎にした活動をしている。それは、コミュニティの活動家とさまざまな無資格の「援助者」（さまざまな政治組織や宗教団体などに所属している場合が多い）を結びつけ、難民の権利を獲得する闘いの一環として、支援や援助やネットワークの組織化を行っている（Ferguson and Barclay, 2002;

Mynott, 2005; Teloni, 2011)。

　ソーシャルワークの歴史を、法的規制を受けた、有資格の専門職の活動の型に限定してしまうことは、コミュニティに根ざした不平等と抑圧に対する闘いと深く結びついてきた多くの感動的な取り組みを、ソーシャルワークの基準から削除してしまうことを意味している。国際ソーシャルワークの発展とは、ラディカルな別の可能性を排除していく物語の一部であった。しかし、その歴史とは、弱者を犠牲にした強者との妥協の歴史であった。

国際ソーシャルワークの形成期

　第二次世界大戦以前は、「公認の」ソーシャルワーク活動は少数の国でしか行われておらず、そしてキリスト教徒の慈善事業の影響を大きく受けていた (Lorenz, 1994, p.44)。この時期の主な国際活動は、ソーシャルワークエリートたちにとって、自国での地位を守り、昇進させる、共通の専門的アイデンティティを形成しようとした努力であった、と捉えることができる。このことは、1928年の第1回国際ソーシャルワーク会議において明白であった。このとき、「世界中のソーシャルワーカーとソーシャルワーク組織の間で情報交換を可能にし、情報の普及に貢献するために、個人的な関係を築く」ことを目的として、5,000人以上の代表者がパリに集まった (Paris Conference 1928, Eilers, 2003)。

　主催者の野心的な意図にもかかわらず、この会議の中身はヨーロッパと北米の議論が主であった (Eilers, 2003, p.120)。ただ、各会合では一連の国別レポートがなされた。このイベントに集まったのは上流階級や貴族階級出身の女性たちが多かった。このことは、初期の「専門的」ソーシャルワークにおける階級とジェンダーの力動を反映している（1960年代にアメリカに到着したイギリスのソーシャルワーカーについて述べている本書のJonesが執筆する第2章も参照されたい）(Eilers, 2003; IFSW, 2006)。

　この第1回の会議は、母国で専門職としての正当性を獲得したいソーシャルワークエリートの「集会」にほかならなかった。第2回会議は1932年にドイツで開催され、このときも、主なテーマは専門職としてのアイデンティティ、ソーシャルワークの科学、「適切な」専門職教育であった。公認の専門的職業として発展させていくことと、よりラディカルな集団的福祉の供給をめざす闘いとの間に緊張関係があったことは、貴族階級の女性が行っていた立派な仕事

のもつ役割に失望したMentona Mosserの言葉に表れていた。彼女はあからさまにこう言った。「ブルジョワが慈善活動をしている、こういうときほど不快なことはない、彼／彼女らが慈善活動を行っているときは『大金持ちの』慈善活動だから」（Hering, 2003, p.90）。

　こうした国際会議は、当時においては専門職の発展にとって極めて重要であったが、社会正義を求める闘争にとっては取るに足りないものであった。1929年のウォール街の破綻が口火となって、危機的状況は第二次世界大戦の勃発まで続いた。それは大量失業、絶望的な貧困、ファシズムの台頭を招いた。この時代には、労働者の権利のための大きな闘い、ファシズムに抵抗する闘い、そして（例えばスペインでは）別の世界を求める革命的闘争も起こった。［しかし］こうした会議は、これらの諸問題について意義ある発言を何もしなかった。

帝国主義とソーシャルワーク

　ある意味、国際舞台におけるソーシャルワークのアイデンティティは第二次世界大戦によって強められた。大勢の難民、孤児、ホームレスの人たち、これらはすべて、戦災によって生じた社会問題であるが、このような問題に対応することで、ソーシャルワークモデルを採用した国際機関が政治的・社会的分野の一部となる余地を生んだ。しかし、西ヨーロッパとアジアの戦域では、それは、マーシャルプランの意図や価値観や政治によって形作られた戦後復興計画に、ソーシャルワークが巻き込まれることを意味していた。

　マーシャルプラン（1947年に始動）とは、世界大戦によって全面崩壊に直面した諸国の壊滅した経済・政治体制を再建・再構築するためにアメリカ政府が引き受けたプログラムであった。しかし、マーシャルプランは、西側の資本主義のために各国を「安定化」し、共産主義の拡大に対する社会的・政治的防波堤を築くことをめざした、包括的な政治的枠組みの中で稼働した。したがって、マーシャルプランは、アメリカにとっては主として、人道主義的なプロジェクトではなく政治プロジェクトであって、トルーマンドクトリンに結びついており、戦後期の革命的な社会運動を周縁化させ、孤立化させることに関係していた（Hogan, 1991）。国際ソーシャルワークの拡大は、このようなより広い文脈の中に据える必要がある。

最初の大規模な国際的な救済プログラムは戦時中に始まった。1943年、連合国救済復興機構（the United Nations Reconstruction and Rehabilitation Agency: UNRRA）がアメリカにより、他の44か国の支援を受けて開始された。この組織は、国連機関だという説明がなされているが、実際には、国連が正式に設立される以前に設立されている。本部はワシントンD.C.にあり、アメリカ政府が予算の半分以上を拠出した。当時の学術的・政治的アナリストたちは、UNRRAを「史上最も広範囲な福祉プログラムであり、恒久的な国際的福祉組織の設立を視野に入れた国際的な計画の実験の一つ」であると説明していた（Weintraub, 1945, p.4）。

　UNRRAが設定していた主要目的の一つは、被援助国における福祉システムの開発や再設計であった。この過程で、主に北米のソーシャルワーク研究者や実践家が、いつの間にか、世界のさまざまな地域でソーシャルワークの教育、訓練、実践の発展に取り組んでいた。1943年にはヨーロッパはまだ戦争の真っただ中であった。そのためUNRRAのソーシャルワーク活動のほとんどは、中国、イラン、インドなどの諸国が対象であった。しかし、戦争の終結に伴い、UNRRAの活動領域や地域は急速に拡大し、そのソーシャルワーク活動がますます必要とされるようになった。アメリカの国際ソーシャルワーク研究者であるKendallは、当時の経験を振り返りながら、ソーシャルワークが不可欠なものとして組み込まれた理由をこう考えている。

　　死、破壊、壊れた家、両親の喪失、子どもの喪失、引き裂かれた忠誠心その他もっと多くのことを、戦争によって引き起こされた大混乱の目録に載せることができる。このような傷を癒すためには、ソーシャルワークが提供すべきこと以上のものが必要とされる。しかし国連内部においては、社会福祉サービスと有資格のワーカーが、彼／彼女らが社会的分野と呼ぶもののための、長期計画における不可欠な要素だと認識されていた（Kendall, 1978, p.6）。

　多くのソーシャルワーク研究者にとって、復興の必要性は疑問の余地がない明白なものであったが、この過程に結びついた特別な政治的意図はあまり明確ではなかった。（冷戦が進行していた時期の）アメリカの地政学的関心は、欧州の復旧・復興を最優先課題と捉えていた。戦争が終結すると、（共産主義者とパルチザンの部隊が解放過程を主導していた）イタリアとギリシャ、（抵抗

運動で鍵となった役割を共産党が担った）フランス、日本、バルカン半島諸国
で、そして（ナチス政権が崩壊した際、初期の反ナチ勢力が登場した）ドイツ
においてさえも、社会的闘争が激化していった（Birchall, 1974, 1986; Halliday,
1975; Gluckstein, 1999; Behan, 2009）。マーシャルプランを発展させることは、
これら諸国の社会経済システムを支え、アメリカに与する政治体制づくりを強
化することにほかならなかった。国務省内部文書は次のように述べている。

　　西ヨーロッパの特定の主要国が抱えている喫緊のニーズは、アメリカの一部
　　として迅速に行動することを抜きに満たすことができない（中略）。アメリカに
　　とっての必須の利益という観点からみた場合、今日のヨーロッパで最も重要な
　　問題は、全体主義になるか否か（すなわち共産主義者の影響下に入るか否か）で
　　ある。全体主義というウイルスがこれ以上広がれば、それが西ヨーロッパ全体
　　を飲み込むのを防ぐことはほとんど不可能になる（Department of State, 1947）。

　このような雰囲気の中で、UNRRAは次第に役に立たない組織だと見なされ
るようになっていった。UNRRAの働きは次第にアメリカ復興本部（American
Rehabilitation Missions: ARMs）にとって代わられた。ARMsの役割は、アメ
リカの政治的・軍事的利害の「鍵となる国々」における社会福祉制度の創設（あ
るいは再構築）に参画することであった（Salomon, 1990）。
　ソーシャルワークの歴史研究者は、この時代を国際ソーシャルワークにとっ
て素晴らしい時期であると認識している（例えば、Healy, 2001）。アメリカか
ら資金提供を受け、アメリカの研究者たちが指導するソーシャルワーク学校が
世界中に出現した。戦前にソーシャルワークが存在していた国でも、この専門
職は再生と発展の時代を享受した。しかしながら、強調すべき重要なことは、
国際ソーシャルワークで注目された国々のほとんどがARMsの「主要国」リス
トに含まれていたということである。そこにはギリシャ、イタリア、トルコ、
韓国、ラテンアメリカ、後にはベトナムが含まれていた（Healy, 1987）。これ
らの国々ではどこでも、あからさまな軍事介入の後に「復興・復旧」の時期が
続いた。その過程で南カリフォルニア大学（USC）、国際ソーシャルワーカー
連盟（IFSW）、国際ソーシャルワーク学校連盟（IASSW）、他のソーシャルワー
クの「パイオニアたち」を含む組織や個人がソーシャルワークコンサルタント
として活動し、介入した担当地域で社会福祉や社会サービスを設計し直す仕事

に携わった。彼／彼女らは社会福祉の設計において技術的な専門知識を提供した。例えば、ソーシャルワーク教育訓練の開発と監督、カリキュラムの設計、アメリカ型ソーシャルワークの教科書の翻訳、アメリカで学ぶために選抜されたソーシャルワーク専攻学生への奨学金の支給（ほとんどがフルブライト財団による資金提供）、国単位のソーシャルワーク連盟の育成、ソーシャルワークに関する関連立法や規制諸機関の設計と開発に関する助言や相談などであった（Healy, 1987; Lally, 1987; Ioakimidis, 2008参照）。

　このような新たなソーシャルワークと福祉システムの創出には、よく訓練された人材が必要であった。Ernest Witte は 1940年代後半の人道的使命について回顧し、次のように述べている。

　　　世界の発展途上地域に存在する、生活水準を改善したいという強烈な要求
　　［の実現は］、そういう地域の人々の習慣や生活様式の社会的な変容に影響を及
　　ぼすことにかかっている。（中略）ソーシャルワーク学校における専門教育が、
　　社会的プログラムの開発における機能の多くを最もうまく準備するものである
　　ことは、概ね賛同が得られている（Witte, 1960, p.123）。

　これらの諸活動にアメリカが中心となって資金提供し、アメリカ国務省が入念に監督したことを示唆する証拠がいくつかある（Ioakimidis, 2008）。これらの過程では、被援助国で新たなソーシャルワーク専門職の開発も経験した。しかし、この過程の一環として、知識基盤や法律的な背景、技術的専門知識はアメリカから移植された。その結果、新たに生まれた職業は英米型モデルのソーシャルワーク理論や実践を採用したが、たいていそれらは現地の文化やニーズとは異質で無関係なものであった。実際のところ、「新たな」専門職は、しばしば、以前からあった草の根の非公式の福祉ネットワークに取って代わり優位に立った。それは、彼／彼女らが、戦後世界を再構築するためのよりラディカルな政治的課題に結びつけられていたからにほかならない。

ギリシャ─兵士と共にやってきたソーシャルワーカー

　ギリシャの例は、この地域におけるアメリカの戦後利益と反共産主義者狩り、そして社会統制の道具としてソーシャルワークを発展させようとするギリ

シャの国家的意図との強い結びつきを明白に示している。このギリシャの例こそ、1947年にトルーマン・ドクトリンで宣言がなされたような冷戦の力学を体現した、ソーシャルワークの開発モデルの最初の社会的構成物の例である。

ギリシャでは1940年代初期のナチス占領中に、活発な解放運動が発展した。1944年までに人口700万人中、200万人が民族解放戦線（EAM）、国民解放戦線（the National Liberation Front）の支持者になっていたと推定される（Birchall, 1986, p.44）。この運動は共産党によって導かれ、民族解放への決意と、平等と社会正義に基づく戦後社会の創造とを結びつけていた。1944年までに解放軍が国の大半を解放し、国政選挙を行い、「人民による統治」と「人民による正義」の体制を創出した。採用された政府形態には、民衆型の教育・保健・社会福祉の創出を含んでいた（例えば、社会的トラウマのさまざまな局面への対策は、活発な参加型の文化・劇場実験などを通じて行われた）。

しかし、この地域へのイギリスの関心は、ギリシャが社会主義に転換していくのを許容する準備がなされていなかったことを意味していた（Woodhouse, 1976）。1944年12月にイギリス軍が介入し、解放軍をアテネから締め出し、国王と旧政治支配者層を帰還させた（Mazower, 1993）。最終的に、アメリカが関与した結果、激しい内戦が起こり、1949年に王政主義者と右翼政党が勝利するに至った（Hadjis, 1981）。ギリシャは権威主義時代に入り、それがほぼ25年間続いた。内戦直後に何千人もの活動家が投獄されたり暗殺されたりした[iii]。

興味深いことだが、ギリシャのソーシャルワークは内戦のさなかの1946年に姿を現した。公認のギリシャのソーシャルワーク史料はこれを重要な意義深い出来事だと言及しているが、初期にソーシャルワークが果たした役割については史料の記述は少々心もとない。ソーシャルワークは解放運動によって発展してきたラディカルな草の根の福祉に対抗して生じた。ソーシャルワークは、解放された区域の民間ソーシャルワークの諸形態を抑制する中から生じてきたものであり、解放運動に関わった人々の「赤い」子どもたちを「更生」させるプロジェクトの役割を担っていた。

---

iii　ギリシャ人民自身による解放運動が困難に遭遇する背景には1944年10月9日のチャーチルとスターリンの会談により、ギリシャをイギリスの勢力圏とする見返りに、他のバルカン諸国をソ連勢力圏とする密約が交わされたことを不破哲三（2015）は『スターリン秘史5』第23章（新日本出版社）で指摘している。

当初、ギリシャ政府は、連合国救済復興機構（UNRRA）を通じて福祉・復興サービスの設計を開始した。UNRRAの資金総額の約10分の1は、1945年〜1947年の内戦絶頂期のギリシャに配分され、120万トンの食料品と3億5千万米ドルの生活物資がこの国に送られた（Hekimoglou, 2005, p.7）。これは、ギリシャの国家予算1年分に相当する額であった。UNRRAと並んで多くの小さな慈善団体（YMCAやユニタリアン・ユニヴァーサリスト協会〈the Unitarian-Universalists Assosiation〉など）もアメリカ国務省の監督下で活動していた（Ioakimidis, 2008）。さらに、数百人のイギリスとアメリカの専門家がギリシャで雇用され、国家的な諸課題に対して前例のない権限を有していた。1947年3月のピーク時には、UNRRAは、ソーシャルワークや看護から技術系官僚や調査官に至るまでの専門分野の職員を3,137人雇用していた（Close, 2004）。

　UNRRAが脇に追いやられAMR[iv]が取って代わったことが、アメリカギリシャ援助本部（the Americam Missoin for Aid to Greece: AMAG）の創設につながった。AMAGにはこの国の民事・軍事に対する絶対的支配権があり、ソーシャルワークはその直轄となった。ギリシャの正規の省庁と並んで、AMAGが創設したさまざまな影の部門が、立案される政策を厳しく管理していた（Witner, 1982; Kofas, 1989）。内務、労働、司法、財政、公共事業、軍事行動、農業、保健福祉の各省にAMAGの管理組織の主要部門が置かれた。この構造によって、ギリシャ当局が受領した資金は、確実にこの地域におけるアメリカの利益に役立つように活用されることになった。

　　冷戦の緊張が高まるにつれ、ギリシャは共産主義の拡大に対する防波堤としてますます注目されるようになり、ギリシャの行政・軍事・経済・政治機関はその目的にかなうように形作られた。効率性と近代化は、協力に前向きな政治家に有利に働いた（中略）。ヴァン・フリート将軍は権威主義者的な政府を選ぶことを表明した。AMAGの代表者が、極めて重要な委員会や理事会に席を占め、アメリカ人がギリシャの省庁や他の政府機関内の最高管理職として雇用された。AMAGの職員には、治外法権、財産の不可侵、課税や関税や通貨統制からの免除などが認められた（Koliopoulos and Veremis, 2002, p.296）。

---

iv　本文にはAMRと書かれているが、ARMsの誤植だと思われる。

　Dedoulis と Caramanis（2007, p.401）は、複雑な協定群がギリシャ政府を
縛っていたので、ギリシャ政府の要人たちは、アメリカ政府当局もしくはアテ
ネにいるアメリカ政府代表者が事前に同意しないことには、決定を下すことは
ほとんどできなかっただろう、と示唆して次のように述べている。

　　1951年にはもう、アメリカ人職員は、法的な形式はなくとも、常に復興・
　復旧の計画と実施について中心的な責任を引き受けていた。顧問が各省庁に配
　置され、現場の代表者が国土全域に駐在して実際の業績を点検し、状況が行き
　詰まったり、アメリカの考えに合致していなかったりすると、しばしば有無を
　言わせない響きを帯びた「助言」によって状況を変えようと、精力的な努力が
　なされた（McNeil, 1957, Dedoulis and Caramanis, 2007, p.401 からの引用）。

　まさにこのような状況下で、ギリシャのソーシャルワークが出現したので
あった。保健福祉省（the Ministry of Public Health and Welfare）では、AMAG
が各種サービスの構造を再編した。最優先事項は、衛生工学施設の速やかな建
設、公衆衛生の改善、戦争の被害を被った子どもたちの保護であった。「子ど
もの保護」は一見、議論の余地がないように思われるが、実際には真逆であっ
た。この政策は実際には大いに議論を呼んだ。なぜなら、解放運動に関わった
人たちの家族に国家が介入して「損なわれた」世代を「再教育する」装置とし
て利用されたからである。
　AMAGは、こういった新たな任務を遂行するために、訓練を受けた「専門職」
を必要とした。アメリカ国務省は、現地ソーシャルワーカーの育成の可能性を
評価するために、アメリカ国務省の監督下で活動する慈善団体を認可した。ユ
ニタリアン・サービス会議（The Unitarian Service Committee: USC）はこの
時期の主要組織であり、YWCA とギリシャ在住アメリカ人女性同盟（the
League of American Women in Greece）の補助的な支援を受けた。国内的には
王族、とりわけ女王の福祉財団のイニシアティブが、地元の貴族たち［の寄付
金］ともあわせて、ソーシャルワークという専門職の育成というアイデアを推
進した。当初、この仕事はAMAGとフルブライト財団の支援を受けたが、
1950年代を過ぎると、費用は「王立福祉財団」からの資金提供を経て、ギリシャ
の納税者に引き継がれた。
　USC所蔵文献の調査研究から、アメリカが1967年まで、関与の開始から20

年以上、ずっとギリシャのソーシャルワークの教育と実践の監督役でいたことがわかる (Ioakimidis, 2011)。その後の30年間、ソーシャルワークは、権威主義的な後続政権に常に忠実な専門職であった。

ギリシャにおけるソーシャルワークの開発は、「ソーシャルワークの先駆者」と称賛され、国際ソーシャルワーカー連盟 (IFSW) から国際ソーシャルワークの優良開発事例とみなされた (Keeley, 1962)。ギリシャの「成功」を認めるしるしに、IFSW はギリシャ人ソーシャルワーカー、Litsa Alexandraki を1962年から1968年まで会長（大きな裁量権のある地位）に任じた。しかし、ギリシャにおけるこの専門職のルーツ、この専門職とアメリカの地政学的利益との結びつき、解放された区域におけるラディカルな草の根活動の抑圧にこの専門職が果たした役割、この専門職とギリシャの権威主義的体制の継続との結びつきについては触れられることがない。また、強調しておく価値があることは、この専門職が国家に「忠実」でありソーシャルワークエリートがアメリカ当局と結託しようとしているにもかかわらず、ギリシャという国内では、ソーシャルワークは依然として過小評価された職業のままであった（そして今日もそうである）ということだ。

結論―ソーシャルワークの国際化か、国際主義か

1945年から1965年までの時期は、国際ソーシャルワークにとって「極めて重要」な時期だと言われてきた (Kendall, 1978)。この時期に国際ソーシャルワーカー連盟 (the International Federation of Social Workers) が設立され (1956年)、『ジャーナル・オブ・インターナショナル・ソーシャルワーク (*Journal of International Social Work*)』誌が創刊され (1958年)、IFSW が国連で諮問資格を獲得した。しかし、この過程は政治的空白の中で起こったわけではない。多くの国際ソーシャルワーク活動は、政治的に中立とみなすことはできない。実際には、さまざまな国（その大半はアメリカ帝国主義にとって「重要な国」）におけるソーシャルワークの発展がたどったパターンは、**国際ソーシャルワーク**という用語の使用をかなり問題のあるものにしている。上述したことはむしろ、強制された**ソーシャルワークの国際化**、つまり、狭義の英米型ソーシャルワークモデルの輸出の過程であった。さらに、こうした「重要な国」では、ソーシャルワークはアメリカの軍事的あるいは政治的介入後についていき、それら

の国の福祉制度の再設計に重要な役割を果たした。つまり、それらの国々の利益を「安定化させる」ための、アメリカのより広範な政治プロジェクトの一環であった。

　私たちが本章で見たのは、ある特殊なソーシャルワークモデルの輸出であったが、これは、アメリカ国内やイギリス国内からの代替モデルを無視し、関係する国におけるラディカルな草の根型の福祉供給形態を完全に無視していた。

　私たちは、ソーシャルワークの国際化（internationalisation）ではなくソーシャルワークの国際主義（internationalism）に目を向けるべきである。それは、ソーシャルワークとは何であるかについて、さまざまなプロジェクトや哲学の視点から学ぶことを意味しており、ソーシャルワークが包含する活動を世界中から学ぶということを意味している。それは、不公正と不平等に対する反対と抵抗の伝統が染みこんだソーシャルワーク活動をしている人々に連帯することを意味する。しかし、それ以上に、国際主義とは、より良い世界をめざす闘いの一環として、自国内のソーシャルワークの諸問題に取り組むことを意味する。

　『インターナショナル・ソーシャルワーク（*International Social Work*）』誌の最近の掲載論文で、香港の研究者たち（Chu et al., 2009）は次のような不満を漏らしている。すなわち、西洋の研究者たちは、南半球のソーシャルワーカーに対して自らの実践の中に社会正義や人権や平等の諸問題を予想しておくように要求しておきながら、西側諸国内でますます経営管理主義的で市場本位型の実践形態が支配的になってきていることを無視しているではないか、と言うのである。香港の研究者たちの指摘の要点は、人権と社会正義に基づいたアプローチを拒絶することではなく、西洋のアカデミックなソーシャルワーカーたちの偽善について疑問を投げかけることであった。私たちも同感である。イギリスの研究者や活動家が世界中のソーシャルワーカーに提供しうるであろう最善のサポート、つまりソーシャルワークの国際主義を真に実現する行為とは、西洋におけるソーシャルワークの新自由主義的な形態の打破を究極目標とする諸運動に参加することであろう。

第9章

ソーシャルワークにおけるラディカリズムと
人間性の再発見

Mary Langan

> ソーシャルワークはいかにすればラディカリズムと人間性を再発見できるだ
> ろうか？（Ferguson, 2008a, p.21）

　イアン・ファーガスンが著書『ソーシャルワークの復権（*Reclaiming social work*)』[i]の中で提起したこの問いは、今日のソーシャルワークが直面している課題を的確に表現している。これらの諸課題はなじみのいろいろな要因から起こる。つまり、ソーシャルケアサービスの市場化、経営管理主義の複合的な圧力の下でのソーシャルワーカーの士気喪失、児童保護の不祥事に端を発する公衆の非難等である。左翼の分裂と、そこから生じたフェミニズムと反人種差別主義という新しい社会運動が出現した結果、ラディカル・ソーシャルワークは焦点と方向性の喪失にことのほか苦しんできた。しかしながら、ラディカル・ソーシャルワークの伝統、わけてもケースワークの理論と実践に対する批判の伝統は、新しい世紀の諸課題に立ち向かうアイデアとインスピレーションをもたらしてくれる。

問題は個人の自律である

　イアン・ファーガスンの問いは、過去20年間に左翼系勢力や進歩的な勢力が経験した問題の大きさを暗に認めている。前進はあったものの、特に労働運

---

i　邦訳は、石倉／市井監訳（2012）『ソーシャルワークの復権：新自由主義への挑戦と社会正義の確立』クリエイツかもがわ。

動の国際的な後退は、社会主義の目標（1848年の「ブルジョア革命」におい
て初めて掲げられ、1917年のロシア革命で一時的に勝利を収め、そして私た
ちの世代では1968年の反乱で再生した）が今や失効していることを意味する。
しかしこういった問題はさらに深く進行しており、今では、1789年のフラン
ス革命で宣言された「自由、平等、連帯」という目標ですら軽んじられている。
新保守主義とポストモダニズムという悲観的イデオロギーが収斂したことは、
人間の進歩や社会の発展に関するすべての観念に対する信頼が広範囲に失われ
てしまったことを反映している。啓蒙のさまざまな価値、すなわち科学的合理
性の尊重や、自由や平等、民主主義といった普遍的概念への傾倒は、悲観主義
と失望感が広まる風潮の中で、広く問い直されている（McLennan, 2010）。

　資本と労働というそれぞれの連帯集団同士のライバル関係の解体は、政治的
社会と市民社会におけるアイデンティティと活動の集団的様式（collective
modes）を弱体化させてきた。あたかも、国家の縮小が生き生きした企業精神
を解放するという新保守主義の期待を裏切った（衰えゆく民間資本が国家の支
援にただ依存するだけであることを確実にした）ように、集団主義（collectiv-
ism）の衰退は力強い個人主義を生み出してこなかった（たくましい諸個人は
社会的連帯のさまざまなネットワークの中で育まれることを確実にする）。

　実のところ、ポストモダン時代に出現した個人は脆く傷つきやすい主体であ
り、現代生活の果てしなく増大していく試練（気候変動やウイルス性疾患の世
界的大流行から、反社会的行動、家庭内暴力、小児性愛までの試練）（Alcabes,
2009）に直面し、専門的で公的な保護と支援を必要としている主体である。今
や、集団的活動を通じた社会の変革は、歴史の行動計画から脱落し、ただ個人
的なテーマだけが人間の憧れの地平を表しているようである。こういうわけ
で、個人の自律と人権を守ることがラディカルなプロジェクトを刷新する出発
点になっている。

　現代の社会政策には反人間的感情が蔓延しており、反社会的行動の議論にお
いて社会復帰（rehabilitation）という考え方への信頼が失われていることに始
まって、治療的な心理社会的介入は個人、家族、地域のどんな問題の解決にも
有効な解決策だという見解まである。ラディカル・ソーシャルワークにおける
社会主義的、反人種差別主義的、フェミニスト的な原動力は、「エンパワーメ
ント」とか「反差別的実践」といった曖昧模糊とした言葉に言い換えられた。
こうした言葉は、今度は専門的・管理的な権限の増強に使うことができる

(Langan, 2002)。

　ニューレイバー政権下の社会政策とソーシャルワークの展開に関する多くの批判は、新自由主義的な行動計画はサッチャー時代に始まり、トニー・ブレアによって推進されたと分析している（Ferguson, 2008a; Ferguson and Woodward, 2009; Garrett, 2009; Harris and White, 2009）。こうした論文の著者らは、民間化、市場化、管理主義化のプロセスを暴き出し、その過程がソーシャルワークを必要とする人たちと実践者に対しても同じように影響を及ぼし続けていることを明らかにしてきた。ここで、私たちが注目したいのは、現行の社会政策のもつやはり重要な側面、すなわちニューレイバーの第二期・第三期において加速化された治療的力動である。

ニューレイバーの治療的政策への転換

　1997 年のニューレイバー政権の出現は、トニー・ブレアのもとで社会政策が、戦後福祉国家の集産主義的（collectivist）な再分配的なアプローチから、より個人主義的で治療的なエートスへ、決定的に変化することを運命づけた。新政府に学術面から多大な影響を及ぼしたアンソニー・ギデンズにとって、福祉は「本質的に経済的概念ではなく、心理的概念であり、そのようなものとして『ウェルビーイング』を実現する」（Giddens, 1998, p.117）。ギデンズは、「福祉施設は心理学的利益と経済的利益の増大に関わっているべきだ」と力説し、例えば、カウンセリングは「直接的な経済支援よりも有益かもしれない」と主張していた（Giddens, 1998, p.119）。マーガレット・サッチャー政権下の政府は、1980 年代初期の不況で失業した工場労働者にカウンセリングを提供していたので、このアプローチはまったく新しいものではなかったが、1997 年以降は、さらに体系的な形で続けられた。ニューレイバーの心理社会的介入の推奨は、［感情制御を教える］学校での「エモーショナル・リテラシー」授業の実施から、若年層向けの「コネクションズ・プログラム」の実施、障害給付金受給者に対する認知行動療法の集団的実施まで多岐にわたっている。

　物質的な再分配から個人の道徳や精神的な福祉に転換していく際に、ニューレイバーの社会政策は不可避的に、ポストモダン世界の「つくられた不確実性」による被害を最も受けやすく、国家介入の影響を最も受けやすい社会的グループである子どもたちに焦点が当てられた。ニューレイバー政権の初期には、新

設された社会的排除ユニット（Social Exclusion Unit）が、ギデンズの提唱した「積極的福祉」の行動計画の推進を指揮し、家庭生活における「積極的予防と早期介入」を通じた経済成長と個人のウェルビーイングの促進をめざした。政府の福祉の先駆的な取り組みにとっては、「社会的排除」は「市民もしくは地域が失業、スキルの不足、低収入、劣悪な住居、犯罪率の高さ、不健康、家族崩壊といった複合的な問題に苦しんでいる」ときに生じたと捉えられた（Social Exclusion Unit, 2001b, p.11）。このようなリスクファクターの因果関係の識別は難しいことを認識していたのに、ニューレイバー政権にとっては、「犯罪・教育・雇用に関わる多くの問題を引き起こす原因のうち、最も基本的で原初的なものは、子育てのまずさにあるとみなされている」（Parton, 2006, p.93）。ニューレイバー政権による子どもと若者が直面しているこうしたリスクへの焦点づけは、その政策の焦点を、子育てを改善するための専門職による介入に容赦なく絞っていくことにつながった。

　トニー・ブレアが首相として就任した最初の任期中は、個人向けソーシャルサービス改革の動きは、この福祉国家の他の領域と同じく、ためらいがちに不規則な形で進んだ。1998年のホワイトペーパー『ソーシャルサービスの近代化（*Modernising Social Services*）』は、以前の保守党政権によって開始されていた福祉供給の経営管理主義と混合経済の促進という行動計画を継続するという政府の決意を示していた（Department of Health, 1998）。しかしながら、2001年6月のブレア首相第二期の総選挙で勝利した後に、改革のペースは加速され、焦点は成長後の諸困難を防ぐために子育ての改善と早期介入の方策に転換していった。2003年のグリーンペーパー『どの子も大切（*Every child matters*）』は、「誕生から19歳までの子どもと若者の幸せのための新たなアプローチ」を発表した。その「目的・目標」として、「どんな経歴や環境の子どもであっても」「健康で、安全で、楽しみと達成感をもって、積極的に貢献し、経済的福利を実現する」ために必要な支援が得られるべきことを明らかにしている（財務長官：Chief Secretary to the Treasury, 2003, p.9）。このような諸政策は「大きな組織的な変化をもたらすだけではなく、児童虐待に関係することをはるかに超えて、子どもたちと親や専門職と国家との関係を再構成することになるであろう（Parton, 2006, p.2）。

　ソーシャルケアサービスを通じた子どもの生活への心理療法的介入の増強には、同時に他の領域におけるさまざまな提案を伴っていた。例えば、教育分野

では「幼児教育（early years）」「拡大学校（extended schools）」「対人関係能力育成（social and emotional aspects of learning）」といった各種のプログラム、刑事司法分野では「反社会的行動禁止命令（anti-social behavior orders）」の広い活用と「尊敬」行動計画、保健分野では健康的なライフスタイル増進のための「Change4Life」プログラム、10代の妊娠や肥満の防止キャンペーンなどである（Earnshaw, 2008）。

これらに共通するテーマは、政府機関と適切な資格のある専門職とが「連携」できれば、子どもたちやその家族と協働し、個人のウェルビーイングを高め社会的一体性を強化することができるだろうということだった。ニューレイバーの社会政策の根底にある極めて重要な前提は、現代社会において子どもたちは他に類をみないほどリスクにさらされているということ、子どもたちは既存のサービスと専門家に裏切られてきたということ、早期介入は子どもの将来の幸福の（そして社会の安定性の）鍵であるということであった。

そこで、政府の家族政策は、家族の崩壊とさまざまな家族構成員の多様なニーズをこう仮定した。「伝統的な家父長的核家族は、もはや統治の適切な道具とはみなせなくなった。子どもと親（父母の両方）の関心とアイデンティティは解き放たれバラバラになっていく一方となった」（Parton, 2006, p.5）。

今や子育てが公共の関心事となった。ニューレイバーの政策立案者にとって、親たちは「父親も母親も」、親としての責任を理解し果たすのを助ける専門職の支援を必要とし、子どもたちは安全と福祉を保障する専門職に頼るということになった。

優しい警察、怖い警察

親と幼い子どもを対象とした「シュアスタート（Sure Start：確かな出発）」プログラムは、ニューレイバーの最も重要な社会政策構想である。1960年代のアメリカでのリンドン・ジョンソン大統領の「偉大な社会」[ii]「貧困との闘い」政策の一部であった育児支援策（Head Start program）をモデルにしたシュアスタートは、1999年に最貧困地区における250の地域プログラムから始まり、

---

ii　ジョンソン大統領が65年に提唱した社会福祉政策。この計画によりアメリカに初めて公的医療保険制度であるメディケア／メディケイドが創設された。

以後全国に拡大した。シュアスタートは2004年にチルドレンズ・センター（Children's Centre）のネットワークの設立に統合され、最初は最貧地域で全年齢の子どもと親のために「途切れない包括的なサービスと情報」を提供し、その後急速に最貧地区の外側に広げられ、2010年までに全国に3,500か所設置することを目標にしている。チルドレンズ・センターでは、（保健の要素と教育およびソーシャルケアの要素を組み込み）「早期教育と子どものケア」を組み合わせたものを提供している。さらにそれと共に、「親向けの支援」として有給の仕事への就労支援と、子育てについて多少なりとも体系的な性格の助言を提供する。2006年の年間予算は18億ポンドとなり、シュアスタートプログラムは「子育てと幼少期への大規模な国家投資」となった（Frost and Parton, 2009, p.125）。

　シュアスタート・プログラムの内部では、ニューレイバーによる社会政策の行動計画のさまざまな側面間にいくつか緊張関係があったが、プログラムの範囲が拡大したときに緊張関係は解かれていった（Glass, 2005; Hodge, 2005）。一方では、「福祉から就労へ（welfare to work）」の政策で果たすべき役割がプログラムにはあった。つまり、手頃な料金で保育サービスを提供することなどによって、親、特に母親に、給付金に頼るのではなく労働市場への参加を促すという役割である。他方で、このプログラムは、幼少期の発達に早期介入し、公的に承認された子育てスタイルを奨励する機会を与えることとなった。また母親の雇用率が1994年から2004年まで「ほとんど変動しなかった」という事実は、給付金を支給する政策の影響力がその間ずっと大きかったことを示している（Lloyd, 2008）。

　子どもの保護の失敗ですでに手一杯になっていたソーシャルサービス実施当局にとって、シュアスタート・プログラムは、リスクのある子どもを対象にして予防戦略を追求する手段を提供した。子どもの発達をより広い視野で見ている当局にとって、普遍的なサービスは、スティグマがほとんどなく、より包括的なアプローチを提供するように見えた。

　実際に、シュアスタート・プログラム内部の緊張関係はプログラムが広域的に展開したことによって大いに解消された。一方では、子育ての公的な指導の人気は、チャンネル4の『スーパーナニー（Supernanny）』のようなテレビ番組や無数の一般向け書籍、インターネットサイトなどの成功によって広がった。それは、この領域での政府の政策は押しつけがましいとみなされず、むし

ろ歓迎される傾向が強かったことを意味していた（Bristow, 2009）。他方で、並行して行われた「反社会的行動」に対する政府のキャンペーンという文脈でのシュアスタートの成功は、明らかに権威主義的な子育て政策への道を開くものであった（Waiton, 2008）。

　例えば、反社会的行動に取り組むために考案された尊厳行動計画（Respect Action Plan）[iii]の枠組み内で2006年に始まった家庭介入プロジェクト（Family Intervention Project）は、対象となる家庭の子育てスキルを高めるために、いわゆる「自己主張する」「粘り強い（persistent）」子育て法を提案した（White et al., 2008）。これらのプロジェクトは、「アウトリーチ」チームか住区担当部署を通じて、洗濯や着替え、子どもに食べさせるといった親密な家族の営みに親と一緒に携わる支援ワーカーを組み込んでいる。タブロイド紙は「感化院」だと非難したが、こういったプログラムは、スコットランドのダンディー市のある先駆的プログラムに関する高級紙での特集記事で、「混沌家族（chaotic families）」に希望をもたらすと好意的に受けとめられた（Gentleman, 2009）。こうしたプロジェクトの開始から3年で、170のセンターのプログラムにおよそ2,600家族が自主的に参加するようになっていた。参加者は、反社会的行動を見せていても「まずは被害者として」対応された。ダンディー市の上級プロジェクトワーカーによれば、「多くの住民は、最初は刑務所みたいだと思い、当初はとても押しつけがましいと感じる」ようである（Gentleman, 2009, p.12）。

　2007年に政府は家庭看護パートナーシップ（Family Nurse Partnership）を発足させた。専門看護師が（地域のシュアスタートプログラム／チルドレンズ・センターと連携して）、妊娠早期の妊婦から子どもが2歳になるまでの「傷つきやすい、初めての子どもをもつ若い親」を訪問するプログラムである（Department for Children, Schools and Families (DCSF), 2007a; Cabinet Office, 2009）。このプログラムは、たちまちタブロイド紙で「胎児版反社会的行動禁止命令」と揶揄されたが、アメリカのコロラド州ですでに30年以上展開されている貧困根絶戦略である登録訪問看護師（Nurse-Family Partnership）プログラムに直接由来する。そのアイデアは、「家庭全体で親密に支え合う関係性を築くことを通じて」「より健康的なライフスタイルを身につけ、子育てス

---

iii　子ども・若者の教育条件および福祉向上を目指す総合的支援の政策
　　http://www.mext.go.jp/component/a_menu/education/detail/__icsFiles/afieldfile/
　　2011/07/29/1308856_5.pdf

キルを高め、自己充足感を高めるよう」看護師が母親を指導するというものである（Cabinet Office, 2009）。

　2007年7月に政権がトニー・ブレアからゴードン・ブラウンに移った後、政府は急進的な幼少期介入行動計画を敢行した。ブラウンは、長年の盟友エド・ボールズ率いる子ども・学校・家庭省（the Department for Children and Families）という新しい省を設立したことによって即座に政権の優先事項を知らしめた。12月にボールズは、新設された、各地域のChildren's Trustが実施する子どものための計画（Children's Plan）を開始し、教育とソーシャルケアを統合し、いくつかの地域保健サービス（地域によっては青少年犯罪担当チーム）を組み込んだ。

　「拡大学校（Extended schools）」は、ウェルビーイングの改善という「**どの子も大切**（Every child matters）の成果」を「生み出す」プログラムの重要な部分になっている（Teachernet, 2009）。拡大学校は年48週、午前8時から午後6時まで開いており、子どもたちに「多様な活動メニュー」を提供するだけでなく、「子育て支援」を行い、専門職によるサービスも利用できる。2008年にはおよそ2,500の拡大学校が運営されるようになっていた。Children's Trustは、「親を参加させ、すべての子どもの学びと健康と幸福に対するあらゆる障害物に対処できるよう」、子ども関連のサービスの調整において「新たなリーダーシップの役割」を与えられた（DCSF, 2007b, p.3）。この野心的なプログラムの重要テーマは、早期介入、多機関連携、サービス統合、情報の共有であった。

ポジティブ心理学

　子ども期へのニューレイバーによる介入の治療内容は、イギリスの学校とチルドレンズ・センターで展開するためにアメリカから輸入された「ポジティブ心理学」と各種の認知行動療法とを合成したものである。大きな影響を与えたのは、自助と動機づけに関する著書を多数執筆していることで有名な心理学者のマーティン・セリグマンである。『世界でひとつだけの幸せ—ポジティブ心理学が教えてくれる満ち足りた人生（*Authentic happiness: Using the new positive psychology to realize your potential for lasting fulfillment*）』（Seligman, 2004）や『つよい子を育てるこころのワクチン—メゲない、キレない、ウツにならないABC思考法（*The optimistic child: A proven program to safeguard chil-*

dren against depression and build lifelong resilience)』(Seligman, 1996) などの著書がある。セリグマンの「ペン・レジリエンス・プログラム (Penn Resilience Program)」はアメリカのペンシルバニア州で開発されたが、イギリスではニューレイバーの「幸福の第一人者 (happiness tsar)」Richard Layardが、自ら行っている「エモーショナル・リテラシー」育成活動の一環として促進されてきた (Layard, 2007)。このプログラムは「イギリス英語」に翻訳され（どうやら、少し難しかったようだが）、タインサイド、マンチェスター、ハートフォードシャーの学校に試験的に導入された (Challen et al., 2009)。

　影響力が大きなもう一つのアメリカモデルは、看護師であり臨床心理士でもあるキャロライン・ウェブスターーストラットンが彼女のシアトルの子育てクリニックで開発した「素晴らしい年間計画 (Incredible Years Program)」である。これは、ウェールズの子育てプログラムで広く実施されてきた (Hutchings et al., 2007; Bywater et al., 2009)。

　「ポジティブ心理学」の熱狂は、投機的金融資本主義が席捲していた1990年代のアメリカで広がった (Ehrenreich, 2009)。これは、19世紀のアメリカで厳格なカルヴァン主義に対する反発として初めて現れた「ポジティブ・シンキング」理論の復活を運命づけた。現代的な形態で、しばしば認知心理学の用語で正当化されたこの新しいイデオロギーは、カリスマ的で直感力のある大胆な企業経営者の行動を正当化すると共に、雇用主がリストラによって失業した数百万人の労働者の「絶望感に対処する」のを助けるように見えた。エーレンライヒが「呪術的思考 (magical thinking) の時代」として言及しているように、ニューエイジ神秘主義は「突飛ででたらめな疑似科学」と結びついて、アメリカの中流階級とその企業文化に深く浸透した。それは、旧式な宗教的厳格さではなく、「繁栄の福音」を伝道する新たな巨大教会にも大きな影響力を及ぼすようになった。「教会は企業のようになり、企業は教会のようになった」(Ehrenreich, 2009, p.144)。しかしながら、大西洋の両岸にいるエリートたちにとっての「ポジティブ心理学」の主な魅力は、伝統的なプロテスタント派の「中毒性のある特徴」である「厳しい審判主義」と「自省という不断の内面的作業へのこだわり」を温存するやり方である (Ehrenreich, 2009, p.89)。

　新しいアプローチは新しい専門職を必要とする。特に、ソーシャルワーカーがしばしば低い評価を受けるようになったことを考えると、なおさらである。Richard Layardは、「教育改革」の実現のために闘う「運動の標準的な担い手

である」専門的教員たちの「新しい集団」の必要性について明言している（La-yard, 2007）。特別に訓練を受けた「幼児期」向けの先生と「家庭支援ワーカー」という新しい集団が、シュアスタート改革の「はだしの医者（barefoot doctors）」[iv] として出現しつつある。集中的に家族に介入していく、より専門性の高い仕事では、看護師や助産師、巡回保健師が好まれる。シンクタンクであるDemosの子育て政策に関する報告書によると、巡回保健師は（ソーシャルワーカーとは違って）「信頼され、好感をもたれて」おり、「十分に活用されていない資源」である（Lexmond and Reeves, 2009, p.63）。しかしながら、この報告書の著者は、巡回保健師たちは「子育てスタイルに関するさらなる訓練」と「意欲を引き出すような面接法」が必要になると強調している。

押しつけがましい権威主義者

　ニューレイバーの治療的介入における権威主義は、登録訪問看護師（Nurse-Family Partnerships）や家族介入プログラム（Family Intervention programmes）のような、より強制的なプログラムで最も明白である。政府の政策の管理主義的特徴は、「強制カウンセラー」として特徴づけられてきた職種が広い範囲に配置されていることでも明らかである。それは、従来のソーシャルワークの文脈においても、（もっと広くは）ニューレイバー政権下で新設された社会的排除防止局（Social Exclusion Unit）やコネクションズ（Connexions）、その他の諸機関に現れている（Jordan, 2000）。しかしながら、シュアスタートとチルドレンズ・センターにはニューレイバーの新自由主義的社会政策に対するラディカルな批評家からの厳しい批判を免かれる傾向があるとはいえ、子どもを対象としたソーシャルケア・プログラムの主流には権威主義的な特質が潜んでいる。介入の範囲は、介入が「必要な」子どもや「リスクにさらされている」子どもから、子ども一般へと拡大しており、専門的支援の対象となった子どもの年齢層はどんどん下がっている。子どもたちは今や発達のあらゆる側面で専門的支援を受けることができる。家庭と学校の間のあらゆる空間をカバーする「おくるみ」のような諸施設で、幼少期から高等教育までの人生のすべて

---

iv　正規の医師資格はもたないが、医学や救急治療の基礎的知識や技術を身につけて治療活動に携わった人のこと。ここではこれに似た存在として比喩的に表現されている。

の段階で専門的な支援を受けることができる。親もまた、子育て責任を果たす際に専門的支援を提案される。こうして誰もが監視と観察のもとに置かれる。

ニューレイバーの子どもたちに対する介入主義的アプローチの危険性は、家族関係がバラバラになっていることを前提としているために、食い止めようとしている家族解体の過程を悪化させるおそれがあることである。家族に対する第三者による介入は、善意の支援であっても、親の権威をさらに貶めて、子どもを専門職による仲介に一層依存させてしまいがちである。観察範囲の拡大は、不信感を強め、若者世代の社会化に関連した大人同士の連帯を弱める。

公権力による一般市民の「生活世界の植民地化」であるとユルゲン・ハーバーマスが述べたプロセスは、公共圏の解体とインフォーマルな諸関係の弱体化によって可能になった（Habermas, 1987）。ハーバーマスが警告した「日常生活の法化」[v]はニューレイバーの積極的福祉政策によって一段と進展したが、それは「生活の中にある人間関係の崩壊」と国家サービスへの依存の固定化を引き起こすおそれがある（Habermas, 1987, p.364, p.369）。

ここで、私たちはラディカル・ソーシャルワークの遺産に目を向けることができる。1970年代のラディカル・ソーシャルワーク運動は、ソーシャルワークの実践形式として普及している「ケースワーク」（これもアメリカからの輸入品）にフロイト心理学の理論とテクニックが組み込まれると、抑圧的な結果を招くことを鋭敏に察知していた（Epstein, 1994）。このラディカルな運動は、ケースワークという手法が社会問題を個人の問題として定義し直し、精神分析の専門用語を展開することを通してソーシャルワークのクライエントを病的なものとみなすやり方に対して批判的であった。ラディカル・ソーシャルワーク関連文献の著者たちは、今では広く受け入れられるようになってきている心理学的分析の初期のバージョンを明確に糾弾していた。そして、伝統的な「ケー

---

v 伊藤周平（1992）は「法化」概念の意義について次のように述べている。「福祉国家がその目的を実現するために依拠する法的規制は、法自体が中立的な媒介ではなく、むしろ、法律要件の個別化、規範化、監視といった機構と結合することによって、ハーバーマスの指摘するような生活世界における物象化現象を生み出していると考えられるからである。その意味で、法的規制による社会的領域への統制が、多くの問題点をはらんでいることを再認識させ、福祉国家の法的規制の方向を手続的規制に見出そうとする法化の議論は、新保守主義的な福祉国家の解体論ではなく、より抑圧的でない福祉国家の再編の可能性の模索という点で大きな意義を有すると思われる」（「福祉国家における「法化」の社会学」『年報社会学論集』第5号 p.46、関東社会学会）。

スワーク」の「疑似科学」と性格づけ、「特に心理学の影響は、構造や政治が
密接に関与して生じた損失に対して、病理学的・臨床的な適応を過度に強調す
ることになった」と糾弾した（Bailey and Brake, 1975, p.145）。

　実は、ソーシャルワークにおける人間性とラディカリズムの復権を探求して
いくと、ソーシャルワークの最も鋭い批評家のひとりである社会学者で社会評
論家のBarbara Woottonにまで遡ることができる。1959年の著述でWoottonは、
BaileyとBrakeに先んじて、「問題の根本はやはり、経済的困難を個人的な失敗
や不品行と混同する習慣に帰することができるようだ」と指摘していた（Woot-
ton, 1959, p.291）。

　「専門用語は超近代的であるが、考え方はいろいろな旧来のモデルの名残を
思わせる」というWoottonの所感は、そのままニューレイバーの政策の多く（特
に「剥奪サイクル」理論のリバイバル）にあてはめられよう。

　家庭訪問をしながら各家庭の飲酒をこっそり記録するようソーシャルワー
カーに促すボランティア団体アルコール・コンサーン（Alcohol Concern）による
2009年の提起は、ほとんど何の反発も呼び起こさなかった（Fitzpatrick, 2009）。
しかしながら、半世紀以上前に、Woottonは、「自分達の業務と無関係なこと
を詮索するために、他人の貧困や病気、失業やホームレス状態を利用すること
を勧めるような実践から生じる倫理的問題を平然と黙殺する」ソーシャルワー
カーについて懸念を表明していた（Wootton, 1959, p.279）。Woottonにとって、
個人の私的な事柄に対する専門的な介入は、個人の自由を侵すものとして映っ
た。Woottonに続くラディカルな伝統にとって、それは集団的抵抗のいかなる
考え方からみても有害なものであると理解された。今日、ラディカルな伝統を
甦らせる第一歩には、現在の治療的な社会政策において「サポート」「メンタ
リング」「ガイダンス」「カウンセリング」といった多様な装いのもとに呈示さ
れている個人の自律への侵害に対して挑戦していくことを含めなければならな
い。

現代のラディカル・ソーシャルワーク

　資本主義経済の景気後退が再出現し、大量失業、ホームレスその他の経済危
機による社会的諸現象が戻ってきたことで、ラディカル・ソーシャルワークを
新しく2000年代に蘇らせることができるかどうかが問われることになった。

現在のソーシャルワークの実践において進歩的なビジョンが失われていることを認識して、ラディカルなモデルに沿ってソーシャルワークを「再政治化させる」べきだと訴えている人たちも出てきている（Ferguson, 2008a; Ferguson and Lavalette, 2009; Ferguson and Woodward, 2009）。この論者たちは、給付金請求者、居住権運動の活動家、労働組合その他の人々や組織の協力を求めた過去の運動の試みを思い起こして、現代の「サービス利用者」の諸運動（主に精神保健や障害分野の運動）と、より広域的なグローバリゼーションや戦争や世界の貧困に対する反対運動などの「反資本主義」活動とつながっていくことを提唱している。

　他方、ニューレイバーによって推進された特定の治療的統治様式にソーシャルワークが動員された結果「人と人との相互関係をミクロレベルで管理」することになったと指摘して、「ソーシャルワークから政治は手を引き、政治から治療は手を引く」ことが必要だと主張する人たちもいる（McLaughlin, 2008）。このアプローチは、過去10年間ソーシャルワークがニューレイバーによって政治化されてきたやり方に異議を唱える必要性を認識するところから始まる（「エンパワーメント」や「反差別」といったラディカルな運動の概念のいくつかを歪んだ形で組み込むことを通じて政治化されている部分もある）（Langan, 2002）。ニューレイバーの社会政策では何でも病的なものとみなす心理学的な動因が支配的だということを認識すると、私たちが前進できる多様な道が見えてくる。

　最初の、そして最も明白な前進すべき道は、社会政策におけるさまざまな心理学理論とその展開に対して異議申し立てを開始していくことにある。ポジティブ心理学の諸理論と新興の治療起業家たちのいろいろな実践が現代の社会政策（と教育政策）に広範囲にわたる影響を及ぼしているにもかかわらず、そのことへの批判的な注目がなされていないというのは驚くべきことである。そういった各種の理論—Barbara Wootton がその特徴を旧世代の「嘆かわしい傲慢さ」と特徴づけたものであるが—を明るみに出すことは、ソーシャルワークのクライエントの自律性とソーシャルワーカーの専門職としての自律性とを守るための強固な基盤をもたらすことにつながるであろう。家族の関係と専門職の関係との両方を蝕むさまざまな形態の国家介入を前にして、クライエントとワーカーとが連帯する基盤を準備することにもなるであろう。

　ソーシャルワーカーの専門職としての地位の向上については、メンタリング

やコーチング、リーダーシップといったアメリカ企業（金融業界が抱える現下の危機にそういう諸理論が寄与してきたように思われる）から由来したいかさまの特効薬によるソーシャルワーク研修の植民地化という、同時並行プロセスに対して何らかの抵抗を開始することが重要である。ソーシャルワーカーとクライエントとの関係をより緊密にするという点では、単に不信感を強めるだけでなく、リスクを減らすことを目的としたIT監視システムの導入に対する共同の取り組みが、今後の方向を指し示している。

　ラディカル・ソーシャルワークの可能性はまだあるだろうか？　個人の自由と人権の原則を守るということにソーシャルワークの人道的なルーツを再び見出すことができるならば、ラディカル・ソーシャルワークの可能性はある、と言えるだろう。

第10章

スラム地域の再開発（Re-gilding the ghetto）
——21世紀イギリスのコミュニティワークと
コミュニティ・ディベロップメント

サラ・バンクス

はじめに

　コミュニティワークの理論と実践には、ソーシャルワークと同様に、あるいはそれ以上に、専門用語やアイデンティティ、イデオロギーなどをめぐる論争がつきまとっている。「コミュニティ」（名詞）は多くの場合、意味のないものとして片づけられてきたが、それでも「ソーシャルワーク」の用語の中にある「ソーシャル」（形容詞）よりもずっと中身がある言葉である。「コミュニティ」は（温かさや思いやりを連想する）肯定的評価を含んだ意味にとられる傾向があるが、記述的な意味も多く（Plant, 1974）、排他的で階層的で同質的で保守的な集団の記述にも、包摂的で平等主義的で不均一で挑戦しがいのある集団を記述する際にも使われることがある。Purdueらが示唆するように、「コミュニティ」という概念は元来いろいろな意味に解釈されるので、関心の異なる人々が「複数の意味をもつ言葉を自分にとって都合のいいように操作する」ことを許してしまう（2000, p.2）。

　不利益を被り抑圧を受けた経験をしているという共通点のあるいろいろなグループが集団行動を起こすのをコミュニティワーカーが支援する傾向があるところでは、社会変革の行動計画と結びついたラディカルな言葉遣いをたやすく採用することができる。それにもかかわらず、政府やサービス提供機関が「コミュニティ・エンパワーメント」や「社会正義」といったラディカルな響きをもつ話法を使用するので、コミュニティワーカーは自分たちがその話法を吸収することにおいて、いかに不安定であるかということもよく認識している。

　コミュニティワーカーたちは、国の予算による活動としてのコミュニティ

ワークが主流化すること、専門的職業化への動き、さらに、コミュニティワークは専門職か、職業なのか、社会運動なのか、あるいはスキルのセットとみなすべきなのか等について、相反する思いを強く抱いてきたし、いまもそう感じている者がいる。このような混乱に加えて、実践の範囲を示す総称としての「コミュニティワーク」は、イギリスでは「コミュニティ・ディベロップメントワーク」あるいは「コミュニティ・ディベロップメント」といった（従来は、いくつかあるコミュニティワークの手法の一つにすぎないとみなされていた）用語にとって代わられつつある。

　本章ではまず、「コミュニティワーク」の本質を探り、「コミュニティ・ディベロップメント」をいくつかあるコミュニティワークの手法の一つとみなす分析の概要を示す。Mayoが執筆した章（1975）を参照しながら、介入としてのコミュニティ・ディベロップメントがラディカルな可能性を制限してきたというMayoの結論について考えていく。この結論は、35年経った今でも当時と同様に通用すると言える。なぜなら、よりラディカルな性格が強い「コミュニティアクション」アプローチはコミュニティワークには用いられなくなっており、コミュニティ・ディベロップメントが市民参加の促進や地域再生に関連する政策と実践で主流になっているからである。とはいえ、ラディカル・コミュニティワークの伝統が生き続けている政治的変革をめざす地域を基盤にした（コミュニティオーガナイジングや批判的教育学に基づく）活動事例をいくつか紹介する。

　本章の焦点は、コミュニティワークがソーシャルワークから分かれて発展してきたイギリスにおける職業および一連の実践としてのコミュニティワークにあてられる。1960年代、1970年代には（グループワークやケースワークと並んで）第三のソーシャルワークの方法とみなされ、初期の社会サービス部門にはコミュニティ・ディベロップメント担当官や地区担当ワーカーがいたが、1980年代以後、コミュニティワークはソーシャルワークの教育と実践から外されるようになった（Stepney and Popple, 2008）。本章の考察は、ソーシャルワークの枠組みの外にある、それ自体で一つの職業としてのコミュニティワークに焦点を当てる（コミュニティを基盤としたラディカル・ソーシャルワークの可能性に関する考察については、Mark Baldwinの第11章を参照されたい）。

コミュニティワークとコミュニティ・ディベロップメント

　この章にはコミュニティワークとコミュニティ・ディベロップメントへの言及を含んだ題がついている。それは、『ラディカル・ソーシャルワーク（*Radical social work*）』でMayo (1975) が担当した章「コミュニティ・ディベロップメント─ラディカルな代案か？」の主題であった。本書でこのような章題をつけたのは考察範囲を拡張するための意図的な手立てである。これは、Mayoによるコミュニティ・ディベロップメントへの焦点づけが、「コミュニティワークの最も魅惑的な形態」の批判的分析を主題とするための意識的な選択であったのと同様である。

　本章では「コミュニティワーク」という用語を広義に用いている。それは近隣住民やアイデンティティを有した利益集団と共に社会変革を志向する多種多様なタイプの仕事の範囲を含んでいる。このような包括的な意味での「コミュニティワーク」という用語は、表10.1に示したように、地域を基盤とした計画立案やサービス供給から、表の真ん中に示したようなコミュニティ・ディベロップメントを伴った（自助と市民参加を焦点とする）コミュニティ・アクションや運動までの範囲の実践的アプローチを射程に含む。

表10.1　コミュニティワークの諸手法

	コミュニティ・サービスとコミュニティ計画	コミュニティ・ディベロップメント	コミュニティ・アクション／地域組織化
目的	コミュニティ志向の政策、サービス、組織の開発	コミュニティの自助と市民参加の推進	コミュニティの利益とコミュニティ政策を求める組織的運動
参加者	パートナーとしての組織とサービス利用者・住民	自らのニーズを明確化し満たそうとする住民と集団成員	力を得るために組織をつくる、構造的に抑圧された諸集団
方法	住民・サービス利用者の関与と活動主体間の連携とパートナーシップを最大にする	創造的で協同的な過程	具体的な諸課題における組織化の戦術
主な役割	組織者、計画立案者	救済者、教育者	活動家、指導者
考えられるイデオロギー的根拠	進歩的改革主義、または保守主義合意形成	参加型民主主義、自由主義的民主主義、共同体主義、または保守主義、合意形成	マルクス主義、反抑圧主義、または他の社会問題の構造理論、闘争理論

　この表は、1970年代、1980年代、1990年代に著された重要文献から引き出され展開されたコミュニティワークの主なカテゴリーのいくつかを要約し簡略化したものである（Gulbenkian Study Group, 1968; Gulbenkian Foundation, 1973; Thomas, 1983; Banks and Noonan, 1990; Popple, 1995）。表の形で示してはいるが、これらの手法のあいだの境界線は絶対に動かせないというわけではない。実際に、Thomasが指摘するように（1983, p.107）、実践家たちは自分の仕事を必ずしもこんなふうに考えているわけではない。しかしながら、このように何らかの分類をすることは、「コミュニティワーク」という用語で包括されているものを、機能や方法、（暗黙の）イデオロギーといった広い範囲で区別する有益な分析ツールになる。

　図10.1では、手法の境界線が固定的なものではないということを示すために、それぞれの手法を重なり合う円として示している。

図10.1　コミュニティワークの諸手法の重なり合い

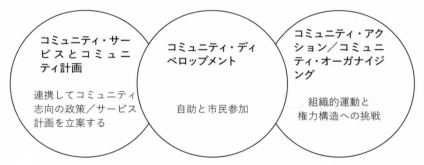

　このモデルでは、コミュニティ・ディベロップメントはコミュニティワークの真ん中にある。コミュニティ・ディベロップメントは、職業としてのコミュニティワークの中でも優勢な手法であることはほぼ間違いない。コミュニティ・ディベロップメントとして表10.1において識別した活動と実践は、コミュニティワーカーの多くが1970年代、1980年代、1990年代に行ったことの焦点であり、21世紀の最初の10年間におこなってきたことの中心的なこととなっている。コミュニティ・ディベロップメントは、大半のコミュニティワーカーが心地よく感じる手法であることはほぼ間違いない。Mayo（1975）が『ラディカル・ソーシャルワーク（*Radical social work*）』における担当章で述べているように、これ［コミュニティ・ディベロップメント］は「さまざまな支援

専門職で従来からおこなわれている、もっと露骨に階級性が強く温情主義的な手法の代替策を探し求めている専門職たちにとって魅力的」である。コミュニティ・ディベロップメントは雇用主や資金提供者にとって受け入れやすい類いの仕事でもあり、コミュニティ・サービス／コミュニティ計画の中にそれが結合しているのであれば、中央政府・地方行政府やその他の機関のサービス供給と市民参加の目標とをかなえることができる。

　このことは、21世紀初めの10年間のうちに、「コミュニティ・ディベロップメント」あるいは「コミュニティ・ディベロップメントワーク」という用語が、イギリスにおける地域社会の変革を志向する仕事を包含する総称として「コミュニティワーク」という用語よりも頻繁に使われ始めている理由を部分的に説明できるであろう。このことは、全国職業基準 (National Occupational Standards) で使われている職務の名称の変化に最も明瞭に現れている。1995年には「コミュニティワーク」という用語が用いられ、2002年には「コミュニティ・ディベロップメントワーク」、そして、2009年には「コミュニティ・ディベロップメント」が用いられた (Federation of Community Work Training Groups and Mainframe Research and Consultancy Services, 1995; Paulo, 2002; Lifelong Learning UK, 2009)。このような基準の作成に最も意欲的に取り組んでいるネットワークも、組織名をコミュニティワーク訓練団体連盟 (Federation of Community Work Training Groups) からコミュニティ・ディベロップメント学習連盟 (Federation for Community Development Learning) に変更した。1968年設立のコミュニティワーカー協会 (The Association of Community Workers) は、2000年の半ばに解散し、会員はコミュニティ・ディベロップメント協同組合 (Community Development Exchange) に切り替えを行った。この協会は、コミュニティ・ディベロップメントに関する常設会議として1991年に内務省の資金提供を受けて正式に設立された会員組織で、個人会員と団体会員によって構成されている。

　この用語変更は何を論拠としているのか、それはイデオロギーや理論と実践の変化を反映しているのか、それとも単に意味論的なものなのか。「コミュニティワーク」から「コミュニティ・ディベロップメント」への変化は、動機と傾向の複雑な組み合わせを反映しており、その中には以下のように矛盾するものもある。

・その分野における一定の中心的役割を担っている人たちの、専門的職業として仕事への信頼と承認を得たいという願望。コミュニティ・ディベロップメントの概念と実践は、何もかも含んでいてかなり拡散しているコミュニティワークの概念よりも、専門家が手がけており、主流だとみなされるかもしれない。

・この職業のアイデンティティの不確かさ、あるいはそもそもこれは職業なのかどうかという不確かさ。それと同時に、コミュニティワーク自体を職業として認知してほしいという願望。最新の全国職業基準は、認知されている職業について記載しているように表向きは見えるのだが、実は、コミュニティの開発プロセスと職業としてのコミュニティ・ディベロップメントとを一緒にしている。また、「コミュニティ・ディベロップメントの手法」を用いる他の職業に属する者もコミュニティ・ディベロップメントの実践者として包含している。こうして「コミュニティ・ディベロップメント」という用語が意味する範囲を拡張している。

　「コミュニティ・ディベロップメント」という用語は、プロセスも実践も広範囲の職業や実践者も含んでいる上に、以前は「コミュニティワーク」という用語がカバーしていた領域をも包含する包括的な意味で使用されている。少なくとも理論的には図10.1の真ん中の円は広くなっているが、コミュニティワーカーの活動の焦点は狭くなっている。「コミュニティ・ディベロップメント」の概念は拡張しており、その目的や価値の説明は構造的不平等関連の用語で組み立てられているが、コミュニティワーカーの実践は、コミュニティ・アクション／コミュニティ・オーガナイジングを離れ、コミュニティ・サービス／コミュニティ計画のほうにますます向かっている。

　しかしながら、この分析を詳細に根拠づけ解説を試みる前に、1975年に書かれたMayoの章で彼女が書いたコミュニティ・ディベロップメントの公正で厳密な批判的分析に立ち戻ってみることにしよう。

歴史的視野

　『ラディカル・ソーシャルワーク（*Radical social work*）』における担当章でMarjorie Mayoは、コミュニティ・ディベロップメントは、ケースワークに代わるラディカルな代替案なのかという問いについて検討を行っている。驚くこ

とではないが、答えは概ね否定的であり、その結論の一つはこうであった。

　　もしラディカルな社会変革が主要な目的であるのなら、コミュニティ・ディ
　　ベロップメントは格別好ましい出発点ではない。多様なケースワークを含む
　　ソーシャルワークよりも自動的に有利になるというわけでもない。実際には、
　　時としてもっと抑圧的でありうるし、実際にそうだったこともある（Mayo,
　　1975, p.142）。

　Mayo は次の段落でこの意見を修正し、コミュニティ（開発）ワークにはラ
ディカルな可能性がある（小規模な組織的地域運動は、地域力を高め、もっと
広域的な労働運動と連携することができる）とするが、Mayo の指摘の要点は、
コミュニティ・ディベロップメントはもともとはラディカルな性格のものでは
ないということである。このことが真実であることは2010年も1975年と変わ
らない。実は、コミュニティワークのいくつかの分析（表10.1参照）に従うと、
定義からしてこのことはほとんど真実である。なぜなら「コミュニティ・ディ
ベロップメント」とは、本質的に改良主義的な合意に委ねる際に使われる用語
であり、近隣住民および共通する利害関心やアイデンティティをもった市民グ
ループの市民生活における自助と参加の促進に焦点を絞ったコミュニティワー
クに基づく手法を指す用語だからである。表10.1 に示したように、コミュニ
ティ・ディベロップメントはしばしば、コミュニティ・アクションやコミュニ
ティ・オーガナイジングと区別される。後者の二つは、抑圧の共通体験をもつ
人々と、既存の権力構造に挑戦する人々との間に同盟と連合の関係を築くこと
を目的とした、より闘争志向が強く組織運動的な色合いが濃い手法である。
　Mayo は、「コミュニティ・ディベロップメント」という用語の歴史とそれ
に関連する実践をイギリス植民地省（British Colonial Office）まで遡ってい
る。同省は、独立を見越して自助と地元の参加を促そうと、1940年代、1950
年代に教育プログラムを植民地諸国に導入した。同様の手法は、アメリカでも、
黒人マイノリティを「開発」する試みと1960年代の貧困との戦いの時期に推
進された。この用語は、イギリスで初の地域を基盤とした反貧困プログラムに
つけられた名称でもあり、この「コミュニティ・ディベロップメント・プロジェ
クト（CDP）」は、中央政府と地方政府、地域サービス、地域住民の取り組み
などを統合することによって地元地域を改善していくという考え方のもとで、

内務省によって1969年に12地域で開始された。Mayoはコミュニティ・ディベロップメントについて、以下のように述べている（1975, p.137）。

　　多様な経済・社会・政治問題を解決しようとする比較的安上がりでたいていはイデオロギー的な試みとして、コミュニティ・ディベロップメントはこれまでのところ、第三世界のみならず自国の人種的マイノリティや先住民の貧困に対して国内外で活用する政府やボランティア活動機関にとって明らかに魅力的であった。

　CDPとその影響は、第二のラディカル・ソーシャルワークの論文選集［*Radical Social work and Practice*］でMayoが担当した章のテーマである（Mayo, 1980）。この第二選集の章は、1970年代中頃と不況と公共支出の削減の時代にコミュニティ・ディベロップメント・プロジェクトが早期に打ち切られた後で書かれたにもかかわらず、いくつかの点で楽観的である。CDPが中止された理由は、コミュニティワーカーの多くが、地域住民と共にキャンペーンや抗議、家賃不払い運動などのコミュニティ活動に参加するようになって、出資者である地元の当局と対立する関係になったからである。また、多くのアクション・リサーチ研究者たち（Mayoもそのひとり）が、失業・貧困・不平等を生み出す構造的原因とそうした主要な社会的・経済的問題に地域レベルでバラバラに取り組もうとする無謀さを概説する報告書に寄稿していた（CDP Inter-Project Editorial Team, 1977; Benwell Community Project, 1978; Corkey and Craig, 1978; North Tyneside CDP, 1978; CDP Political Economy Collective, 1979; Loney, 1983）。しかしながら、Mayoは、いくばくかの進歩的な力が、1970年代中期・後期におこなわれた最初の公共支出削減の期間をなんとか生き延び、ワーカーとコミュニティ活動家が戦略のために限られた余地を活かす経験を積み、コミュニティ組織と労働運動との広範な提携をCDPの遺産の一つとみなされるようにしたと主張している（1980, p.194）。CDPはコミュニティ・ディベロップメントモデル（自助と参加）の内部で設計されたプログラムの一例であり、これがコミュニティ・アクション（闘争とキャンペーン）に移行した。
　その後1979年に選出された保守政権によって推進された新自由主義的政策期には、この（コミュニティ・ディベロップメントのもつ）進歩的な潜在力の発揮が困難であったのはほぼ間違いない。公共支出はさらに削減され、福祉国

家への攻撃は増すばかりであった。さらにその後執筆した章でMayoが論評しているとおり（Mayo and Robertson, 2003, p.27）、以後、保守党政権が導入した地域に根ざしたプログラム（1981年の都市開発法人Urban Development Corporations、企業誘致地域など）では、「地域住民参加というパンドラの箱を開けることには関心が薄く」、経済開発や民間セクターの関与が強く強調された。貧困の集中という問題は特に都心部には残っており、新たな地域に根ざしたプログラム（1991年のCity Challenge、1994年の単独再生予算Single Regeneration Budgetなど）が導入された。そこでは社会的・経済的問題には一体的な対応が必要であり、これらのプロジェクトのいくつかの計画立案と実行に地域住民が関与することは「解決」の一部であると認識された。コミュニティ・ディベロップメントワーカーたちはこうしたプログラムで働くために雇用され、特に単独再生予算（Single Regeneration Budget）プログラムの後期には、「地域力の形成」において役割を担った。それは、住民がパートナーシップ委員会に参加しプロジェクトを運営できるように準備させることであった（Banks and Shenton, 2001）。

　それにもかかわらず、1980年代において、地方行政とボランタリーな組織による包括的な近隣地域を基盤としたコミュニティ・ディベロップメントワーカーの雇用は減少し、より専門的な職種の求人が（例えば、地域企業やコミュニティケア、地域保健において）増大し始めた。これは、自助、コミュニティでのケア、ボランティア活動、ビジネスの開発等の推進と極めて強く結びついていた（Francis et al., 1984; Glen and Pearse, 1993）。1980年代には、コミュニティワーカーの間で（その他のソーシャルワーカーと同様に）、特に反人種差別や反性差別のワークにおいて強調された、アイデンティティを共有するコミュニティの重要性についての認識の高まりもあった（Dixon et al., 1982; Dominelli, 1990; Ohri et al., 1982）。

　この特徴は、三番目のイギリスのラディカル・ソーシャルワークの論集のIan Smith（1989）が執筆した章に表現されている。Smithは、1980年代半ばに国立のコミュニティワーク研究所を設立する試みを阻止することに成功した草の根コミュニティワーカー側の活動についても説明をおこなっている。この研究所の設立は、より明確なアイデンティティ、より強力な発言力、認証された訓練と資格等を与えることを目的としたコミュニティワークの専門職化をめざした動きであったと思われる。1986年に協議が行われれた後に、コミュニ

216

ティ・ディベロップメント常設会議（Standing Conference on Community Development）がこの研究所の代わりに創設され、地方のワーカーや活動家のグループと全国的な団体の席が用意された。これは、当時、専門職化とみなされていたことに対するコミュニティワーカー側の長年にわたる抵抗の一例である。このような抵抗の立場は、ソーシャルワークやユースワーク分野に比べてはるかに長く維持された。

　Smith（1989, p.276）は、1980年代にあった論争を次のように特徴づけている。それは、コミュニティワークが専門的職業として確立されるのを見届けることを望んだ人たちと、コミュニティワークを「地元のコミュニティグループが自らの目標を達成できるようにすることを目的としたコアスキル」だと考える人たちとの間の論争であったと述べている。「専門職」と「専門職化」という用語は大雑把に使用されており、専門職（化）を支持する人たちにとっては肯定的な含意（コミュニティワークは不利な立場に置かれているグループと協働することと認識する立場であるというもの）があり、専門職（化）に反対する人たちにとっては否定的な含意（主流に組み込まれて自立性と批判的姿勢を失うというもの）があった。

　皮肉なことに、専門職化に抵抗してきたにもかかわらず、コミュニティワーク研修グループ連盟（the Federation of Community Work Training Group）（1982年に設立されたコミュニティワーカーの地域的なグループの全国連盟で、コミュニティ活動家やコミュニティワーカーの教育訓練を提供してきた）は、1980年代終わり頃には、コミュニティワークスキルの訓練生に認証を与えることや、経験豊富な活動家のために資格を与える代替ルートの設立を考えるようになった（Banks, 1990）。このことが、コミュニティワークの全国職業資格（National Vocational Qualification：職業技能レベルの国家認定制度）の開発へのこの連盟の積極的な早期参加につながった。この動きはその他多くの職業グループの抵抗に遭った。政府と雇用者による統制強化を伴う、複雑な実務の簡略化につながる、教育を犠牲にした訓練に焦点が当てられている、理論を脇に追いやることになるなどと批判された（Jones, 1989, pp.212-215）。しかしながら、連盟はこれを、コミュニティワーク資格そのものを認めさせるチャンスであると捉えた。このときまでソーシャルワークとの結びつきは弱く、重要なコミュニティワークに人材を提供するソーシャルワーク向けの専門的職業資格プログラムはほとんどなかった。ユースワーク・コミュニティワーク教育

研修中央協議会（the Central Council for Education and Training in Youth and Community Work）は、経験の認証評価によるコミュニティワークの資格取得経路を承認していたが、これには資源が配分されず、ほとんど利用されなかった。1990年代半ばにはユースワークのほうが断然多くなっており、全国若者機関（the National Youth Agency）がユースワーク・コミュニティワーク資格の専門的職業認定機能を引き継ぎ、コミュニティワークは片隅に追いやられた状態であった。

コミュニティ・ディベロップメントの主流化

　全国職業基準（the national occupational standards）の実施と共に（Federation of Community Work Training Groups and Mainframe Research and Consultancy Services, 1995）、1997年にイギリスでニューレイバーが政権に就いて中央政府が社会正義、多様性の受容、地域再生という課題に一層焦点づけた政策とプログラムの展開し始めたときには、コミュニティワークにはその情勢の変化を利用できる準備ができていた。枚挙にいとまがないが、積極的社会参加、コミュニティ力の形成、コミュニティ計画、コミュニティ・リーダーシップ、コミュニティ参加、コミュニティ・エンパワーメントなどを推進するためにありとあらゆる政策領域でイニシアティブが発揮された（Department of the Environment, Transport and the Regions, 1998; Social Exclusion Unit, 2001a; Home Office, 2004a, 2004b; Communities and Local Government, 2008）。全国のコミュニティ・ディベロップメント組織で活動する人々が、コミュニティワーク（特にコミュニティ・ディベロップメントワーク）の認知度の向上に熱心に取り組み始めた。そしてコミュニティと協力して従来排除されてきた人々の声を形にし、民主的な地域再生に貢献するために活動するコミュニティワークの有効性を示そうとした。

　2006年にコミュニティ・ディベロップメントワークの推進に関わるいくつかの全国的な機関が、コミュニティ・ディベロップメント財団（the Community Development Foundation）の支援のもとで作業部会をつくり、コミュニティ・地方自治省のために［『コミュニティ・ディベロップメントの挑戦（*The community development challenge*）』］という報告書を作成した（Communities and Local Gavernment, 2007）。この報告書（p.11）は、「不平等への取り組み

と社会正義をめざす闘いに（ニューレイバーが）焦点を当てていることはコミュニティ・ディベロップメントの中心的価値や理念とうまく合致しており、コミュニティ・ディベロップメントが専門職として政府の考えと大いに調和していることが、期せずして判明した」と述べている。

　同報告書（p.13）は、「全国職業基準によって定義されているコミュニティ・ディベロップメント（CD）という専門職がある、その理論と経験の本体は一世紀前の最良の部分に遡る」という指摘を行っている。

　これらの引用部分がいずれも「専門職（profession）」という用語を使っていることは注目に値する。「職業（occupation）」という用語が主に使われてはいるが、「専門職（profession）」がこの文書の一、二か所に入り込んでいるのは、この報告書によって、何としても専門職の地位を獲得し認知を得ようという姿勢を表明していることを示唆している。

　この『コミュニティ・ディベロップメントの挑戦（*The community development challenge*）』という報告書の中に、「コミュニティワーク」から「コミュニティ・ディベロップメント」に移動したことの根拠に関する、前掲の問いに対する答えを詳細に論じるのに役立つ手がかりを見つけられるかもしれない。Mayo（1975）が詳述したところによれば、コミュニティ・ディベロップメントの直接の起源は、旧イギリス植民地が独立をめざす動きを封じ込め管理しようとする願望そのものにあった。それは、地元住民に統制権を与え、統治とサービス提供のための持続可能な地域システムを開発する管理の方法であった。

　同様に、イギリス・コミュニティ・ディベロップメント・プロジェクト（the British Community Development Project）は、新しい住宅建設計画、サービス、コミュニティ・プロジェクトにある程度の地元参加ができるようにすることで、貧困に取り組み、不平等から注意を逸らす比較的安上がりな方法となることを意図していた。これは、CDP報告書の一つ（CDP Inter-Project Editorial Team, 1977）の書名に使われた示唆に富む表現でいう「スラム地域の再開発（gilding the ghetto）」の手段であった。その報告書の裏表紙によれば、そのタイトルは、1969年の貧困対策会議の議事録に収録されているとおり、内務省児童局の主任検査官であるクーパー女史の次の発言に由来する。「そこには、何らかの価値というよりも反価値とも呼べる新たな社会統制の方法を探すという要素があった。『スラムの再開発（Gilting the ghetto）』もしくは［市民参加で］時間を稼ぐことは、明らかにCDPとモデル都市による計画の構成要素であった」。

とはいえ、コミュニティ・ディベロップメントは、Mayo（1975）の言うように本来はラディカルなものではないものの、ラディカルな可能性をもっている。市民が集団行動に加わり、意思決定に参加するプロセスは諸刃の剣である。このプロセスは人々の政治意識を目覚めさせ、抗議や対立や不安や心配を誘発すると同時に、地域に根ざしたサービスや合意による協働作業の発展にも寄与する。コミュニティ・ディベロップメントワークが対立を引き起こす可能性は、報告書『コミュニティ・ディベロップメントの挑戦（*The Community development challenge*）』中の「緊張関係の管理」という見出しのついている部分で認められている。しかしながら、それは主たる望ましい結果として強調されているわけではなく、信頼できるコミュニティに開発していく途上で対処しなければならない副作用として取り上げられている。

　　不利な立場に置かれたコミュニティは、自信を得て権利を主張し始めると、自分たちが相手にしなければならないあらゆる諸機関（authorities）に対する不満をますますはっきりと言明する段階をしばしば通過していく。成熟したコミュニティ・ディベロップメントの理論と実践においては、無力化された状態から非難と抗議を経て、自信、責任感、交渉、パートナーシップに至る、よく知られた道筋がある。しかしながら、その過程をたどるには、一方ではコミュニティ・ディベロップメントワーカーのスキルが非常に高く先を見通す力があることが必要である。他方で、各種の諸機関自体がこの過程を理解しており、拒絶や抑圧を伴う初期段階に反応しないことを必要とする（Communities and Local Government, 2007, p.31）。

　この文章は、コミュニティ・ディベロップメントワーカーの極めて重要な役割を強調している。すなわち、「不利な立場に置かれた」コミュニティの参加者たちを交渉の場に導くだけでなく、品位ある参加のしかた、抑制の効いた主張の仕方について参加者を教育し、建設的な対話と協力関係に参加できるようにする役割を明確にしている。

　このコミュニティ・ディベロップメントの説明においては、私たちが表10.1のコミュニティ・サービスとコミュニティ計画として明らかにした方向に概念が拡張されている。これは、1970年代のコミュニティ・ディベロップメント・プロジェクト（CDP）ワーカーの多くがとった動き、つまり、コミュニティ・

ディベロップメントの議論と実践を、社会問題のマルクス主義的な分析に基づいたコミュニティ・アクションの舞台に速やかに移行していくという動きとは正反対のものである。2000年代半ばは、ニューレイバーの下でコミュニティ・ディベロップメントという専門職が主流化するチャンスを手に入れた時期だとみなされていたのは明らかである。この時期こそが、この専門職とその実践のラディカルさが弱まっていき、部分的に主流に取り込まれた時期であり、政府のラディカルな言説のせいで、合意に基づいた妥協点に落ち着きやすくなった時期であった。1970年代後半から1980年代初頭の時期とは全く対照的な時代であり、コミュニティワークの主流化と専門職化に関心をもつ者たちはその時期を「失われた時」と捉えた。

　Thomas（1983）によると、CDPの時期は、明確な一連の実践スキルのある専門職としてコミュニティワークを確立するチャンスを逃した時期であった。いや、むしろチャンスを浪費してしまった。なぜなら、コミュニティワーカーたちは政治アナリストに転身し、中央政府と地方行政府は急速に後退していったからである。1979年からの保守党政権では、多くのコミュニティワーカーたちがおこなったラディカルな分析と新自由主義的な政府の諸政策との間のギャップはあまりにも広く、橋渡しは不可能であった。『コミュニティ・ディベロップメントの挑戦（*The Community Development Challenge*）』は、21世紀の最初の10年間のはるかに狭いギャップを橋渡しするための持続的な試みを表している。

ラディカルな潜在能力の復権

　Shaw（2008）は、専門技術を要する「客観的」な専門職としてのコミュニティ・ディベロップメントと、ラディカルで熱意のこもった社会運動としてのコミュニティ・ディベロップメントとの二項対立が想起されることが多いが、それは概念的な区別として有益かもしれないものの、実践の上では現実の区別ではないと主張する。「重要なのは、善意の福祉温情主義と自立した労働者の階級闘争との両方にルーツがあるといった、コミュニティ・ディベロップメントの矛盾した起源が…興味深いことにハイブリッドな実践を生んだことである」（Shaw, 2008, p.26）。

　ソーシャルワークを含め、国が後押しするほとんどの福祉専門職の中心部に

は、ほぼ間違いなくこのような矛盾がある。しかしながら、コミュニティ・ディベロップメントワークでは、実践が集団レベルで行われ社会変革を志向していることは、ラディカルなレンズを透してみれば本質的に改良主義的であると容易に見抜くことができる。

Shaw（2008, p.26）はこう続ける。

　　変化とエンパワーメントについての社会主義的な言説が言葉の上だけのものとして使われる傾向にあり、はるかに体制順応的であり、保守的な現実を総じて隠蔽してきたところに問題がある。

このように冷ややかな意見をいろいろと述べてはいるものの、Shaw は結論としては（p.34）、コミュニティ・ディベロップメントにはラディカルな変革に貢献する潜在能力があるとしている。コミュニティ・ディベロップメントは、現状維持と現存する権力の不平等を強固にする役割を果たすのか、それとも現存する構造を批判し、もっと平等で現状に代わる「あるべき世界」の創造に取り組むのか、という選択肢を具現化しているからである。コミュニティ・ディベロップメントは専門的職業実践であると同時に政治的実践である、と Shaw は主張している。

コミュニティ・ディベロップメントとコミュニティ・アクション／コミュニティ・オーガナイジングとの関係について、最近の論者によって同様の指摘がなされている。［こうした議論では］これらを相反するアプローチとみなしがちである。しかしながら、DeFilippis ら（2007）は、北米において達成された地域に根ざしたプロジェクトの例を数多くあげている。それらのプロジェクトは、注目を浴びる効果的なコミュニティ・オーガナイジングと（当該地域を越えて広がる）政治的キャンペーンに取り組み、その一方で地域に密着したコミュニティ・ディベロップメントと住宅、雇用その他当局との法的な紛争に関連した個人を対象としたケースワークも引き受けている。

Bunyan（2010, p.13）は、イギリスにおける広域的な組織化の普及について説明する中で、コミュニティワーク理論は、「メゾレベルと呼ばれてきたものを犠牲にして、ミクロレベルとマクロレベルに基づいた二つの大きな陣営に分裂させる」傾向があると指摘している。Bunyan は、Goehler（2000）、Mills（1970）、Shaw（2008, p.32）を引き合いに出しながらコミュニティあるいは近

隣地区は、個人的な問題についてのミクロ政治が公共的な諸問題に関するマクロ政治と出会い、地域を越えて人々を政治的活動に結びつける重要な舞台であるから、メゾレベルとみなすことができると主張する。

コミュニティオーガナイジング

　イギリスにおけるコミュニティ・オーガナイジングの普及は1990年代に始まり、21世紀最初の10年でゆっくりと勢いを増したのだが、これは戦略的な地域に根ざしたラディカルな活動の好例である。これらは、草の根から形成され、政府による資金援助で受ける制約とはずっと無縁であり、地方の問題、国の問題、地球規模の問題と多様なネットワークとを結びつけ、高いスキルをもったワーカーたちによって調整が行われている。コミュニティ・オーガナイジングは、1940年にアメリカのソウル・アリンスキーによって設立された産業地域財団（Industrial Areas Foundation）の取り組みに由来するものであり、1960年代から1970年代に出版された彼の著書で知られるようになり、今も継続している（Alinsky, 1969, 1989; Chambers, 2003; Pyles, 2009）。

　アリンスキーの方法は、有料会員制の諸団体（礼拝所、地域組織、学校、労働組合を含む）の連合を形成することを通して力となる人と資金を組織するという考え方に基づいていた。それは、慎重に範囲を限定した諸問題を取り囲むように（人と資金を）動員すれば、不等なやり方や政策、法律の上にのさばる大企業や政府組織に挑めるだろうという考え方であった。住民を扇動し、勝算のある諸問題を枠付けし、対立を創り出す、アリンスキーのいくつかの挑戦的な戦術は、それらの諸組織と同様に操作されているように見えるかもしれない。例えば、アリンスキーは、オーガナイザーに「コミュニティの人々の憤りを掻き立て」「潜在的な敵対をあおり立て」「論争を探し出す」ことを奨励している（Alinsky, 1989, p.116）。このことによってアリンスキーの戦術はコミュニティワーク界のより穏健な人々からの批判を呼び起こした。またその一方で、階級を基礎としたマルクス主義的な政治分析が彼には欠けていたことが、左翼の多くにもその手法を警戒させることになった（Henderson and Salmon, 1995; Mayo, 2005, p.106）。とはいえ、その戦術は非常に効果的であることがわかり、ラディカルでやりがいのある地域に根ざしたワークの伝統として生き残ってきた。

イギリスでは地域組織の伝統が強力であったことはこれまでまったくなかったが、過去10年間にさまざまな市民組織がいくつかの都市圏で発展してきた。それらはしばしば宗教的奉仕活動組織や市民組織化財団（Citizen Organising Foundation）の傘下にある多くの組織から主要な資金を得ていた（Bunyan, 2010）。最も定着した組織はLondon Citizensであり、東ロンドンコミュニティ組織（East London Communities Organisation）、南ロンドン市民団体（South London Citizens）、西ロンドン市民団体（West London Citizens）という広域的な3組織からなっている（www.cof.org.jk）。最近の成功したキャンペーンとして、生活賃金や手頃な価格の住宅、移民の権利、2010年オリンピックに向けた倫理的保障の要求などがあった。こうした運動は、市役所の屋外でのキャンプやトラファルガー広場での行進やデモなど、入念に計画され注目を集める闘争戦術を用いている。

　もっと小規模なコミュニティ・オーガナイジングの事例は、バーミンガム、マンチェスター、ウェールズ、ストックトン・オン・ティーズを含むイギリス内の各地で見出すことができるし、その数は増え続けている。全国的な組織から援助を受け、国内外の他団体と連携している小規模な地域ネットワークの好例は、ストックトンのソーナビー地区におけるThriveプロジェクトである（www.church-poverty.org.jk/projects/thrive）。このプロジェクトは、全国的な団体であるChurch Action on Povertyの支援を受けて開発され、アメリカのガメリアル財団（Gamelial Foundation）とも連携している。この財団は、シカゴでオーガナイザーであった頃のバラク・オバマを指導し、ストックトンをはじめイギリスの他の地域でもコミュニティ・オーガナイジングの教育訓練を推進してきた組織である。

　Thriveプロジェクトは、家計に関する綿密な面接調査に基づいて住民の日常生活のさまざまな現実をリサーチするところから始め（Orr et al., 2006）、次いで借金や健康に関係した事柄について仲間同士による相談や支援を提供することによって、借金や略奪的な貸付などの諸問題に関わる、広く報道されているような活動に携わる力量を構築してきた。さまざまな資源（厳格な効果測定を求める地元のPrimary Care Trustを含む）から一部の仕事に対する資金援助を受けることに関連した緊張もあったが、Thriveプロジェクトは個人を対象とするケースワーク、グループサポート、戦略的なキャンペーンという重要な組み合わせを維持してきた。ダラム大学の幾人かの教員と学生の関与も、指導

と研究活動の能力を高めた。

批判的教育学

　コミュニティ・オーガナイジングは、有給のコミュニティワーカーたちに支持された地域に根ざした対抗的な政治のほんの一例である。すでに言及したように、それを批判する人がいなくてはそこには危険がある。なぜなら、どんなタイプのコミュニティ活動であっても、貧困や不平等の中で暮らす人は、しばしば政治目的の道具として利用されるおそれがあるからだ。ラディカルな切れ味をもったコミュニティワークには他のさまざまなスタイルとイデオロギーがある。例えば、（人々の抑圧とその起源に対する気づきと理解の進展といった）意識化の過程が集団行動を導くという考えに基づいた、（ブラジルの教育者パウロ・フレイレの業績に由来する）批判的教育学の枠組みを用いるものなどがある（Freire, 1972, 1993, 2001; Ledwith, 2005; Ledwith and Springett, 2010）。コミュニティワークとコミュニティ・ディベロップメントの理論にフレイレの考え方は深く影響を及ぼしているにもかかわらず、イギリスでは体系的なフレイレ派のアプローチ事例は、いままでのところほとんどない。

　最も注目すべきものは、1979年に始まり長年実施されているエディンバラのジョージ・ダーリー地区の成人教育プロジェクト（Adult Learning Project: ALP）である。ここでは、学習プログラムは地元で決定されたテーマを中心に住民たちと共同で組み立てられ、成人教育とコミュニティ・アクションを結びつける大衆向けの（民衆の）教育というラディカルな伝統に根ざした行動プログラムにつながっている（Kirkwood and Kirkwood, 1989）。初期の講師のひとりであり、長年このプロジェクトの無償顧問であったColin Kirkwood（2007, p.7）が、あるインタビューで次のようなコメントを残している。「フレイレの著作の中で、私たちの見方が明白に立証されていることに気がついた。その見方とは、限られた地域を見ても貧困と搾取を理解することはできなかったが、より大きな全体を見ると理解できたというものである。しかし、だからといって人々が暮らし、仕事をする場所から始めることに価値がないということでないのは当然であった」。

　フレイレにとって、学習のための行動計画は、市民自身の生活に関連する諸問題から導き出されたものであって、政治家によって市民に要求されることが

らから引き出されたものではなかった。

　フレイレ派の学習プログラムで新たに生まれてくるテーマ、意味のあるテーマは、どんなものであっても国の政府や欧州連合のその時点での優先課題から導き出されるものではないが、そういった優先課題の影響力は非常に強いこともある…それは「国内の政府に対抗する」課題ではなく、国内の課題であると同時に国を超える課題である（Kirkwood, 2007, p.6）。

　成人教育プロジェクト（ALP）は設立当初からエディンバラ市議会による資金提供を受けており、ワーカーたちは市議会の被雇用者である。このことは時として緊張関係を生む原因となってきたが、ALPはフレイレ派の精神をずっと貫いてきており、スコットランドの民主主義から、土地改革や国際的なつながりと交流の持続まで、多様なテーマでさまざまな行動を開始している。これは、政府の資金提供を受けた実践であるが、自らの行動計画に対するコントロールを確保し続けてきたと思われる好例である。

政府によって統制されたコミュニティ・ディベロップメントの実践

　上述したような地域に根ざしたプロジェクト、すなわちキャンペーンを開始し、ラディカルな教育への参加を促すために、コミュニティ・ディベロップメントワーカーの支援を受けているプロジェクトは今も実在しており、地方当局のサービスの一部になっているものもある。しかしながら、多くのコミュニティ・ディベロップメントワークは（特に中央政府と地方行政府などの）資金提供者が課す要件に縛られている。このような場合、目標の達成、成果と効果の測定への強迫観念を伴い、コミュニティの参加者や活動家や有給ワーカーたちの間で、焦点づけや時間と労力の使い方のズレを生む作用をもたらす。最近の調査は、コミュニティ・ディベロップメントワーカーが対面ワークに費せる時間がかなり短くなっていることを示していた（Glen et al., 2004）。このことは、地方当局のワーカーについて特にあてはまる。地方当局のワーカーの多くは、コミュニティ計画やコミュニティ参加、コミュニティ・エンパワーメントといった政策的要請を支援する共同の任務に引きずり込まれてしまっている。ダラム県議会のコミュニティ・ディベロップメントチームがした経験は、（コ

ミュニティ参加に関わるあらゆる県議会関連部局への助言を含む）戦略的政策レベルのワークに従事することと、住民にとって関心のある諸問題に関わる地域に根ざしたコミュニティ・ディベロップメントワークを引き受けることとのはざまでワーカーが直面する数々の緊張関係がわかる興味深い事例である（Banks and Orton, 2007）。現地でコミュニティ・ディベロップメントワークに取り組む能力のあるワーカーたちまでもが、担当地域は地理的に広い範囲をカバーしているのでかなり離れたところから実践を行い、必要があれば個々のグループを支援していた。このダラム県や他の多くの県で起こっている、包括的近隣地区ワーク（generic neighbourhood work）の崩壊は、特定の地域での長期にわたる関係構築が困難になっていることを意味している。そうなると、継続的な活動や抗議指向型の集団の形成に際してのコミュニティ・ディベロップメントワーカーの果たす役割は激減していく。

　近隣地区レベルのコミュニティ・ディベロップメントワークにとっての最大のチャンスのいくつかは、1990年代から実施されてきた全国的な地域を基礎とした再生構想の中に現れてきた。その最近のものであるコミュニティ・ニューディール政策（New Deal for Communities: NDC）は、1998年に「地区再生技術に関わる政府のための展示場」として開始された（Social Exclusion Unit, 1998, p.55）。それは、比較的小さな地区（4,000世帯以下の39地区）を対象として、長期にわたり（10年間）、地域連携のためのより強い要請を伴っている。コミュニティ・ニューディール（NDC）実施地区に選ばれた地区の中には、1960年代からの一連の地域に根ざした戦略の対象となってきた（例えばニューカッスル西端）地域などがある。それらの地域は政府出資で一連の再生計画とコミュニティ・ディベロップメント計画が30年以上実施されているにもかかわらず、いまなお最貧地区に分類されている（Lupton, 2003）。ニューカッスルNDC地区の多くの住民は冷ややかで、かなり非協力的であった。Dargan（2009）が示唆するように、これは驚くにはあたらない。なぜなら、資金供与のための入札期間が限られていることは、住民との誠実なパートナーシップが建前であったはずの10年間のプログラムを決定する入札を展開させるために外部のコンサルタントが採用されたことを意味していたからである。

　（犯罪率や、教育達成率などの）さまざまな指標に対するNDCの影響はこれまでのところ限られており、どの程度まで原因と結果を測定できるのかということや、用いられている指標の妥当性、評価そのものへの執着などについて、

すべて議論の余地がある（Lawless, 2006）。住民参加レベルががっかりするほど低く期待外れになっている地区もあれば（Dinham, 2005）、多大な努力が払われ、協働関係が発展し、住宅が改善し、サービスや文化的な援助が提供されている地区もある（例えばHartlepool New Deal for Communities, 2010）。

　パートナーシップ委員会における地域住民との共同作業や、新規プロジェクト開発のために行われた作業は、広くは、コミュニティ・ディベロップメントのパラダイムにおけるコミュニティワークとされてきたが、ラディカルな言葉遣いと改革主義的な実践を伴ってきた。政府系プログラムの多くは、住民・企業・ボランティア・公的セクターの諸機関の間でのパワーシェアリングや対等なパートナーシップ（「パワーwith」）、あるいは行使する力や行動計画に対する「住民によるコントロール（residents in control）」などという言葉を使っているが、現実はいささか異なっている。行動計画はすでに中央政府によって具体化されており、動かせる範囲は厳密に限定されている。このことは、一般にラディカルと言われているホワイトペーパー『コントロールされたコミュニティ（*Communities in control*）』に書かれている「コミュニティ・エンパワーメント」の定義が明示しているとおりである（2008）。すなわち、「『コミュニティ・エンパワーメント』とは、公的機関がコミュニティのために、もしくはコミュニティと共同で行うことを具体化し影響を及ぼすために、コミュニティに自信とスキルと権限を付与すること」なのである（Communities and Local Government/Local Government Association, 2007, p.12）。

　ニューレイバーの戦略に対する批判の中に、非常にわかりやすい言葉がある。コミュニティをコントロールするための空間は「招待される」ものであって、住民自身によって創造されたり、考案されたり、要求されたりするものではない。活動的なシティズンシップは、有機的なものというよりも「造り出される」ものなのだ。（Cornwall, 2002; Hodgson, 2004; Banks and Vickers, 2006）。報告書『コミュニティ・ディベロップメントの挑戦（*The Community Development Challenges*）』の文体は、ラディカルな言葉遣いをしてはいるものの、「コミュニティ・ディベロップメントの提案」はコントロールされたコミュニティ参加の一つであることを極めて明白に伝えている。したがって、参加を呼びかけられた時に怒りを示す住民がいたとしても、それは驚くにあたらない。あるNDC地区では、一部の住民の参加の質の低さが指摘されており、対立的な行動、暴言、敵意をもった表情、攻撃的な口調などが例として挙げられている

(Dargan, 2009)。この種の行動は住民が責任を引き受ける途上での非理性的なあるいは「荒れる」段階だとみなすこともできようが、同時に、真の権限はもたされずに責任を引き受けさせようとする誘いに対する理性的な反応であるとも言えよう。

Gardner (2007, p.3) は、NDCについてほとんどの場合、実際にはすべての地域に根ざした再生への、コミュニティの関与はたいていの場合「底が浅く一時的なもの」であり、地元の意見は「視野が狭く融通がきかないもの」とされうることを示唆している。このことが意味しているのは、住民は責任を引き受ける準備ができていない、もしくは責任を引き受けられないとみなされているということである。しかしながら、もし過去の政府による再生計画が、住民たちにとって底が浅く一時的なのであると経験されていたのならば、最近のコミュニティ参加の経験がしばしば同じような気分であっても驚くにあたらない。これは有意義なコミュニティ参画は不可能だということではなく、草の根プロセスのような異なったやり方で取り組む必要があるということを意味しているにすぎない。地元で決定された行動計画や有機的なコミュニティ・アクションに基づき、極貧地区での地域参加が継続している地域に根ざしたプロジェクトの例はたくさんある—前述した成人教育プロジェクト（ALP）のように。

価値に基づく長期にわたる実践としてのコミュニティ・ディベロップメント

では、2010年のコミュニティワークとコミュニティ・ディベロップメントの状況はどうであろうか。最新版の全国職業基準 (the national occupational standards: NOS) は、以前はコミュニティワークと呼ばれていて現在はコミュニティ・ディベロップメントと呼ばれているものについて、コミュニティ・ディベロップメントは本質的に価値に基づくものであり、集団行動によって構造的不平等に挑戦することに関係する価値が最優先する、と旧版よりもはるかに力強い書き方をしている。例えば、コミュニティ・ディベロップメントの主目的は、次のように表現されている (Lifelong Learning UK, 2009, p.3)。

コミュニティ・ディベロップメントは、力関係の不均衡に立ち向かい、社会正義、平等、多様性の受容を基調とした変化をもたらすことをめざす、価値に基づいた長期的なプロセスである。

その過程は、人々が以下のことを行うために組織化し協力できるようにする。
・自らのニーズや希望が何かに気づく
・自らの生活を左右する決定に影響力を発揮するために行動する
・自らの生活の質、居住地域、自らがその構成員である社会を改善する

このワークを基礎づけている価値として次のものが挙げられている。

1．**平等と反差別**：構造的不平等と差別行為に挑戦する。
2．**社会正義**：構造的不利を軽減するためにそれを識別し探索すること、そして排除、差別、不平等を克服するための戦略を擁護すること。
3．**集団的活動**：人々の知識、技能、自信を高めるために彼／彼女らの集団と協力・支援し、そうして人々が分析を深化させ、集団的活動を通じて対応される諸問題を特定できるようにする。
4．**コミュニティ・エンパワーメント**：人々が批判的で創造的で自由で能動的な参加者になるよう支援し、人々の生活やコミュニティや環境をもっと自分たちでコントロールできるようにする。
5．**協働し共に学ぶ**：参加者が自分たちの経験を振り返ることから学べるような集団的な作業を奨励する。

こういった価値には力強いラディカルな響きがあり、集団的活動を通じて構造的不平等に立ち向かい、差別に異議申し立てをする権限をコミュニティ・ディベロップメントワーカーに与えると鮮明に述べている。しかしながら、職業基準概説書の職業紹介の中で、過程としてのコミュニティ・ディベロップメントと、一連の活動と実践としてのコミュニティ・ディベロップメントおよび職業としてのコミュニティ・ディベロップメントとを混同してしまっているために、それらの批判的な鋭さがいささか弱められている。これは重大な弱点であり、価値についての力強い表明の力を損ねている。これらの価値が基礎づけられたプロセス、活動、実践、専門職の範囲に当てはまると想定されていることは明らかなので、これらの価値を控えめにしたリップサービスだけの（政府版コミュニティ・エンパワーメントがこれにかなり近い）ものや、それらの価値を完全に無視したものもすべて含まれることになる。包括的であろうとする

ことによって、それらの価値（そしてそれらの価値を構成要素としている全国職業基準）の効力も弱くなる。というのは、どうやらこれらの職業基準は、包括的なもしくは特定の分野に関わる有給のコミュニティ・ディベロップメントワーカーに当てはまるだけでなく、コミュニティ・ディベロップメントの活動家やボランティア、自らの役割を果たすためにコミュニティ・ディベロップメントの手法を採用するその他の専門職、コミュニティ・ディベロップメント実践の管理者にも当てはまるからである。このことが含意するのは、例えば、職業基準概説書にあるような地域に密着した参加型の実践を引き受ける役割を担う、警察官や保健師や建築士たちは、コミュニティ・ディベロップメントに関する全国職業基準の記載された価値に同意し、そこに明示された知識とスキルをもって実践すべきだ、ということになる。

結論—価値の表明（statements）から価値の誓約（commitments）へ

　コミュニティワーカーが真剣に価値と向き合っているとしても、近年にコミュニティ・ディベロップメントに関わる諸組織から現れてきたさまざまな宣言で表明された価値（これは今では、全国職業基準を中心にして大きくまとまっている）を、ワーカーに信用され実践において成立した価値の誓約に転換するためには、一層多くの取り組みがなされなければならない。（社会正義、平等、コミュニティ・エンパワーメントの促進といった）諸原則の表明に留まらず、情熱と不公正に対する怒りに動機づけられ、不公正や不平等に挑む勇気を育み、極めて不均質で多様な近隣地区、あるいは利益やアイデンティティが極めて多様なコミュニティでの真の権限の共有をめざして働くワーカーたちを私たちは必要としている。多くのワーカーは実際にそうした動機と責任をもっており、自らの実践のミクロな過程で実行している（Banks, 2007; Hoggett et al., 2008）が、メゾレベル、マクロレベルの実践においてはさほど実行できてはいない。（例えば、the National Coalition for Independent Action, www.independentaction.net のような）政府の資金提供に頼らないコミュニティワークの関係者らの共同組織や連合体などは、現在の統制されたコミュニティ・ディベロップメントモデルに対して異議申し立てをする力が大いにあるだろう。

　いかに魅惑的で誘惑されそうな話であろうと、「健全」で「安全」で「持続可能」なコミュニティといった空疎な表現への持続的な批判を試み、さらにそ

の先に進んで、個人的な諸問題と社会正義とが出会う闘いの場としてのコミュニティに立ち戻る必要がある（Cooke, 1996; Hoggett, 1997; Shaw, 2008）。コミュニティワークには単なるコミュニティ・ディベロップメント以上のものを含むのだと再認識することは、Mayoが1975年に注目し、その後の35年間、そのために働き、多く執筆してきたラディカルな可能性のいくつかを復権するための、一つの重要なステップとなるだろう。

第11章

イージー・ケア・モデルに対抗する
─未来のためのラディカルでコミュニティを基盤とした
反権威主義的なソーシャルワークの構築

Mark Baldwin

はじめに

　ソーシャルワーカーたちはたいてい、人々の生活を変えたいという思いからこの専門職に就く。ソーシャルワーカーは、自分たち（援助者としてのソーシャルワーカー）より幸福でないように見える人々のウェルビーイングを改善するために、あるいは持ち前の社会正義とこの世界を変えたいという願望によって、彼／彼女らの強みを活かすように動機づけられているかもしれない（Payne, 2005）。ソーシャルワーク理解のためのマルコム・ペインのモデルでは、モデルを構成する要素の三つめに、「資源管理としてのソーシャルワーク」がある。この資源管理という後者の要素に刺激を受けたり憧れたりして、この仕事に就いた人に私は一度もお目にかかったことがない。

　それなのに、ソーシャルワーカーが主として資源管理に従事している世界に私たちは住んでいるのである。成人期ケアでは、受給資格基準で「重度 (substantial)」あるいは「緊急 (critical)」と判定された[i]人が利用できるサービスはぎりぎりの範囲に抑えられている（DH, 2002; Henwood and Hudson, 2008）。その範囲を超えるサービスは何であれ、有償であるか、近親者が行わなければならない。このことは二層システムを生み出す。このシステムでは、サービスの対価を払える人は、こうした受給要件に達する前にサービスを受けることができるだろう。サービスの対価を支払う余裕のない人は、個人的資源、家族の資源、地域の資源が尽き果てるまで気が滅入るような状態で待たなければなら

---

i　他に「中度 (moderate)」と「軽度 (low)」の判定がある。

ず、居住地域で利用できるサービスは何であろうと謹んで受けることを求められる。このような人たちの個人的危機は阻止されることはなく、このような人はニューレイバーの転換戦略にある対になった政策原則である──選択と管理──を活用する立場にはない。これは、裏付けに乏しいイージー・ケア・モデルという用語で呼ばれ、サービスをぎりぎりまで落として追加サービスは有料とする格安航空会社のようである。

　ラディカリズムはたいてい、権威主義的な強制や差別に対する抵抗と結びついている。このことは、ソーシャルワークを批判的な視点から見る人々がいる限り、これまでのラディカル・ソーシャルワークにも当てはまることであった（Powell, 2001; Ferguson and Woodward, 2009）。目下抵抗が起こっている極めて重要な領域の一つは、ソーシャルケアサービスの提供に対する市場主導型手法の強要である（Ferguson et al., 2005; Ferguson, 2008a）。これには政治的背景があり、政権に就いた政治家たちは、選択と管理という響きのいい言葉で定義される制度を構築したが、現実はそのような状態にはほど遠いものである。

　この制度への抵抗はラディカル・ソーシャルワークにとっては最も重要なことである。なぜなら、イージー・ケアは、専門職としてのソーシャルワークの価値や伝統、精神から外れたシステムを構築することになるからである。イージー・ケアは、転換と個別化（Transformation and Personalization）を生み出した政府の政策に従って、自ら表明したニーズを満たすサービスを選択し管理したいという、サービス利用者が表明した希望からも外れている（DH, 2006, 2007）。ソーシャルワーカーやサービス利用者と政府は一見したところこの制度の上では一体であるが、弱い立場にいるサービス利用者向けのサービスの急激な低下をこの制度は食い止めきれてはいない。

　しかし、ラディカルな手法はこの現状を超える必要がある。これは単に、35年前にBaileyとBrake（1975）が提唱したような、資本主義的な制度内での社会福祉の消極性に対する抵抗ということに留まらない。ラディカル・ソーシャルワークは現在提供されているものに対する前向きな代替策を提示しなければならない。私たちの職業のために、そしてもっと重要なことだが、サービスを頼りにしている人々のために、私たちが実証しなければならないことがある。民間セクターへ資源の転換を行っていくことや、減り続ける資源の備蓄の範囲内で各種の財務管理システムの運営をしていくこと、そして経営管理上の

リスクの責任を弱い立場のサービス利用者とその家族に転嫁していくといった
こと以外に、ソーシャルワークが果たす役割を理解する方法があるのだという
ことを行動で示す必要があるのだ。

　本章では、ソーシャルワークにおけるラディカルなアプローチの将来的な可
能性に取り組む際の、抵抗の機会に関する公平な扱いについて述べる。また、
（特に）地方行政機関のソーシャルワーカーに求められる、防衛的な実践姿勢
に代わる前向きな実践についても論じることになるだろう。Social Work Ac-
tion Network（www.socialworkfuture.org を参照）のために私が行ってきた仕事
において、全国的にも地域的にも、いかに多くのソーシャルワーカーと学生が、
自分たちにサービス提供をさせる制度に不満を感じているかに驚かされてき
た。そのようなワーカーたちは、現状に抵抗するだけでなく、建設的な実践の
モデルをつくりたがってもいる。本章では、そのような実践者たちが個人とし
ても集団としても活用できるツールをいくつか提供することを意図している。

　本章では、イギリスにおいて影響力の大きい業績である Bailey と Brake の『ラ
ディカル・ソーシャルワーク（*Radical social work*）』（1975）から出発して、こ
れらの領域における、ラディカルな抵抗と前向きでラディカルな実践に迫ろう
と思う。この編著から主要なテーマを取り出し、それらを現代的な文脈に当て
はめたい。現代のソーシャルワークにおいてラディカルな実践を行うために、
Bailey と Brake の提起したさまざまなテーマを理解する上で、どのような可能
性がそこにはあるのだろうか。これらのテーマには若干の批判的検討が必要で
ある。なぜなら、それらのテーマは今日的な問題に直結するものではあるが、
今ではより慎重な検討を加える必要があるからである。また、それらの検討は、
抵抗と前向きな実践のためのラディカルなアプローチを考案し提起するための
強力な枠組みを提供してくれるだろう。

　本章の後半では、ソーシャルワーカーが雇用され、学生たちが実習を行うほ
とんどの組織で実行可能な活動のためのアイデアを含め、現代のラディカルな
実践の例を提起する。抵抗であると同時に前向きな実践であるラディカルな実
践を考えるにあたっては、もっと大きく政治的キャンペーンや活動のより広い
文脈にこれを据えることも重要である。

BaileyとBrakeのテーマから

(1) 個人主義 (Individualism)

　Roy Baileyは（本書序文で）、『ラディカル・ソーシャルワーク（*Radical social work*)』のアイデアが生まれた理由は、1970年代初頭の学生ソーシャルワーカーが、ソーシャルワーク・プログラムが提示する制限的な認識基盤に異議を唱えることを可能にするような理論を希求していたためだと語っている。そういうわけで、『ラディカル・ソーシャルワーク（*Radical social work*)』は冒頭から、ソーシャルワークは心理学に過度に依存しており、特に「構造的で政治的な関連の深い損失に対して、病理・臨床的な方向づけ」が強調されてきたと主張している（Bailey and Brake, 1975, p.1）。

　こうした、個人の病理に焦点を当てるやり方は、今日のほとんどのソーシャルワーカーにとっては、問題を示す際に個人的な説明を好み、個人的な治療法による対応を求める医療モデル（Oliver and Sapey, 2006; Payne, 2009）としておなじみのものであろう。障害の社会モデルとして、広く好まれているモデル（Oliver and Sapey, 2006; Payne, 2009）は、サービス利用者に対するこのような医療化されたアプローチによって、個人がどのように構築されていくかについてのより適切な理解を提供してくれる。この医療モデルは、サービス利用者を個人的な機能障害を軽減するためにサービスを必要とする不具合のある個人として構築するのであるが、さらに今日ではアセスメント・システムもあり、サービス利用者はケアの市場における諸個人として構築されている。これはしばしば「商品化」（Ferguson et al., 2005）と呼ばれ、医療モデルと同様に、サービス利用者をシステムに縛りつけて依存させていくという逆効果をもたらす。

(2) 新しい社会運動との連携

　BaileyとBrakeは、ソーシャルワーカーが新しい社会運動との連携を築くことの重要性を強調した。1970年代には、女性運動、同性愛者解放運動（Gay Liberation）、精神疾患患者同盟運動（Mental Patients' [sic] Union）、社会保障給付請求者組合や賃借人組合運動（Claimants and Tenants' Union）などがあった。このような連携はソーシャルワークの実践をサービス利用者のニーズにより適合的なものにするだけではない。各組織が代表している諸集団によって経験された抑圧は、連携することを通して、より容易に抵抗できるという有力な

根拠があった。

　現代的な文脈においては、サービスの開発と提供へのサービス利用者の参加についての広く行き渡ったレトリックがあり、参加の機会は1970年代よりもより積極的な可能性を秘めているように感じられる。サービス利用者参加は形式的な消費者主義になっており、そこで各組織が行うのは、サービス確保が資源によって左右されるというような、力の差を対等なものにするよう試みるのではなく、サービス利用者が意見を聞かれたということを示すためにただチェックボックスに印を入れるだけだ、というような意見がある。

　このレトリックについては懐疑的な見解もある（Baldwin and Sadd, 2006）が、それは、形式主義を変革のための真の圧倒的な連携に転換していくのに不可欠な情報を提供する。この集団的行動という概念はラディカルな実践に欠かせない側面であり、これについては本章の後半で取り上げる。サービス利用者やサービス利用者運動との連携は、ラディカル・ソーシャルワーク実践の重要側面だと言ってよいだろう。

(3) 福祉国家の歴史への批判としてのラディカル・ソーシャルワーク

　Peter Leonard（1975）の章は、資本主義的生産様式の中の福祉国家とその矛盾に対するラディカルな批判について、力強い論を展開している。福祉国家は「生産と消費の間の特定の局面における諸矛盾を解決する」ためにつくられた、という主張がなされている（Bailey and Brake, 1975, p.2）。そのような諸矛盾は、労働市場の内部に失業と不平等を生み出し、労働者階級に不均衡な結果をもたらす生産と消費のサイクルを巡って展開する。福祉国家はこれらの諸矛盾を緩和するために建設されているのであるが、「資本主義的民主主義の本質に対するイデオロギー的な挑戦」は行わない（Bailey and Brake, 1975, p.2）。

　グローバリゼーションと新自由主義的価値観への批判も加えた、このマルクス主義的な構造分析は、ラディカル・ソーシャルワークの鍵となる知的要素である（Ferguson et al., 2005; Ferguson, 2008a; Ferguson and Woodward, 2009）。これは重要なことである。なぜなら、現代の主要政党はこの立場に対する批判が不足しており、どの政党も、これらの諸矛盾から生まれる否定的な諸結果になんとかうまく対処するという域を超えない、社会サービスシステムを維持することで満足しているように見えるからである。

　ソーシャルワーカーが、サービス利用者が誰なのか、どのようにしてサービ

ス利用者が福祉国家システムの内部に利用者として構築されるようになったのかということに留意しつつ、自らの実践に批判的で内省的な立場をとることは重要である。資本主義的民主主義の本質と、それが不平等を創り出し永続させる方法に気づき、それを記録し挑戦していくことは、ラディカルな実践の重要な側面である。

(4) 貧困の存続

　BaileyとBrakeの編著にある貧困関連の数値はかなり古いものではあるが、人口の12%が最低生活水準で暮らしており、その大半は雇用されていたことを示している。21世紀では人口の20%近くが公式の貧困線を下回る生活をしており、その貧困層の人々の約54%が勤労世帯である（Toynbee and Walker, 2008）。したがって、ほとんどの人々が貧困生活を送っている理由が、（右派新聞がいつも主張しているような）公的給付への過度の依存にあるのではなくて低賃金である、ということはやはり事実なのである。1999年にニューレイバーが最低賃金を導入したにもかかわらず、こうなのである。

　ソーシャルワークサービス利用者の大多数が貧困の中で暮らしているのだから、こういった要因は重要である。貧困生活者の困難は構造的要因とは無関係だという前提のもとに貧困生活にある個人や家族を相手にした仕事をすることは、貧困と疎外を造り出す社会システムと共謀することであり、その影響を軽減することはほとんどない。

(5) 文化的多様性

　BaileyとBrakeがラディカルな実践の展開において「文化的多様性」の重要性を検討したこと（1975, p.8）は注目に値する。これは、ソーシャルワークにおける反人種差別的実践（Dominelli, 1988）、反差別的実践（Braye and Preston-Shoot, 1995）、反抑圧的実践（Dalrymple and Burke, 1995）をめぐる論争に数年先んじていた。この2人が懸念したのは、1970年代のソーシャルワーク教育がソーシャルワーク実務の知的基盤の中に「正常性という評価の諸前提」をつくったことであり、そしてそのことが必然的にサービス利用者を個別化し病理化することとなり、「階級闘争と利害について検討すること」を犠牲にしたことであった。2人はそれこそがサービス利用者の地位を理解する実り多いやり方だと主張した。実際に2人は、「ラディカル・ソーシャルワークは

そもそも、抑圧された人たちが実際に暮らしている社会的・経済的構造の文脈からその人たちの立場を理解することである」(p.9)と論じており、ソーシャルワーカーが採用する最も人間的なやり方は社会主義的なやり方であると言明するようになる。

　ソーシャルワークが反人種差別的実践（Williams、本書第4章）と反性差別的実践（Penketh、本書第3章）を発展させる必要性が今もなおあることは、1970年代とまったく同様に、今もこの領域がラディカルな実践の場であることを示している。私たちは1970年代から今日まで、制度的な差別（Macpherson, 1999; Blofeld, 2003）や、個人を無力化してしまうソーシャルワーカーの態度（Baldwin, 2006）の事例を相変わらず目撃している。反人種差別的実践、反差別的実践を支えている価値基盤は、障害、年齢、性別、エスニシティ、ジェンダー、階級などに基づいた疎外を経験したサービス利用者にとって今なお重要な領域である。気がかりなのは、ソーシャルワーク教育カリキュラムにこうした抑圧形態と闘うための価値の提示が大きく欠落していることである。

　1970年代には、極右政党イギリス国民戦線に端を発する、コミュニティを基盤とした人種差別主義という大問題があった。これは当時、ラディカル・ソーシャルワーカーがとりわけ異議を申し立ててきた要因であった。イギリス国民党（British National Party: BNP）や、イングランド防衛同盟（English Defence League: EDL）のようなその他さまざまなファシスト組織の再興は、私たちは差し迫った危険を無視しているが、今日のソーシャルワークにとって同じような状況を生み出している。ファシスト組織には、あるセクトを別のセクトに関連づけて嘘の中傷をすることによって労働者階級を動員しようとしてきた歴史がある。人種差別主義と同性愛嫌悪がBNPの政党精神であることは一般に理解されている。それほどには知られていないのが、障害児に対する冷ややかな態度である。例えば、BNPのロンドン・ヨーロッパ選挙運動のシニアオーガナイザーであるJeffrey Marshallは、「私たちは今日、弱くて非生産的で（中略）何の役にも立たないものに対する過度な感傷によって、不健全に支配されている国に住んでいる」と述べている。Marshallは「そういう人々を生かしつづけることに何の意味もない」と付け加えた、とも言われている（Doward, 2009）。このような発言は、ソーシャルワーカーが関わっている人々の生活にファシズムがいかに影響を及ぼしうるかに対する殺伐とした警告と受け止めるべきである。

（6）ソーシャルワーク教育

　Bailey と Brake（1975）の編著の中で、Geoffrey Pearson は、ソーシャルワーク教育はほぼ道徳的・政治的空白状態にあり、学生たちがソーシャルワークの政治的特質を理解できるようになっていないと論じた。現状では、ソーシャルワークを学ぶ学生から、社会的不公正の是正に対する関心の存在を見てとれる。これは、2008年にイングランド南西部ソーシャルワーク活動家ネットワーク（the South West of England Social Work Activists' Network）が設立されたとき、単一の最大の会員カテゴリーとしてソーシャルワークの学生がいたこと、そして SWAN の全国集会や地方集会に学生たちが出席していることからわかる。さらに最近、ロンドン・サウスバンク大学で開かれた学生によって学生のために組織された会議は、「新自由主義vs社会正義」と題するものであった。

　私自身が最近の人事採用の経験で感じたことは、社会正義に対する強い関心はあるものの、その実現に必要な政治的プロセスへの理解がほとんどないということである。社会的不公正の是正は個人の実践を通じて達成できるはずだという見当違いの信念がある。その結果、学生や新卒者たちは、有料ケアパッケージを承認してもらえないのは自分に［サービス利用の適格性の］アセスメント能力がないからだと考えてしまい、明らかに幻滅し燃え尽きてしまっている。実際には認定委員会が設けられて財務管理を行い潜在的なサービス利用者のニーズを満たさないようにしているのだ。最近の新卒者はそのような理由で離職していくという話は伝聞にすぎないが、有資格の職員の定着状況が危機的であるのは事実であり、過去1年間で定着率は50%減少している（LGA, 2009）。

（7）コミュニティワーク

　Marjorie Mayo の担当章は、コミュニティに対するさまざまな取り組みを通じてラディカルな実践を行う機会がほとんど見逃されてきたと述べている点で興味深い。Mayo は、コミュニティ・ディベロップメントが貧困への挑戦ではなくて、「コミュニティ心理療法」にすぎないものになってしまっていると示すことによって（Mayo, 1975, p.136）、コミュニティ志向の実践を据えた。それは Bailey と Brake が序章でソーシャルワークについて述べた1970年代のほとんど同じ四半期においてである。

　彼女はラディカルなコミュニティ実践に賛意を示し、コミュニティについてのロマンチックな考えは拒否しようと主張し、「大衆」が何を達成できるのかに

ついて論じる。ラディカルな実践というものは、その代わりに各コミュニティの内部にある「実際の潜在力の分析」(p.136) を提供することになるであろう。このような主張は、今日のコミュニティワークの文献 (Stepney and Popple, 2008) でなされている主張に似ている。政府は、コミュニティ・ディベロップメントに関心があるという印象を与えるためにこの専門職に目を向けているが、それは実際には反社会的行為に対処する際には権威主義的であるほどよいという、ニューレイバーのアプローチにフィットするからだ、という主張に近い。

　その章では、各種のコミュニティ・アプローチは、ケアマネジメントとリスクアセスメントのもつ、何でも個別化し病理にしてしまう性質に対するラディカルな代替法になると述べていた。政策と実践におけるコミュニティ志向の再考と成人期ソーシャルケアの転換をめざす枠組みの一部としての「ソーシャルキャピタル」の重要性の強調 (DH, 2007) はおそらく口先だけのものだろうが、それは利用者の参加に沿ったラディカルなアプローチにとってのチャンスをもたらす。ソーシャルキャピタルは、政府の政策においては競争的な意味合いをもつ概念であるが、予防に重点を移し普遍的なサービスと参加を主流にするという政策の文脈においては、ソーシャルキャピタルは、コミュニティとサービス利用者の参加を促し、市場主導でなく共同の、資源主導でなくニーズ優先のサービス提供方法を拡大するチャンスとなる。

(8) 理論および批判的省察

　Bailey と Brake の編著の中の Leonard (1975) の指摘によると、1970 年代のラディカルな実践者たちは、理論には懐疑的であり、理論はラディカルな実践というより現状維持という目的に資するものだと感じていたという。Leonard は「ラディカルな実践における無分別な行動主義」の回避を要請した (p.47)。Leonard の担当章では、ラディカルな実践の説明と情報提供と評価に使える、有用な理論的諸概念を示している。

　理論に対するこの懐疑心は今日もなお明らかであり、ソーシャルワーク教育の多くでは、かなり大規模に反知性主義的な取り組み方がなされている。ソーシャルワークの学位取得課程の実践ベースの学習中心の傾向は、実習日数を200 日から 130 日に減らす案によって弱められる予定であるが、減らした学習日数を理論に充てるべきではないという空気がある。そこにあるものは、ソーシャルワーク教育の実習モデルの危険性である。この実習モデルで学生たちに

求められるのは、ある特定の組織での、ある特定の仕事をどのように行うかを学ぶことである。そのようなアプローチでは、組織的な手続きの無意識的な慣習やルーチンが知らず知らずに制度的な差別の体制を構築してしまわないよう挑戦し続けるといった、専門職としての実践に必要なことを学ぶのを避けることになる（Macpherson, 1999）。今日のソーシャルワーカーが自らの実践に期待されていることの中で困難を感じること（Jones, 2005）の多くは、それらの期待が組織に根を下ろした慣習とルーチンの中にすでに組み込まれており、ワーカーたちがそれらに挑戦することを許されていないのであれば、共に権威主義者に陥ってしまうことになるということである。

　Bailey と Brake は、「批判的活動」を展開することの重要性について語り（p.10）、Leonard は「批判的意識」を養う必要性について語った（p.47）。現代において私たちは、自らの実践を包含する、より大きな文脈を問うのに必要な方法としての批判的省察について語っている（Fook, 2002）。Fook は、批判的アプローチは知識を社会的、経済的、歴史的文脈の中に置かれたものとして捉えると主張する（Fook, 2002）。つまり、知識は主観的なものであり、力関係を反映しており、批判的省察は主流となっている知識と社会的な諸関係に挑戦するものであると主張する。この社会学的な視点は、知識は社会的に構築されるものであり、私たち全員が同意できるような固定的現実ではないと主張する。一定の知識が強い影響力をもつのは、世界を理解する仕方が他に比べてより説得力があることを反映している。批判的省察というアプローチは、主流となっている知識の本質を問い、それが誰の利益に役立ち、誰の利益を圧迫するのかを問う。

　これの良い例は学習障害者の事例である。私が無資格のソーシャルワーカーとして初めて実践を行ったとき、学習障害（当時はその用語は使っていなかった）のある成人のほとんどは親と同居せず施設で暮らしていた。この実践を支えた知は「精神障害」という強力な医療モデルに基づいていた。このモデルはこの当時特有のものであり、日常生活の中で学習障害者を支配する諸関係を構築していた。

　それ以後に、学習障害者に関わる実践を支える知はすっかり変わり、その頃の知識は見る影もない。学習障害者は意思決定をしたり、意見を述べたり、仕事に就いたり、自立生活をしたりすることができない等々というような、かつての抑圧的な知識体系に基づいた考え方は消え去った。学習障害者たちは以前

と変わらないが、学習障害者相手の実践を支える知は変化した。私たち専門職の間で支配的なその他の強力な知の型に対し、批判的で省察的な態度で臨むことは、ラディカルな実践になくてはならない態度である。

　この批判的省察は、今日の管理システムの矛盾と悪しき動機をあばき出すために欠くことのできないものである。住宅供給関係者は、野宿者ゼロという目標をご存じだろう。住宅行政当局は、野宿者の数を把握して（ただし、座ったまま寝ている者やベンチの下で寝ている者は野宿者ではない）統計資料をつくる必要がある。政府の査察官の来訪時に当局が野宿者を収容する夜間シェルターを設置して、野宿者ゼロと書かれた欄にチェックを入れられるようにすることはめずらしくない。翌日、シェルターは閉鎖される。こうしてニーズは満たされてきた。そのニーズとは、弱い立場にある路上ホームレスの人たちのニーズではなく、ゼロと記された欄にチェックを入れるニーズである。他にも悪しき動機の例がある。例えば、「荒稼ぎ評価（quick win assessments）」の例である。管理者が（地方当局の星評価を決定するもう一つの目標である）評価完了件数を増やすために、サービスが存在せずサービス利用者の優先度が低いニーズ評価をするためにソーシャルワーカーを派遣するような例である。

　私たちは、国家組織の抑圧的機能に抵抗していく際のラディカルな実践の大切さを再確認しているわけであるが、そこには積極的な実践という側面もある。批判的意識という概念は、そこでは批判的省察が、無力な人々を自らの現実を変えることのできる活動に導くというパウロ・フレイレの実践（praxis）という概念から借用されたものであった。この場合のソーシャルワークの役割は、人々の創造的な決定能力を向上させることである。現代においては、このことには、意思決定にサービス利用者を参加させるためのシステムを最大限に活用することが含まれる。このことはエンパワーメント実践モデルを強化することにもなる（Dalrymple and Burke, 1995）。Leonardがつくったさまざまなエンパワーメント実践リストの遺産、すなわち、依存でなく相互依存、ヒエラルキーでなく平等、教化（indoctrination）でなく対話、そして非人道主義に反対し人道主義を主張する集団的活動（Leonard, 1975, p.57）等々は今もなお極めて重要である。

　ラディカルな活動家にとってはしかし、ここに問題がある。こうした制度的な抑圧行為を告発することによって、そのような活動家は、非難されることや懲戒処分を受ける可能性に身をさらすことになる。本章の最後の節で、そう

いった行為に対抗して諸個人が懲罰にさらされるのを避けるために、実践家とサービス利用者を代弁する労働組合やSocial Work Action Network［SWAN］のような諸組織の集団的活動の重要性について再び取り上げることにする。

(9) ソーシャルワークの役割について大衆を教育する

　Stuart Rees (1975) は、一般大衆を相手にするソーシャルワークの役割と、上級管理職が地方や全国レベルの政策論争においてソーシャルワーカーの声を代弁することについて説得力のある論を唱えている。これは、約35年間続いているソーシャルワークの専門家気質の一つの側面であるが、私たちの専門職のリーダーたちは、私たちの役割と責任の本質を大衆や政治家に教育するという点では、ほとんど何も達成していない。その結果として、私たちは、一連の政府の反専門職化の諸傾向によって打撃を受けてきた。とりわけサッチャー政権時代とサッチャー後の管理主義時代においてそうであった。遅きに失したとはいうものの、今般ようやくソーシャルワーク特別委員会 (Social Work Task force, 2009b) がソーシャルワークの役割と任務について大衆に説明する作業に着手した。

　『課題に立ち向かう―ソーシャルワーク特別委員会中間報告 (*Facing up to the task: The interim report of the Social Work Task force*)』には、「ソーシャルワークについての一般向けの説明」が含まれていた (p.50)。この定義では、疎外された人々とパートナーとして連携して働くことの意味を含め、専門職としての実践の価値や政治的性格はもちろんのこと、この役割の複雑さや知的基盤について一般大衆はほとんど何も知らないという前提で、詳細な説明を行っている。

　ソーシャルワークの中にあるさまざまなラディカルな視点によって、従来のこの職業の見方に取って代わるものを主張する歴史的好機が訪れている。その［新しい］見方とは、社会正義やエンパワーメント、サービス利用者による管理についての理解、そしてソーシャルワーカーの仕事相手である人々を抑圧する権威主義的な政治的・社会的・経済的な諸力に対する抵抗についての理解に基づくものである。これならば、大衆に受け入れられ、サービス利用者とソーシャルワーカーの両方の胸にすとんと落ちるソーシャルワークの説明となろう。ではその実践に目を向け、ラディカル・ソーシャルワークの実践に携わるために必要な諸活動を定義づけしよう。

現代的なラディカル・ソーシャルワークの実践のための五つの活動

　ここでは、ソーシャルワーカーが個人および集団で取り組める多数の具体的な実践・活動領域に考察の焦点を当てたい。それらは、私が重要かつ実行可能だと感じている活動の諸領域である。いかなるラディカルな実践も、今日の管理統制や防衛的な組織風土においては実現が困難になってきており、ほとんどの場合、共同的な取り組みが必要であろう。できれば労働組合のような集団組織、あるいはSWANのようなラディカルな運動組織などと連携した共同的な取り組みが必要である。サービス利用者と協力した活動は、個人的なものであっても、サービス利用者自身によりサービス利用者のために運営されている組織と協力した場合であっても、それは常に抵抗のための強力な同盟を反映するものとなるだろう。

　現代的なラディカル・ソーシャルワーク実践のための五つの活動領域は次のとおりである。

・ソーシャルワークの政治的性格を明確にする
・組織と実践に対する批判的省察の取り組みを発展させる
・サービス利用者との連携をつくりあげる
・社会正義に基づく実践を発展させる
・集団的に活動する

(1) ソーシャルワークの政治的性格を明確にする

　教科書などに書かれた政治の定義は、この概念のさまざまな側面に焦点を当てており、政治が対立的状況で起こることを強調している（Axford et al., 1997）。定義はまた、多様性（多くの異なる信念と価値観）と希少性（全員を満足させるには資源が不十分）という現象が、政治的実践には対立もしくは協力が伴いうることを示している（Heywood, 2000）。このことが、「望ましい結果を実現する能力」を意味する権力という概念を導く（p.34）。私たちに関係する文脈においては、望ましい結果とは希少な資源の配分である（Heywood, 1994）。したがって、私たちの目的にとって政治とは、限られた資源を利用できるかどうかを決定する権力を操作することである、と定義できる。

　では、ソーシャルワークの政治的性格を明確にすることは、どういう意味で

重要なのだろうか。社会福祉の領域は、限られた資源を利用する権利のために日常的に争われている領域である。諸個人のニーズを評価し、意思決定者にそれらを提示し、この意思決定プロセスで諸個人を代弁することで（あるいはしないことで）、ソーシャルワーカーは社会福祉における政治的意思決定の中心にいることになる。

　したがって、限られた資源の利用権を誰が得るのかの決定に事が及べば、ソーシャルワーカーは自らが好むか好まざるかにかかわらず、国家権力の重要な要素になっているのである。例えば、ソーシャルワーカーは、ダイレクト・ペイメント（Direct Payment）[ii]を利用するためのアセスメントに際して、サービス利用者の権利をいかに説明するかを決めるたびに政治的な決定を下していることになる。このサービス利用者のニーズには強力なアセスメント報告書を書く必要があると判断するたびに、ソーシャルワーカーは限られた資源の利用を決定する権限を使って政治的な領域の中で決定を下しているのである。アセスメントは、誰が限られた資源を獲得してニーズを満たせるかを決定する政治的なプロセスの中の一事象である。

　ソーシャルワークの政治的性格の明確化を意図しているラディカルな視点とは、国や地方の政府が使う用語でいう選択と管理を可能にすることよりも、ソーシャルワークが限られた資源を管理するために諸組織によって利用される傾向にあることを指摘し、可視化することである。ソーシャルワーカーは、利用資格判定基準の最高の水準（危機的な状態：critical）に該当する人々にしかサービスを提供しないという職権範囲のもとで、サービス利用決定の判断を要求されるたびに、サービス利用者のためのものであるはずの選択と管理という指針を揺るがしている。なぜなら、サービス利用者のニーズが「危機的な状態（critical）」に達したときには、選択したり管理したりするチャンスも能力もほとんど残されていないからである。

　上述した管理主義的実践の悪しき動機は、対応が速いという印象を与えつつ限られた資源を管理するための組織的策略だということである。ここでも、

---

ii　介助料直接支給法による直接支払い制度で、1996 年に法定化された。利用者が自治体などから介護費用を直接受け取り、自身で介護者を直接雇用するシステムのこと。支給された現金の管理は当事者に任される。当事者の自己決定やエンパワーメントを促進する手段とされているが、利用者はこのシステムを利用しない選択もできる。受給にあたっては、自分で管理できるかなどの資格審査を受ける。

ソーシャルワークの実践を政治的視点で見ることで、そういった活動がニーズを満たすというより資源管理に好都合な方法なのだということが明らかになる。

　この文脈では、権利擁護（advocacy）はラディカルな実践に分類できる。管理者と査定委員会（decision making panels）と共に、サービス利用者の代わりに権利を擁護することは、選択と管理というレトリック、すなわち**なされるべき決定の仕方**と**実際**の決定のされ方とのギャップについての政治的な声明を発することになる。ソーシャルワーカーたちから聞き及ぶところによると、管理者たちはケアパッケージに関する意思決定を行う際にアセスメント報告書を読まないそうである。管理者たちは、かかる費用の金額を見て、それを決定の根拠にすることのほうが多いという。このような慣行は明らかにされる必要がある。

　このようなわけで、重要なことは、学生はソーシャルワーク実践の政治的性格について教わるべきだということである。そうしなければ、アセスメント報告書における学生たちの専門的実践を拒絶するように見える意思決定プロセスを学生たちは切り抜けることはできないであろう。そのときの実際の決定は諸個人のニーズではなくサービス利用資格や資源の利用可能性に基づいているのだ。

（2）組織と実践の批判的省察アプローチを発展させる

　ソーシャルワーカーとして、私たちが社会正義のために献身するということは、ソーシャルワークの定義（www.ifsw.org, IFSW, 2000）の中に元々含まれており、そのことが特別委員会によって承認され、特別委員会の委員を推薦する政府にも受け入れられているとしても、自らが所属する組織の方針と実践を評価する必要がある。そうして、実践が目的に合致しているかどうかを判断する必要がある。それは、組織的実践を問い直すアプローチを含んでいる。これは、政策と組織に内在する強力な知の形態を分析しなければならないということを意味し、この知が私たちに何を伝え、それは誰にあるいは何に有利に作用するのかを判断しなければならないということを意味するのである。

　たとえば、個別化（personalisation）は、サービス利用者のための選択と管理を重視したサービスの提供という精神を含んでいた。個別化は障害者運動やサービス利用者運動に起源があった。それは、患者やサービス利用者との広範囲に及ぶ協議が行われた後、『私たちの健康、私たちのケア、私たちの意見（*Our health, our Care, our say*)』（DH, 2006）という政策文書にまとめられ、政府の政策として受け入れられた。しかし、この時点で、個別化と呼ばれるものの実現は当初の精神からそれていくことになる。私たちのところにいる人々は、選択と管理という言葉こそ使われているものの、選択と管理を託されたサービス利用者ではなく、ケア市場で個人的な消費者として行為するよう求められる立場の弱い大人たちなのである。

　サービス利用者に、貧困もしくはそれに近い生活をしている人が多いということを認識するにあたっては、そのようなことがどのようにして、なぜ起こるのかを説明できることが重要である。何らかの行為は、よく言われる病理的なものではなく、環境からくる合理的な行為なのだと認識する、批判的で分析的な立場に立てば、貧困な状態にあるのは個人的な結果だとしてサービス利用者を非難するようなことは簡単にはできない（Baldwin, 1996）。Peter Leonard（1975）は、貧困を生み出す社会システムと階級に基づく抑圧こそが病理であり、ソーシャルワーカーたちによってしばしば注目されるような精神的不健康や問題行動、社会的孤立といった諸問題を表出している諸個人の病理なのではない、と強い調子で論じている。

　それ以外の人種差別のような構造的不利益から生じる社会的な帰結についても同じことが言える。拘束されたまま死亡した Rocky Bennett の激怒は、彼が生活し、適切な対処をされなかった国民医療サービス（NHS）の精神保健施設で、長い期間にわたり人種差別的虐待を受けていたことの結果であった（Blofeld, 2003）。背景と行為について評価するひとまとまりの理論的認識のツールを身につけておくと、この男性の死を招いたようなスティグマ化やレッテル貼りのようなことに陥るのを避けることができる。

(3) サービス利用者との連携をつくりあげる

　これこそ、現代の状況でのソーシャルワーク実践のラディカルな活動の鍵となる側面だと言ってよい。サービス利用者との連携は、1970年代の Bailey と Brake にとっては鍵となる主張であったが、当時においては、ソーシャルワークとソーシャルサービスの開発プロセスにサービス利用者が関与する状況はまったくなかった。今も多くの場合、サービス利用者との連携は概ね形式主義的なものであろうが（Baldwin and Sadd, 2006）、この連携は明らかに政府の政策となっており、さまざまなレベルの公的機関に課せられている政策実施要件

になっている。この要件は、ソーシャルワークの専門家に、政府が重要視する人々の声と強く協力する機会を与えるものである（DH, 2006）。さらにこの連携は、行きすぎた管理に対して抵抗する機会や、ソーシャルワーク実践に対する異なるアプローチを促進する機会を提供する。

　ソーシャルワーカーは、（児童・家庭関係のソーシャルワークにおいて）親や若者たちとパートナーシップをもって業務を行う法的な義務があるということをいつも念頭に置きつつ、サービス利用者相手の個別的な実践について検討することができる。ソーシャルワーカーが障害者や高齢者に対して同一のアプローチを採用する必要があるということは、成人向けサービスにおける政府政策指針（DH, 1990）が明示している。独自性や多様性の尊重という価値、強み（ストレングス）を認めること、選択と保護に対する権利、自己管理、差別に対抗すること、スティグマ化を避けること、パートナーシップ関係（VRs）といったものに根ざした「優れた」実践という行動原則も、実践の特徴づけに活用できるであろう。能動的な傾聴（active listening）、関心と敬意を示すこと、強み（ストレングス）を認め擁護するといったような肯定的実践（positive practices）を忘れないようにすることは、肯定的でラディカルな実践のルーツに立ち戻ることの一環である。

　集団を基礎に置くソーシャルワークの実践者たちは、どこで仕事をしていようと、サービス利用者を参加させるために現行のシステムを活用することができる。大学では、教職員や学生たちがサービス利用者と連携することを要求される。ラディカルな研究者や学生たちが、この要求を真剣に受け止めてサービス利用者と広範囲に連携するようプログラムに圧力をかけるチャンスがここにはある。この取り組みに使える資金はある。しかしその資金は、結果として批判的で省察的な実践の仕方を採用したプログラムができあがるよう、（サービス利用者の）参加を最大化する開発的な方法で活用される必要がある。これは、サービス利用者を差別する専門家権力に異議を唱えうる、もう一つの領域である。学生が学位取得課程でソーシャルワークの実践に対するこの基本的アプローチの価値を学べば、卒業後の専門的職業実践において、権力的な関係による有害な影響を最小限にする方法で実践をする可能性ははるかに高くなる。

（4）社会正義に基づく実践を発展させる

　組織と実践に対する批判的・省察的なアプローチがふさわしいもう一つの領

域として、ソーシャルワーカーを雇用する組織を評価していく領域がある。慣習と実践に関連して権威主義や権力の誤用が存在しているが、問題にされないままであることが多い。その一例として、制度化された人種差別がある。この場合、日常的な慣習行動は問い直されることがなく、他人を犠牲にして一部の者に有利に働く方法を構築していく。

　このことのよく知られた最近の事例として、ロンドン警視庁内の組織的な人種差別がある（Macpherson, 1999）。Stephen Lawrence の死に関する調査報告書は、組織的人種差別の無意識的な性質がこの事件の誤った処理につながったと指摘している。そのような行為を根絶するために開発されたツールが、インパクト評価ツールである。人種的平等の促進という義務のもと（これは現在では拡張されてあらゆるタイプの平等が適用対象となっている）、いかなる公的機関も、そして公的委託を受けているいかなるサービス提供者も、（組織の）あらゆる方針と手順の評価を実施して、無意識に差別を行っている可能性についての評価を受けることが必要とされる。インパクト評価の結果がどのようなものであり、その結果が何を見つけ出し、どのような変化をもたらしたのかを問うことは、自らが所属する組織内におけるラディカルなアプローチとなるであろう。私自身がいくつかの組織で行った調査が示唆するところでは、こうしたインパクト評価は、仮に行われたとしても、実践家は蚊帳の外におかれ、直接調査対象とされることはないようである。

　Leonard（1975）が Bailey と Brake の編著の中で主張しているように、社会正義に根ざした実践を行うということは、その実践の土台を個人の病理から社会的なシステムの病理に移すことになる。何らかの行動が病理的な社会システムの内部では合理的なものであるという認識を理解するようになれば、コミュニティ内部で個人や家族に対してスティグマをなすりつけたり、スケープゴートにしたりするような結果を招くアプローチは格段に少なくなるだろう。

(5) 集団的に活動する

　上述のとおり、集団的に活動する機会は多い。ソーシャルワーカーは、全体的な視点に立った実践に抵抗して、［サービス利用者とワーカーの］共通の利益を反映した連携関係を築くことができる。集団的であれば、ソーシャルワークはもっと効果的に訴えることができるし、上述したように、サービス利用者と連携すれば、重要な機関に対しても意見を言うことができる。ラディカル・

ソーシャルワークの組織であるSWAN（www.socialworkfuture.org）には、集団的に連携して活動するという基本原則がある。各種集会と、現在では全国運営グループがこの原則を貫いており、集会では常にサービス利用者と活動家兼実践者と研究者らが登壇する。

ラディカルな実践のための六つの活動

　ラディカルと呼べる活動でソーシャルワーカーや学生が参加できるものはたくさんあるが、実践者が他者、とりわけ、サービス利用者と連携してできるであろうラディカルな実践を構成する六つの活動でこの章を締めくくることにしよう。

1．サービス利用者のニーズを満たすことよりも資源管理を優先するような決定があった場合、自分と所属チームの同僚が行う必要があるすべての決定を記録する。このデータはSWANなどの組織によって収集され分析される。そして、サービス利用者のニーズを満たすという明確な目的ではなく、［サービス提供を］制限するために専門的な実践が行われていることについて、特定の雇用主に対して集団で協議する際に活用される。例えば、管理者がケアパッケージの「損益」しか見ずニーズ・アセスメントを見ない、いわゆる「荒稼ぎ」評価がある。また別の例では、サービス利用者のニーズを中心には置かずに目標を追求する管理者もある。

2．権利擁護（advocacy）は、前述したように、ラディカルな実践の重要な側面である。なぜなら、意思決定者とともにサービス利用者を代弁し擁護することは、どのように意思決定がなされるべきかについて政治的な発言をすることであり、意思決定が実際にはどのように行われているのかを明るみに出すことだからである。それには、評価報告書の作成に際し、自信に満ち十分に検討された確固たる姿勢で臨む必要がある。費用の支出に関する決定をするのは管理者たちであるから、彼／彼女らは諸決定を行う根拠を意識しているべきであり、ずさんで抑圧的な慣習と型にはまった手順でその場を凌ぐことは許されない。

3．抑圧に対処するために、組織の内部で利用できる、インパクト評価のような各種の制度を確認する。誰が、それらの利用可能な諸制度の実行責任者であるのか、そしてその結果はどうなっているのかについて、管理部門に問いただす。

個人と組織に関わる方針、手続き、実施手順および実践についてどのような教訓が得られているのか。チーム内の実践者や学生は、所属チームにおけるインパクト評価の実施を提案することができるし、それによって、ソーシャルワーカーが実施するよう求められている多くの手続きに内在する、差別的な性格を明るみに出すことができるだろう。

4．実習生にとって大きな学習効果が期待できるプロジェクトは、地元コミュニティの表出されたニーズの輪郭を（ニーズまたは地理的区画ごとに）調査するものだ。コミュニティ・ニーズ・アセスメントは、チームが支援するコミュニティが自分たちのニーズをどのように認識しているか、また、インフォーマル／フォーマルを問わず、コミュニティにおける積極的なストレングスの事例など、多くの有益な情報を得ることができる。このようなプロジェクトは、相互に関心のある分野での協力関係を構築する効果もある。

5．チームは、サービス利用者主導の組織にチーム会議に参加してもらって、サービス利用者のニーズや懸念を話してもらい、お互いに関心のある分野について話し合うことができる。もしチームがそのような組織をよく知らない場合は、地元の大学にソーシャルワーク学位プログラムがあり、そのプログラムに利用者や介護者参加の開発のために全国ソーシャルケア協議会（General Social Care Council）から提供される資金を使っているのであれば、大学はそのような組織の詳細な情報を知っている可能性が高い。

6．専門家はイギリス公務部門労組（Unison）やSWANなどの集団的活動組織に加わったり活動への関与を再活性化したりすることができる。SWANの全国組織は現在は会員制組織であり、その会員になり、集会に参加し、ウェブサイトに投稿し、地元や地域にネットワークを立ち上げることは、ソーシャルワーカーの活動家や学生、サービス利用者の間に強力な連携関係を築くための方法である。

結論

　2007年にグラスゴーで開催された第2回SWAN年次総会に、イギリス南西部から来たソーシャルワーカーとサービス利用者、研究者、学生たちからなるあるグループが出席した。これは大いに盛り上がった総会で、私たちはソーシャルワークの現状について説得力のある主張を耳にした。集会を後にしてブ

リストルに戻るために空港に向かった私たちは、言葉の上では約束しているサービス利用者の「エンパワーメント」を提供できていないという趨勢に立ち向かうために、何かしなければならないし、何かできるかもしれないと感じているのは私たちだけではないという連帯感に勇気づけられていた。抵抗するための強力なロビー活動がそこにはあると感じたが、ソーシャルワークの内部でも、何か違う─競争ではなく協力、非難やスティグマではなく社会正義、利益よりも前に人間としてのニーズ─といったモデルを提示することも可能だと感じた。

　私たちは地域集会を開くことを決定し、300人収容の会場を予約したのだが、私たちはそれぞれ内心では、こうした諸問題について議論するために50人も集まれば出だしとしては上々と考えていた。このイベントで、私たちは南西部地域のネットワークへの加入希望者300人と、その集会への参加者250人を獲得した。この集会もまた、参加者全員が盛り上がった一日であった。専門家として、あるいは個人として社会福祉の発展の仕方に対して失望しているのは自分だけではない、ということを理解した人々のリストに、さらに多くの人が加わっていった。

　それ以後、私たちは2009年のバース会議を成功裏に開催するなど、地域での活動者会議を何度も開き、キャンペーン活動を計画し、全国組織に情報を提供してきた。現在では、小地域グループが問題について話し合い、活動計画を立てるために集まっている。日は浅いが、そこには現在みなが経験していることに代わる別のやり方があると感じ励まされるような相互援助の感覚がある。

　では、2010年の時点でラディカル・ソーシャルワークの未来について、どういう結論づけができるだろうか。ラディカルな代案に対する情熱が絶望から生まれていることは、ソーシャルワーカーたちが地域や全国で証明している。このことは、現時点で取り組まれているソーシャルワークのラディカルな代案のための、組織化や連帯の構築やキャンペーンにとって最適な時期であることを示していると思われる。しかし、それを達成するためには、ラディカルなアイデアを脇に追いやったり、ラディカルな考え方を表明している人たちを疎外したりしないよう、私たちが必ずとるべきいくつかの重要な方策がある。

・私たちは、どんな状況でも洗練された政治的流儀で行動するという点についての理解を深めスキルを磨く必要がある。

・現行の政策や実践を下支えし、専門的な実践とソーシャルワークの価値を低下させる、有力な知識やイデオロギーをあばき出すことを恐れてはならない。
・私たちは、私たち自身と私たちの組織の実践を、資源管理や民営化、利益という価値観ではなく、社会正義という価値観に照らして判断することに慣れるようにしなければならない。私たちが就いている専門的職業はソーシャルワークを行うために、ここにあるのであって、商売のためにあるのではない。
・私たちは、活用できるありとあらゆる機会を使って、とりわけサービス利用者との連携関係を築く必要があるし、築くことができなければならない。そのような連携関係が、抵抗として、そしてまたよりエンパワーメントする実践のモデルとなったときに、強力で魅力的なものになる。
・私たちは自らの専門的職業を集団的に防衛するにあたって、他の人たちの様子を見て待機するような姿勢ではなく、自己を主張し、信念をもって活動すべきである。私たちは、私的な自己の利益ではなく、サービス利用者のニーズゆえにこのような方法で活動をしているのだということを自覚し、中傷者にも思い知らせる必要がある。もしそれが他の人々にとってあまりなじみのない動機であり、拝金主義と個人化（individualization）といった支配的なイデオロギーにフィットしないものであったとしても、そうした［拝金主義や個人化といった］価値観が表現される場所—例えば、銀行業界や議会活動の場—のどこにおいても嫌悪や拒絶の反応を示している人々の心に、こうした私たちの主張は強く響くであろう。

監訳者を代表してのあとがき

深谷弘和

　本書は、2011年にイギリスで出版された"*Radical Social Work Today: social work at the crossroads*"の翻訳本である。「まえがき」に記されてあるように1975年に出版された"*Radical Social Work*"の出版35周年を記念した会合で発表された11本の論文がまとめられたものである。本書の位置と現代的意義については、「序論」で詳しく整理されているため、ここでは、日本にとっての参照点について述べることとしたい。

本書の日本への参照点

　本書が日本のソーシャルワークにどのような参照点があるか。それを読み解くにあたり、イギリスにおけるソーシャルワークについて確認しておきたい。

　ソーシャルワークの起源の一つは、イギリスに求めることができる。イギリスでは、産業革命をきっかけに、都市への人口流入が起こり、賃金労働者も増加した。新しい工業都市が生まれる一方で、資本家と労働者の貧富の差は広がり、女性や児童労働の発生などにより貧困問題は深刻化した。18世紀に入り、深刻化する貧困問題に対して、COSやセツルメント運動といった活動が展開され、ブースやラウントリーによる調査研究により、貧困の問題を社会全体で解決していく認識が広がっていく。加えて、第一次世界大戦と世界恐慌の経験は、「ナショナル・ミニマム」という発想を生み出すことになった。1941年「ベヴァリッジ報告」が発表され、第二次世界大戦後、イギリスは、「ゆりかごから墓場まで」をスローガンにした福祉国家の生みの親となり、福祉国家体制は先進各国へと形を変えて広がっていった。

　戦後、イギリスの福祉国家の運営は、経済成長に支えられ、安定していくかに見えたが、社会福祉サービスが量的に拡大し、質的保障が困難になってくる。1970年代に入り、労働党の政策への不満が高まる中、1979年に保守党からサッチャーが初の女性首相として選出される。サッチャーは、福祉国家による政策が、国民を怠惰にし、国家に依存させ、相互扶助の精神を失わせていると主張

し、福祉国家の解体をすすめていった。個人の自助努力や、貯蓄や倹約の奨励、労働組合主義を批判し、自由主義的な企業の競争を推進し、社会保障給付や社会サービスの削減・縮小・再編をすすめた。サッチャーは国民の根強い支持のもと、1990年代まで改革を進め、そのうねりは、アメリカや日本にも影響を及ぼした。いわゆる新自由主義改革である。新自由主義に基づく政策によって、格差は拡大し、新たな形で貧困問題が登場することとなった。サッチャーに代わり、政権を担った労働党出身のブレアは、「ニューレイバー」として、戦後の福祉国家体制でも、サッチャー主義でもない「第三の道」を模索したものの、その効果は限定的で、グローバル化の中、イギリスはEUを離脱し、現在も格差・貧困・孤立といった問題に対峙している。

　本書が出版されたきっかけとなる"Radical Social Work"が出版されたのは、1975年である。サッチャーが、首相となったのが1978年であることを踏まえると、イギリスのソーシャルワークの転換点にラディカル・ソーシャルワークの提起がおこなわれたこととなる。本書の中でも、1975年の"Radical Social Work"に言及した箇所が多くあるが、それが当時、どれほどラディカルな問いかけであったかがわかる。

　それから35年の時間を経過し、グローバリゼーションが世界的な格差を生み出す中にあって、現代社会に対して、改めてラディカルな問いかけがおこなわれたわけである。本書の原著"Radical Social Work Today"が出版されたのは、2011年であるが、現在においても本書の指摘は有用である。2019年に世界的に拡大した新型コロナウイルスの感染、2022年のロシアのウクライナへの軍事侵攻といったグローバルな課題は、私たち一人ひとりの生活が、世界とつながっていることを自覚させるものとなった。本書を通じて、ソーシャルワークがグローバルに向き合う課題を共有し、行動を起こす時期がきている。

　また、本書の日本への参照点を示すにあたり、本書で繰り返し言及されているSWAN（Social Work Action Network）について紹介をしておく。

　ソーシャルワーク・アクション・ネットワーク・インターナショナル（SWAN-I）は、世界中のラディカルなソーシャルワーク組織と支援者のネットワークである。SWAN-Iグループを結びつけているのは、ソーシャルワークサービスに関わり、実践し、利用し、提供している人々の利益のために、ソーシャルワークの実践を改善するための政治的行動と運動へ貢献することを目指している。SWAN-Iは、それぞれの地域グループの活動を改善するものではないが、共通

の原則、特定の運動、そして各国でのラディカルなソーシャルワークの伝統を発展させ、強化するためにお互いを支援している。

こうしたSWAN-Iの最も基盤となる活動組織はイギリスを中心に展開されてきた、ソーシャルワーク・アクション・ネットワーク（SWAN）である。SWANは2003年に「ソーシャルワーク・マニュフェスト」[注]を発表し、新自由主義の進展の下でマネジメント主義（「サービスの断片化、財政的な制約や資源の不足、増大する官僚主義的な作業負荷、圧倒的なケアマネジメント・アプローチの横溢とそれに付随したパフォーマンスの指標、プライベート・セクターを使用することなど〈伊藤、2007〉」）が、「ワーカー＝クライエント関係は、ケア（care）というよりもコントロールと監督（supervision）によってますます特徴づけられるようになった」とソーシャルワークの変容を指摘した。そして「倫理的な使命をもった職業サービス（Ethical Careers Service）」として、反資本主義、グローバルな正義に基づいたソーシャルワークを求める運動を展開してきている（伊藤、2007）。

SWANは2006年にリバプール大学で300人強のカンファレンスを開催した。そこには同じような問題意識をもつ研究者・実践者が参加し大いに刺激を受けた。

このようなイギリスでの動向に影響を受けて、東アジアでは香港を中心に「進歩的ソーシャルワーク・ネットワーク（Progressive social work network）」が形成され、東アジア諸国（香港、マカオ、台湾、シンガポール、日本）のソーシャルワーカー・研究者・学生・利用者が集う集会を2015年（香港）、2017年（台湾）、2019年（日本）で開催し、2018年には、香港、台湾、マカオ、中国、日本の各国の新自由主義的グローバリズムの問題状況を指摘する「アジア進歩的ソーシャルワーク宣言2018」を共同執筆した。東アジア以外にも、北米、南米、北欧などで、問題状況を共有しながら各国の状況に応じた活動を展開している。

SWAN-Iは2020年の新型コロナウイルス感染症の拡大の中で、「この危機的状況に、ソーシャルワーカーはどう応答すればよいのか」と問いかけ、国際ソーシャルワーカー連盟（IFSW）と共同でウェブ会議を実施し問題を共有するなど、地球規模のアクションに取り組んでいる。また2022年のウクライナへのロシア侵攻に対しても「ウクライナへの侵攻と戦争に関する声明」を発表し、戦争被害者への支援と戦争反対の姿勢を打ち出している。

では、本書がもたらす日本への参照点は何か。大きく分けて四点挙げる。

1点目は、マネジメント主義に陥るソーシャルワークの危機である。先述したようにサッチャー政権の登場により、福祉国家体制の起点となったイギリスは、新自由主義政策へと舵を切った。その政策の中で、格差は拡大し、貧困や排除の問題は深刻化する一方で、そこに対峙するソーシャルワークが変容を迫られた。社会福祉の商品化が進み、ケアマネジメントが中心的な役割を占め、ソーシャルワーカーたちは、客観的な指標に基づいて、いかに"効率的"にクライエントをサービスに結びつけるか、という役割を担うようになっていった。本書の著者たちが中心となり設立したソーシャルワーク・アクション・ネットワーク（SWAN）の"私たちはこんなことのためにソーシャルワーカーになったのではない"との言葉に代表されるように、マネジメント主義に陥るソーシャルワークの危機を本書は鋭く指摘する。

　日本もサッチャー政権と時期を同じくして、中曽根康弘政権（1982～87年）のもとで、日本専売公社、日本国有鉄道、日本電信電話公社の民営化などといった「構造改革」により新自由主義改革が始まり、現在に続いている。2000年の介護保険法を皮切りに、ケアマネジメントの手法は、障害者福祉、児童福祉の領域へと拡大していった。例えば、2006年に施行された障害者自立支援法は、ケアマネジメントによる地域での自立生活を掲げる一方で、財源の安定化を名目に利用者に一律1割の応益負担を求めた。しかし、「トイレにいくのにも金がかかるのか」との指摘に代表されるように、利用者の応益負担は、憲法25条の生存権を侵害するものであるとして違憲訴訟が提起され、原告側が勝訴、同法は廃止となった。

　こうして障害者福祉法制においては、新自由主義改革への異議申し立て運動による抵抗が広がった。しかしながら、介護保険法を応用したケアマネジメントの仕組みは継続し、本書が指摘する「マネジメント主義」という状況は日本でも生じている。ソーシャルワーカーは、「地域包括ケアシステム」の看板のもと、各種サービスの「効率的な」マネジメントに忙殺されている。"私たちはこんなことのためにソーシャルワーカーになったのではない"という提起は、日本のソーシャルワークの危機を直視させてくれる。

　二点目は、ソーシャルワークにおけるジェンダー、LGBT、人種問題へのソーシャルワークの視点の参照である。本書では、章ごとに著者がジェンダー、性的マイノリティ、人種といった問題に論稿を寄せている。しかし、日本のソーシャルワーク教育においては、これらの分野を取り上げるテキストは少ない。

社会福祉士養成カリキュラムにおいて、こうした分野が科目として設定される
ことはなく、指導する教員の裁量に委ねられているのが現状である。国際ソー
シャルワーカー連盟のソーシャルワーク専門職の定義は、日本のソーシャル
ワーク教育でも紹介されるが、実際に「社会変革と社会開発」や「民族固有の
知」といった言葉がソーシャルワークを学ぶ学生たちにとって、どれほど理解
できるものとなっているのだろうか。

　例えば、男女の賃金格差も埋まらず、母子世帯の相対的貧困率も高い実態に
対して、どのような手当やサービスをあてがうことが可能かを事例検討するこ
とに終始せず、なぜ、ジェンダーギャップは埋まらないのか、埋めようとしな
いのか、そこに生じている抑圧に、なぜ目を向けようとしないのかに対する議
論こそソーシャルワーカー養成に求められる。社会的マイノリティの問題に正
面から向き合う省察の姿勢を本書は提起してくれている。

　三点目は、職域拡大によって見失われるソーシャルワーカーのラディカルな
視点である。先述したように、日本のソーシャルワーカー養成教育の実態から
浮かび上がるのは、ソーシャルワーカーという専門職の社会的地位を確立する
上での課題である。日本で、社会福祉士が法的に国家資格化したのは1987年、
精神保健福祉士が10年後の1997年だが、この間、ソーシャルワーカーが専門
職として社会的な地位を獲得すべく取り組みが展開されてきた。例えば、報酬
単価や診療報酬などに関わってソーシャルワーカーの必置義務や加算制度を設
けるなどの形で、職域拡大や法的な位置づけを求めてきたことが挙げられる。
ソーシャルワーカーは、政策に基づいて援助実践をおこなう面と、援助を必要
とする人たちの抱える課題を政策に反映させる面の二面性を有している。ソー
シャルワーカーの専門職としての社会的地位を獲得しようとするあまり、政策
主体へのラディカルな視点を失わせてはいないか、本書は、問いかけてくれる。
かつて日本では、1960年代から1970年代にかけて、一番ヶ瀬康子、真田是、
高島進らによって、「新政策論」と呼ばれるラディカルな問い直しがおこなわ
れた。こうしたラディカルな議論が現代日本のソーシャルワークを巡る議論
に、どれほど継承されているのか考えさせられる（真田是編『戦後日本社会福
祉論争』法律文化社、1979年参照）。

　ソーシャルワーカーの職域拡大は、新自由主義政策の下で、ソーシャルワー
カーそのものの商品化に取り込まれていっている。法的に位置づけられる役割
を全うすることに忙殺され、本来の役割を発揮できない自らの力不足を「自己

責任」として引き受けていく構図は、職能団体としての機能を失わせることになっている。職能団体の役割とは何か。本書は、その問いを議論するきっかけにもなるだろう。

　4点目は、ソーシャルワークに求められるラディカルな問い返しである。ここまで述べた日本への参照点は、日本のソーシャルワークにラディカルな問い返しが失われていることを指している。本書は、1975年に出版された *Radical Social Work* の出版35周年を記念したものであるが、その中にあっても、1975年の時点での先輩たちの論稿をラディカルに問い返している。1975年の時点では言及されなかったジェンダーや、性的マイノリティの課題に対しても反省的に論述されている。

　私たち日本のソーシャルワーカーは、国内にある抑圧された人々に向き合うことができているのだろうか。ジェンダー不平等、ヘイトクライムの問題、沖縄県の米軍基地に関する問題、在日外国人の労働問題など、「それは政治の問題」として、語ることを避け、結果的に排除に加担することになっていないのか。本書では、ソーシャルワーカーという専門職とは何か、守られるべき専門性、あるいは非難されるべき専門性とは何かを繰り返し問いかけてくれる。専門職が掲げる「正義」によって、声を挙げることのできない人たちはいないか、その声への「応答」ができているのか。ソーシャルワーク専門職は岐路に立たされている。本書の第4章「道化師のジョーク」で道化師は私たちに、こう問いかける。

　「誰がソーシャルワーカーを必要としているのか、と聞くほど、私はラディカルになってもいいだろうか？」

本書の翻訳の経緯

　本書の翻訳をおこなうことになった経緯は、2016年に、当時、立命館大学大学院博士後期課程に在籍していた深谷弘和と岡部茜が研究会を開催したことに始まる。日本ではイギリスにおけるラディカル・ソーシャルワークの紹介が十分におこなわれておらず、国際的なソーシャルワーカーのネットワークへの参画をおこなう上で、本書の翻訳が必要であるとの課題意識が出発点となった。

　翻訳作業をベースにした研究会を開催するにあたって、これまでイギリスのソーシャルワークに関する翻訳本を複数、監訳している同大学院の石倉康次教授にも参加してもらい、深谷と岡部が、石倉教授の指導を受けながら「まえが

き」「序論」の翻訳をおこなった。その上で、研究会メンバーとして新たに若手院生・研究者に呼びかけ、翻訳作業をおこない、研究会を定期的に開催してきた。新型コロナウイルスの影響により、途中、研究会を開催できない時期もあったが、出版に向けて再度研究会を開催した。これに際して九州看護福祉大学の阿部敦教授、大谷大学の中野加奈子准教授にも新たに参加してもらい、翻訳の最終チェックをおこないつつ、日本とイギリスのソーシャルワークに関する比較研究をすすめてきた。

　各章の分担については、当時の、大学院生や若手研究者が下記の分担で、下訳をおこなった。下訳を元に研究会で議論を重ねてきた。

まえがき：深谷弘和（天理大学）、岡部茜（大谷大学）
序論：深谷弘和、岡部茜
第1章：深谷弘和
第2章：陳意（金沢大学大学院）
第3章：陳意
第4章：深谷弘和
第5章：岡部茜
第6章：千恵蘭（ウイズコミューン協同組合・韓国）
第7章：高倉弘士（芦屋大学）
第8章：荒川亜樹（上海在住）・高倉弘士
第9章：岡部茜
第10章：中野加奈子（大谷大学）
第11章：千恵蘭
参照文献（邦訳文献を含む）：岡部茜

　その後、出版にあたっては、深谷弘和、石倉康次、中野加奈子、岡部茜、阿部敦の5名で翻訳の最終チェックをおこなった。また、第5章の翻訳にあたっては、仁愛大学の織田暁子さんに助言をいただいた。なお、本書の訳文の責任はすべて監訳者にあることを申し添えておく。

おわりに
　今回の翻訳本の出版に向けた作業を大詰めに迎えた頃、数年前の卒業生が、

私の研究室を訪ねてきてくれた。大学で社会福祉士の資格を取得し、高齢者分野の相談員を目指して、特別養護老人ホームへ就職した彼女は、入職してしばらくは、ケアワーカーとして高齢者介護に従事した。しかし、人材不足で、半年足らずで、相談員となった。右も左もわからない中だが、自分が目指して相談員になれた喜びと共に、先輩の手ほどきを受けながら、必死でケアマネジメントの業務にあたるようになった。しかし、ずっと事務所にこもり、高齢者や家族との関わりが切片化され、計画立案と、連絡調整をおこなう毎日に、少しずつ疑問を感じるようになってきたと話してくれた。施設の稼働率や、報酬を意識することを経営陣から求められる中、自分がイメージしてきたソーシャルワークとのギャップに悩まされ、体調を崩すようになったという。彼女は、「先生、私は、こんなことをするために社会福祉を学んだわけじゃないです…」と話してくれた。その言葉は、まさに、本書の著者たちの「こんなことをするためにソーシャルワーカーになったわけじゃない」という言葉に重なる。彼女には、本書の翻訳の話をし、出版後の読書会の企画を相談した。

　遠いイギリスの地でも同じような疑問を抱き、矛盾に立ち向かおうとするソーシャルワーカーたちがいる。そのことを、本書を通じて多くのソーシャルワーカーたちと共有し、共に歩みを進める人々とグローバルに連帯していきたい。

　本書は、2022年度天理大学学術図書出版助成を受けて出版するものである。

注：伊藤文人 (2007)「ソーシャルワーク・マニュフェスト―イギリスにおけるラディカル・ソーシャルワーク実践の一系譜」日本福祉大学社会福祉学部『日本福祉大学社会福祉論集』第 116 号

監訳者による推薦文

岡部　茜
（大谷大学　社会学部）

　本書を手に深谷さんと石倉先生の研究室の扉を叩いたときのことを今も覚えている。私は鬱屈とした気持ちを抱えていた。差別や支配に抗し私たちの生をまもる営みとして、学び、参加したはずのソーシャルワークは人間の生をすり潰そうとする社会を前にして、どうもうまく機能していないように感じていたからだ。ストレングスやエンパワーメント、寄り添いなどが語られるなかで、他方で人々が見殺しにされ、拘束され、排除されている。社会福祉の制度のなかでさえ。これはどういうことなのか？　苛烈な生への侮辱が生じているのに、どうして私たちは現状肯定的に機能させられてしまうのか。本書でも登場するイギリスのソーシャルワーカーたちと同じことを思った。「こんなことをするためにソーシャルワーカーになったのか？」

　しかしそもそも、ソーシャルワークはケアとコントロールの二面性を持っている。それは様々な論者が指摘してきたことだった。資本主義国家のなかでソーシャルワークは統治の道具である。現場で抵抗の実践があることは知っているし、私も抵抗していると思って実践している。しかし、なんだかうまくいっていない気がする。そういえば真田是は、資本主義国家のなかでは生存権の保障は完全には実現しないと書いていた。過激であるが、突き詰めて考えればそうであるように思える。自分の立場も含めて資本主義国家の問題を問わないソーシャルワークは、善良なふりをした国家支配の尖兵になる。だからこそもっとラディカルに考えなければならない。国家の内部で国家に抵抗することは可能なのか。

　このような問題意識をもつ人々に、この本はたくさんのヒントを提供してくれる。本書はソーシャルワークの価値を信じながらも、ソーシャルワークの問題について多様な点から批判的検討をおこなう。どこまでソーシャルワークが生の抑圧に抵抗する営みとして存在できるのかも、ラディカル・ソーシャルワークがラディカルに成立するのかも、これからさらに検討されなければならない。それでも、人の生がすり潰される現状に抗いたいならば、常に自分たちのやっていることに批判的なまなざしを向けながら、どうすべきかを考えなけ

ればならない。

　私はこの本を、いま戸惑いながらもソーシャルワークを考え実践する人と読みたいです。

中野加奈子
（大谷大学　社会学部）

　私がSWANの存在を知ったのは、2011年に東京で開催された二国間共同セミナー「NPM（New Public Management）政策の衝撃と専門職ソーシャルワークの接点：日英の経験の比較研究」だ。

　私は、1990年代の終わり頃に救急病院で医療ソーシャルワーカーとして働き、リーマンショックの頃には一時生活支援事業（当時）の相談員としてホームレス状態の人たちの支援に関わった。いずれの現場でも、ソーシャルワークのあり方に悩んだ。特に当時は医療費削減のために「社会的入院」に焦点が当てられ、退院促進が政策的に誘導された。早期退院を求める医療政策と患者・家族の生活実態との間で、身を引き裂かれるような思いで現場に立っていた。まさしく「こんなことをするためにソーシャルワーカーになったのか？」と自分自身に問うた。

　そんなときにセミナーで聞いたイギリスの状況は私自身の経験とあまりにも類似していた。例えば、非行少年の社会復帰支援では支援期間に制限が設けられ、その制限を超える際には膨大な書類作業が求められたり、場合によっては予算が削減されるといった事例が語られていた。そして「こんなことをするためにソーシャルワーカーになったわけじゃない」という言葉は世界共通のものだと知り、勇気づけられた。その後、東アジアの仲間との集会に参加・企画したり、コロナ禍になってSWAN-Iの会議に参加する機会を得て、ますます「ラディカル・ソーシャルワーク」に関心をもつようになった。

　本書は2011年にイギリスで出版されたものだ。しかし、ここでの指摘は日本の状況を分析する際に多くの気づきを与えてくれる。特に女性やLGBTQへの差別や抑圧（第3章、第5章）、そして、そこにつながるパターナリズムや「家族」のあり方は日本の社会福祉政策やソーシャルワークの重要な課題だろう。サービス利用者との連帯（第6章）も、削減される社会福祉政策への抵抗について示唆を与えてくれる。

　ただし、この本の中には、新型コロナウイルス感染症の世界大流行やロシアによるウクライナ侵攻はまだ起こっていない。私たちは社会変化の大きなうねりの中で、ラディカル・ソーシャルワークをどう展開していくのか問われている。実際、SWAN-Iの会議ではメンバーからも「『ラディカル』の意味をもっと深めよう」という意見が出ることもある。日本で私たちが強いられてきた「こんなこと」をどうやって打開していくのか、本書を手がかりにしてソーシャルワーカーや利用者のみなさんたちと学び合い、議論し合いたいと願っている。そして「ラディカル・ソーシャルワーク」を通して、世界のソーシャルワーカーや今困難の中にある人たちと、より良い社会をつくり出すための連帯を広げていきたいと願っている。

阿部　敦
（九州看護福祉大学　看護福祉学部）

　ソーシャルワーカーの倫理綱領および行動規範では、「ソーシャルアクション」や「社会変革」の考え方が重視されている。しかし、わが国におけるソーシャルワーカーの養成カリキュラムにおいて、同項目は重視されていない。その理由の一つとして、「社会福祉士および介護福祉士法成立後の厚生省社会局長通知」（1988）の存在を挙げることができる。権力対峙型の活動を内包しやすいソーシャルアクションを抑制する狙いがあったのか否かは不明だが、いずれにしても、同通知によって、ソーシャルワーカーの養成教育課程におけるソーシャルアクションの軽視がもたらされたのである。そのような経緯を踏まえ、中島康晴（日本社会福祉士会副会長）は、次のように述べている〔下線部分は筆者による強調〕。

　　まず取りあげたいのは、社会福祉士と精神保健福祉士の法による定義と養成カリキュラムから、「社会変革」が抜け落ちてしまっているという問題だ。これは、社会福祉士と精神保健福祉士は、真にソーシャルワーカーといえるのか、という重要な問いを引き起こす。
　　社会福祉士及び精神保健福祉士法を確認してみよう。社会福祉士の役割は、『人びと』に対する「相談」「援助」「指導」、関係機関との「連絡及び調整」、もしくは「連携」とされている。…中略…。精神保健福祉士も同様だ。…中略…。

これらをソーシャルワークのあるべき姿に近づけるためには、社会福祉士法、精神保健福祉士法のそれぞれに「社会変革」と「ソーシャルアクション」の考え方を盛りこむ以外にない。

　法律に「社会変革」と「ソーシャルアクション」の考え方を組み込んでいない状況下で養成されるソーシャルワーカーは、真にソーシャルワーカーといえるのか——。我々は、中島のこの指摘を、重く受け止めるべきである。また、だからこそ、ソーシャルワーカーに期待されるソーシャルアクションについて、それを真正面に据えて論じている本書は、示唆に富んでいるといえよう。

石倉康次
（総合社会福祉研究所）

　第二次大戦後の日本にも社会福祉の実践と理論の両方の分野において、戦前からの伝統的な社会事業の潮流や戦後の英米からの輸入の流れに対して、資本主義社会における社会福祉実践の位置の根源を問うラディカルな諸潮流が存在した。その一端は真田是編（1979）『戦後日本社会福祉論争』法律文化社に論述されている。1990年代以降は政府主導で開始された「社会福祉構造改革」への対応や評価をめぐって実践と理論の諸潮流が露わになった。その一端は、河合克義編（2012）『福祉論研究の地平：論点と再構築』法律文化社、に示されている。本訳書『現代のラディカル・ソーシャルワーク』はイギリスにおける1970年代以降の議論を振り返り、現代的な論点を提示するものとなっており、日本における議論との類似性と相違性を確認することができる。
　私が、翻訳書から触発され掘り下げる必要を感じた点をいくつか述べてみたい。一つは60年代に主として大学で登場したラディカルな潮流の中にはパターナリズム批判に留まらず資本主義社会における社会福祉の存在や専門性を自己否定する流れが登場したこと。これに対してイギリスのラディカル派にはそのような極端な自己否定論の潮流はひろがらず、ラディカルな諸理論が交流・継承されていった（第1章、第2章）。この違いはなぜに生じたのか。二つめは第二次大戦後のギリシャ復興に関与したイギリスの政策の中にソーシャルワークが位置づけられたこと（第8章）。それは、日本の第二次大戦後のアメリカ・占領軍の占領政策においても同様のアプローチがあったのではないかというこ

とである。三つめはイギリスのソーシャルワークの中ではLGBTQの課題がすでに位置づけられてきているが、日本においてはこれからの課題となっており、イギリスの実践は一つの参照点となるということ（第5章）。四つめは、地域ミュニティと地域開発におけるラディカルなソーシャルワークの可能性（第10章）である。これは貧困・過疎地域や在日外国人の居住地域や旧同和地区の再開発過程の考察において参照すべき視点を提示しているように思う。

　新自由主義政策の跋扈により、イギリスと日本の状況はますます似通ったものになっており、社会福祉研究においても相互交流の可能性と必要性は高まっていると思う。本訳書はその手がかりになることを期待したい。

参照文献

Acheson, D. (1998) *Independent inquiry into Inequalities in Health Report*, London: The Stationery Office.

Age Concern (2002) *Opening doors to the needs of older lesbians, gay men and bisexuals*, London: Age Concern.

Alcabes, P. (2009) Dread: *How fear and fantasy have fueled epidemics from the Black Death to Avian Flu*, New York: Public Affairs.

Alinsky, S. (1969) *Reveille for radicals*, New York: Vintage Books.

Alinsky, S. (1989) *Rules for radicals*, New York: Vintage Books (1st published in 1971 by Random House).

Allen, K. (2004) Max Weber: *A critical introduction*, London: Pluto Press.

APA (American Psychiatric Association) (2002) *Diagnostic and statistical manual of mental disorders* (4th edn), Washington DC: APA.

Atkin, K. and Chattoo, S. (2007) 'The dilemmas of providing welfare in an ethnically diverse state: seeking reconciliation in the role of a "reflexive practitioner", *Policy & Politics*, vol 35, no 3, pp.377-93.

Axford, B., Browning, G., Huggins, R., Rosamond, B. and Turner, J. (1997) *Politics*: An introduction, London: Routledge.

Bailey, R. and Brake, M. (1975) *Radical social work*, London: Edward Arnold.

Baldwin, M. (1996) 'White anti-racism: is it really no-go in rural areas?', *Social Work Education*, vol l5, no l, pp.18-33.

Baldwin, M. (2006) 'Helping people with learning difficulties into paid employment: will UK social workers use the available Welfare to Work system?', *Journal of Policy Practice*, vol 5, nos 2/3.

Baldwin, M. and Sadd, J. (2006) 'Allies with attitude: service users, academics and social services agency staff learning how to share power in running a social work education course', *Social Work Education*, vol 25, no 4, pp.348-59.

Banks, S. (1990) 'Accrediting prior learning: implications for education and training in youth and community work', *Youth and Policy*, no 31, pp.8-16.

Banks, S. (2007) 'Becoming critical: developing the community practitioner', in H. Butcher, S.

Banks, P. Henderson with J. Robertson (eds) (2007) *Critical community practice*, Bristol: The Policy Press, pp.133-52.

Banks, S. and Noonan, E (1990) 'The poll tax and community work', *Association of Community Workers*: Talking Point, nos 117 and 118.

Banks, S. and Orton,A. (2007)'"The grit in the oyster": community development in a modernising local authority', *Community Development Journal*, vol 42, no l, pp.97-113.

Banks, S. and Shenton, F. (2001) 'Regenerating neighbourhoods: a critical look at the role of community capacity building', *Local Economy*, vol 16, no 4, pp.286-98.

Banks, S. and Vickers, T. (2006) 'Empowering communities through active learning: challenges and contradictions', *Journal of Community Work and Development*, vol 8, pp. 83-104.

Banyard, K. and Lewis (2009) *Corporate sexism: The sex industry's infiltration of the modern workplace*, London: The Fawcett Society.

Barnard, A., Homner, N. and Wild, J. (eds) (2008) *The value base of social work and social care*,

Maidenhead: Open University Press.

Barnes, C., Mercer, G. and Shakespeare,T. (1999) *Exploring disability: A sociological introduction*, Cambridge: Polity Press. (杉野昭博、松波めぐみ、山下幸子 訳〈2004〉『ディスアビリティ・スタディーズ：イギリス障害学概論』明石書店)

Basketter, S. (2009a) 'Where next after the Lindsey strike?', *Socialist Worker*, 4 July (www.socialistworker.co.uk/art.php?id=18322).

Basketter, S. (2009b) 'Total victory for Lindsey strikers', *Socialist Worker*, 4 July (www.socialistworker.co.uk/art.php?id=18354).

BBC (British Broadcasting Corporation) News (2010) 'Bilin marks five years of West Bank barrier protest', 19 February.

Behan,T. (2009) *The Italian resistance*, London: Pluto.

Bellamy, K., Bennett, F. and Millar, J. (2006) *Who benefits? A gender analysis of the UK benefits and tax credit system*, London: The Fawcett Society.

Benwell Community Project (1978) *Permanent unemployment*, Benwell Community Project, final report series, no 2, Newcastle-on-Tyne Benwell Community Project.

Beresford, P. (1999) 'Making participation possible: movements of disabled people and psychiatric system survivors', in T. Jordan and A Lent (eds) *Storming the millennium: The new politics of change*, pp.34-50, London: Lawrence and Wishart.

Beresford, P. (2005) 'Theory and practice of user involvement in research: making the connection with public policy and practice', in L. Lowes and I. Hulatt (eds) *Involving service users in health and social care research*, pp.6-17, London: Routledge.

Beresford, P. (2006a) 'Service user values, in Community Care/ Nottingham Trent University: confirming our value base in social work and social care', *Community Care*, 16 March.

Beresford, P. (2006b) 'Nottingham meeting gladdens the heart', Opinion, Stand Up for Social Care campaign, *Community Care*, 16 March.

Beresford, P. (2007a) The roles and tasks of social workers: *Report of service user consultation, for the England Review, 28 February 2007, carried out by Shaping Our Lives*, London: General Social Care Council.

Beresford, P. (2007b) *The changing roles and tasks of social work from service users' perspectives:* A literature informed discussion paper, for the Review of Social Work Roles and Tasks in England, London: General Social Care Council.

Beresford, P. (2010) 'Learning from history: beyond current controversy to achieving a truly strong voice for social work', Blog, Community Care www.communitycare.co.uk/blogs/social-care-the-big-picture/2010/03/learning-from-history-basw-the-national-college-and-a-strong-social-work-voice.html.

Beresford, P. and Croft, S. (1980) *Community control of social services departments*, London: Battersea Community Action.

Beresford, P. and Croft, S. (1989) 'Decentralisation and the personal social services', in M. Langan and P. Lee (eds) *Radical social work today*, London: Unwin Hyman.

Beresford, P. and Croft, S. (1992) 'The politics of participation', *Critical Social Policy*, no 35, Autumn, pp.20-44.

Beresford, P. and Croft, S. (1993) *Citizen involvement: A practical guide for change*, Basingstoke: Macmillan.

Beresford, P. and Croft, S. (2004) 'Service users and practitioners reunited: the key component for social work reform', *British Journal of Social Work*, vol 34, pp.53-68.

Beresford, P. and Harding, T. (eds) (1993) *A challenge to change: Practical experiences of building user led services*, London: National Institute for Social Work.

Beresford, P, Adshead, L. and Croft, S. (2007) *Palliative care, social work and service users: Making life possible*, London: Jessica Kingsley.

Beresford, P, Shamash, 0., Forrest, V. Turner, M. and Branfield, F. (2005) *Developing social care: Service users' vision for adult support* (Report of a consultation on the future of adult social care) Adult Services Report 07, London: Social Care Institute for Excellence in association with Shaping Our Lives.

Bergsten, B., Beresford, P. and Nambiar, N. (2009) *Brukarsamverkan I Utbildningen Av Socionomer*, April, Lund: School of Social Work, Lund University.

Bessell, B. (1978) 'A matter of principles', *Community Care*, 13 September.

Beveridge, W. (1942) *Social Insurance and Allied Services*, Cm 6404, London: HMSO. (一圓光彌監訳〈2014〉『ベヴァリッジ報告：社会保険および関連サービス』法律文化社)

Bhanti, R. (2001) *Social development: Analysis of some social work fields*, Chennai: MCC Press.

Biestek, F. P. (1957) *The casework relationship*, London: Allen & Unwin. (尾崎新、福田俊子、原田和幸訳〈2006〉『ケースワークの原則：援助関係を形成する技法』誠信書房)

Birchall, I. (1974) *Workers against the monolith*, London: Pluto.

Birchall, I. (1986) *Bailing out the system: Reformist socialism in Western Europe* 1944-1985, London: Bookmarks.

Bloch, A. and Solomos, J. (eds) (2010) *Race and ethnicity in the 21st century*, Basingstoke: Paigrave Macmillan.

Blofeld, J. (2003) *Independent inquiry into the death of David Bennett*, Cambridge: Norfolk, Suffolk and Cambridgeshire Strategic Health Authority.

Boltanski, L. and Chiapello, E. (2007) *The new spirit of capitalism*, London Verso. (三浦直希他訳〈2013〉『資本主義の新たな精神』ナカニシヤ出版)

Bourne, J. (2010) 'Comment: putting John Denham's speech in context', Institute for Race Relations, 21 January 2010, www.irr.org.uk/2010/january/ha000024.html.

Brake, M. and Bailey, R. (eds) (1980) *Radical social work and practice*, London: Edward Arnold.

Branch, T. (1988) *Parting the waters America in the King Years* 1954-63, New York: Simon and Schuster.

Branch, T. (1998) *Pillar of fire America in the King Years* 1963-65, New York: Simon and Schuster.

Branch, T. (2006) *At Canaan's edge: America in the King Years* 1965-68, New York: Simon and Schuster.

Branfield, E, Beresford, P., Danagher, N. and Webb, R. (2005) *Independence, wellbeing and choice: A response to the Green Paper on Adult Social Care. Report of a consultation with service users*, London: National Centre for Independent Living and Shaping Our Lives.

Braverman, H. (1976) *Labour and monopoly capital: The degradation of work in the twentieth century*, NewYork: Monthly Review Press.

Braye, S. and Preston-Shoot, M. (1995) *Empowering practice in social care*, Buckingham: Open University Press.

Brewer, C. and Lait, J. (1980) *Can social work survive?*, London: Temple.

Bristow, J. (2009) *Standing up to supernanny*, Exeter: Societas.

Brittan, S. (2008) 'Auguries for a "vile" decade', *Financial Times*, 1 May.

Bromley, C., Curtice, J. and Given, L. (2007) *Attitudes to discrimination in Scotland 2006: Scottish Social Attitude Survey*, Edinburgh: Scottish Centre for Social Research.

Brown, T. and Hanvey, C. (1987) 'A spirit of the times7, *Community Care,* 30 July.

Bryan, B., Dadzie, S. and Scafe, S. (1985) *The heart of the race: Black women's lives in Britain,* London: Virago Press.

Bunyan, P. (2010) 'Broad-based organizing in the UK: reasserting the centrality of political activity in community development', *Community Development Journal,* vol 45, no 1, pp.111-27.

Burrows, R. (2003) *Home ownership and poverty in Britain,* York: Joseph Rowntree Foundation.

Bywater, T., Hutchings, J., Daley, D. and Whitaker, W. (2009) 'Longterm effectiveness of a parenting intervention for children at risk of developing conduct disorder', *The British, Journal of Psychiatry,* no 195, pp.318-24.

Cabinet Office (2009) Family Nurse Partnership, http://webarchive.nationalarchives.gov.uk/ + http://www.cabinetoffice.gov.uk/social_exclusion_task_force/family_nurse_partnership.aspx

Callinicos, A. (1999) *Social theory: A historical introduction,* Cambridge Polity.

Callinicos, A. (2006) *The resources of critique,* Cambridge: Polity.

Callinicos, A. (2010a) *The bonfire of illusions: The twin crises of the liberal world,* Cambridge: Polity.

Callinicos, A. (2010b) 'Obituary of Daniel Bensaid', *Socialist Worker,* no 23, p.10.

Campbell, J. and Oliver, M(1996) *Disability politics. Understanding our past, changing our future,* London: Routledge.

Campbell, P. (1996) 'The history of the user movement in the United Kingdom', in T. Heller, J. Reynolds, R. Gomm, R. Muston and S. Pattison (eds) *Mental health matters,* Basingstoke: Macmillan.

Cannan, C. (1975) 'Welfare rights and wrongs', in R. Bailey and M Brake (eds) *Radical social work,* London: Edward Arnold.

Care Leavers' Association (2010) 'LGBT care leavers' (www.careleavers.com/lgbt-care-leavers)

Carlin, N. (1989) 'The roots of gay oppression', *International Socialism,* no 42, pp.63-113.

Carpenter, E. (1908) *The intermediate sex,* London: Echo.

Carson, G. (2009a) 'Social workers say "we are underpaid and over worked"', *Community Care,* 30 July.

Carson, G. (2009b) 'Exclusive research: aging workforce threatens staff shortage', *Community Care,* 30 July.

Case Con manifesto (1975) in R. Bailey and M. Brake (eds) *Radical social work,* London: Edward Arnold.

CCETSW (Central Council for Education and Training in Social Work) (1976) *Guidelines to social work training rules,* London: CCETSW.

CCETSW (1975a) 'Education and training for social work', *Discussion paper 10,* February, London: CCETSW.

CCETSW, (1975b) 'A new form of training: the certificate in social service', *Paper 9.1,* March, London: CCETSW.

CDP (Community Development Project) Inter-Project Editorial Team (1977) *Gilding the ghetto: The state and the poverty experiments,* London: CDP Inter-Project Editorial Team

CDP Political Economy Collective (1979) *The state and the local economy,* Newcastle: CDPPEC.

Centre for Longitudinal Studies (2007) *Millennium Cohort Study,* London: Institute of Education.

Centre for Social Justice (2008) *Breakthrough Glasgow: Ending the costs of social breakdown,*

London: Centre for Social Justice.

Challen, A., Noden, P, West, A. and Macbin, S. (2009) *UK resiliency programme evaluation*, Interim Report, Research Report No DCSF-RR094, DCSF/LSE.

Chambers, E. (2003) *Roots for radicals: Organizing for power, action, and justice*, New York: Continuum.

Charlton, J. I (1998) *Nothing about us without us: Disability, oppression and empowerment*, California: University of California Press. (岡部史信監訳〈2003〉『私たちぬきで私たちのことは何も決めるな：障害をもつ人に対する抑圧とエンパワメント』明石書店)

Chief Secretary to the Treasury (2003) *Every child matters* (Cm 5860) London: The Stationery Office.

Chu, W. C. K., Ming-sum Tsui and Miu-chung Yan (2009) 'Social work as moral and political practice', *International Social Work*, vol 52, no 3, pp.287-98.

Clarke, J. (1993) (ed) *A Crisis in Care?: Challenges to social work*, London: Sage.

Close, D.H. (2004) 'War, medical advance and the improvement of health in Greece, 1944-53', *South European Society & Politics*, vol 9, no 3, pp.1-27.

Coates, K. and Silburn, R. (1970) *Poverty: The forgotten Englishman*, Harmondsworth: Penguin

Cochrane, K. (2008) 'Now, the backlash', *G2, The Guardian*, 1 July.

Cohen, S. (1975) 'It's alright for you to talk: political and sociological manifestos for social work' in R. Bailey and M. Brake (eds) *Radical social work*, London: Edward Arnold.

Coleman, N. (2009) 'This is the modern world! Working in a social services contact centre', in J. Harris and V. White (eds) *Modernising social work: Critical considerations*, Bristol: The Policy Press.

Communities and Local Government (2007) *The community development challenge*, London: Communities and Local Government.

Communities and Local Government (2008) *Communities in control*: Real people, real power, www.communities.gov.uk/publications/communities/communitiesincontrol

Communities and Local Government/Local Government Association (2007) *An action plan for community empowerment: Building on success*, London: Communities and Local Government / Local Government Association.

Concannon, L. (2009) 'Developing inclusive health and social care policies for older LGBT citizens', *British, Journal of Social Work*, no 39, pp.403-17.

Cooke, I. (1996) 'Whatever happened to the class of' 68? The changing context of radical community work practice', in I. Cooke and M. Shaw (eds) *Radical community work: Perspectives from practice in Scotland*, Edinburgh: Moray House.

Cooke, R. (2008) 'How far have we come in 80 years', *The Observer*, 7 December.

Cooper, D. (1971) *The death of the family*, Harmondsworth: Penguin. (塚本嘉壽、笠原嘉共訳〈2000〉『家族の死』みすず書房)

Corkey, D. and Craig, G. (1978) 'CDP: community work or class politics', in P. Curno (ed) *Political issues in community work*, London: Routledge and Kegan Paul.

Cornwall, A. (2002) 'Locating citizen participation', *IDS Bulletin*, vol 33, no 2, pp.49-58.

Craig, G. (2007) '"Cunning, unprincipled and loathsome": the racist tail wags the welfare dog', *Journal of Social Policy*, vol 36, no 4, pp.605-23.

CRE (Commission for Racial Equality) (2007) *A lot done, a lot to do: Our vision for an lntegrated Britain*, London: CRE.

Crine, A. (1979) 'News Focus', *Community Care*, 4 January.

CTSW (Council for Training in Social Work) (1971) *The teaching of fieldwork*, Discussion Paper, 4, CTSW, London.

Dalrymple, J. and Burke, B (1995) *Anti-oppressive practice. Social care and the law*, Maidenhead: Open University Press.

Dargan, L. (2009) 'Participation and local urban regeneration: the case of the New Deal for Communities (NDC) in the UK', *Regional Studies*, vol 43, no 2, pp.305-17.

Darlington, R. and Lyddon, D. (2001) *Glorious summer: Class struggle in Britain*, London Bookmarks.

Davis, M. (1999) *Sylvia Pankhurt: A life in radical Politics*, London: Pluto.

DCSF (Department for Children, Schools and Families) (2007a) 'Government's parenting strategy: putting parents in control', Press Release 2007/0020, 8 February.

DCSF (2007b) *The Children's Plan: Building brighter futures*, London: Thc Stationery Office.

DCSF/DH (Department for Children, Schools and Families/ Department of Health) (2009) *Building a safe confident future: The final report of the Social Work Task Force*, November, London: DCSF/DH.

Dedoulis, E. and Caramanis, C. (2007) 'Imperialism of influence and the state-profession relationship: the formation of the Greek auditing profession in the post-WWII era', *Critical Perspectives on Accounting*, vol 18, no 4, pp.393-412.

Dee, H. (2010) *The red in the rainbow: Sexuality, socialism and LGBT liberation*, London: Bookmarks.

DeFilippis, J., Fisher, R. and Shragge, E. (2007) 'What's left in the community? Oppositional politics in contemporary practice', *Community Development Journal*, vol 44, no l, pp.38-52.

Denham, J. (2010) 'Tackling race inequality: a statement on race', www.communities.gov.uk/publications/communities/tacidingrace.inequalitystatement

Denham, Lord (2010) *The Guardian*, 14 January Department of State (1947) 'The immediate need for emergency aid to Europe', 29 September, President's secretary's files, Truman Papers, www.trumanlibrary.org/hstpaper/psf.htm

DETR (Department of the Environment, Transport and the Regions) (1998) *Modernising local government: Local democracy and community leadership*, London: DETR.

DH (Department of Health) (1990) *Caring for people*: Policy guidance, London: HMSO. (小田兼三監訳〈1991〉『英国コミュニティ・ケア白書：コミュニティ・ケア改革と日本の保健医療福祉への示唆』中央法規出版)

DH (1998) *Modernising social services. Promoting independence, improving protection, raising standards*, White Paper (Cm 4169), London: The Stationery Office.

DH (2002) *Fair access to care services: Guidance on eligibility criteria for adult social care* (LAC (2002) 13), London: DH.

DH (2006) *Our health, our care, our say: A new direction for community services*, London: DH.

DH (2007) *Putting people first: A shared vision and commitment to the transformation of adult social care*, London: DH.

Dinham, A. (2005) 'Empowered or over-powered? The real experiences of local participation in the UK's New Deal for Communities', *Community Development Journal*, vol 40, no 3, pp.301-12.

Dixon, G., Johnson, C., Leigh, S. and Turnbull, N. (1982) 'Feminist perspectives and practice', in G. Craig, N. Derricourt and M. Loney (eds) *Community work and the state*, London: Routledge and Kegan Paul.

Dominelli, L. (1988) *Anti-racist social work: A challenge for white practitioners and educators*,

Basingstoke: Palgrave.

Dominelli, L. (1990) *Women and community action*, London: Venture Press.

Doogan, K. (2009) *New capitalism? The transformation of work*, London: Polity.

Dorling, D. (2010) *Injustice: Why social inequality persists*, Bristol: The Policy Press.

Doward, J. (2009) 'Exposed: ugly face of BNP's leaders', London: *The Observer*.

Dunn, B. (2009) 'Myths of globalisation and the new economy', *International Socialism*, no 121, pp.75-97.

Earnshaw, M. (2008) 'Communities on the couch', in D. Clements, A. Donald, M. Earnshaw and A. Williams (eds) *The future of community: Reports of a death greatly exaggerated*, London: Pluto.

Edinburgh Support Workers' Action Network (2010) 'Controversial care and support tender collapses', Press release, 1 February (www.swanedinburgh.blogspot.com).

Editorial (1978a) 'A new dawn rises for BASW', *Community Care*, 20 September.

Editorial (1978b) 'Time to resolve BASW's crises, *Community Care*, 13 September.

Editorial (1981) '....and a not-too-bad new year', *Community Care*, 1 January.

Ehrenreich, B. (2009) Smile or die: *How positive thinking fooled America and the world*, London: Granta.

Eilers, K. (2003) 'Social policy and social work in 1928', in S. Hering and B. Waaldijk (eds) *History of social work in Europe (1900-1960) Female pioneers and their influence on the development of international social organizations*, Opladen: Leske und Budrich.

Elliot, L. (2010) 'A few strikes don't make a spring of discontent', *The Guardian*, 29 March.

Engels, F. (1884 [1978]) *The origins of the family, private property and the state*, Beijing: Foreign Language Press.

Epstein, L. (1994) 'The therapeutic idea in contemporary society' in Adrienne S. Chambon and Allan Irving (eds) *Essays on postmodernism and social work*, Toronto: Canadian Scholars' Press.

The Equalities Review (2007) *Fairness and freedom: The final report of The Equalities Review*, London: The Cabinet Office.

Equality Challenge Unit (2009) 'The experience of lesbian, gay, bisexual and trans staff and students in HE' (www.ecu.ac.uk).

Family Law Review (2009) *Breakthrough Britain: Every family matters*, London: Centre for Social Justice.

Fanshawe, S. and Sriskandarajah, D. (2010) *'You can't put me in a box': Super-diversity and the end of identity Politics in Britain*, London: Institute for Public Policy Research.

Farrell, M. (1980) *Northern Ireland: The Orange State*, London: Pluto.

Fawcett Society (2010) *Equal pay day 2 November 2010-Join Fawcett to demand women's equal rights to equal pay*, Campaign document, London: Fawcett Society.

Federation of Community Work Training Groups and Mainframe Research and Consultancy Services (1995) *Community work S/NVQ project: National occupational standerds and proposed award specifications*, Sheffield: FCWTGs and Mainframe.

Feinberg, L (1998) *Trans liberation: Beyond pink or blue*, Boston, MA: Beacon Press.

Ferguson, I. (2008a) *Reclaiming social work: Challenging neoliberalism and promoting social justice*, London. Sage. (石倉康次、市井吉興監訳〈2012〉『ソーシャルワークの復権 : 新自由主義への挑戦と社会正義の確立』クリエイツかもがわ)

Ferguson, I. (2008b) 'Neoliberalism, happiness and well-being', *International Socialism*, no 117, pp.87-121.

Ferguson, I. and Barclay, A. (2002) *Seeking peace and mind: The mental health needs of asylum seekers in Glasgow*, Stirling: University of Stirling.

Ferguson, I. and Lavalette, M. (2007) "The social worker as agitator": the radical kernel of British social work', in M. Lavalette and I. Ferguson (eds) *International social work and the radical tradition*, Birmingham: Venture Press.

Ferguson, I. and Lavalette, M. (2009) *Social work after Baby P: Issues, debates and alternative perspectives*, Liverpool: Hope University.

Ferguson, I. and Woodward, R. (2009) *Radical social work in practice: Making a difference*, Bristol: The Policy Press.

Ferguson, I., Lavalette, M. and Whitmore, F. (2005) (eds) *Globalisation, global justice and social work*, London: Routledge.

Finch, J. (1988) 'Whose responsibility? Women and the future of family care', in J. Allen, J. Wicks, J. Finch and D. Leat (eds) *Informal care tomorrow*, London: Policy Studies Institute.

Fitzpatrick, M. (2009) 'Don't turn social workers into police', *Community Care*, 17 September.

Fook,J. (2002) Social work: *Critical theory and practice*, London: Sage.

Francis, D., Henderson, P. and Thomas, D. (1984) *A survey of community workers in the United Kingdom*, London: National Institute for Social Work.

Freire, P (1972) *The pedagogy of the oppressed*, London: Penguin. (三砂ちづる訳〈2011〉『新訳 被抑圧者の教育学』亜紀書房)

Freire, P (1993) *Education for critical consciousness*, New York: Continuum.

Freire, P. (2001) *Pedagogy of freedom*: Ethics, democracy and civic courage, Lanham, Maryland: Rowman and Littlefield.

Frost, N. and Parton, N. (2009) *Understanding children's social care: Politics, policy and practice*, London. Sage.

Fukuyama, F. (1989) 'The end of history', *The National Interest*, Summer.

Gardner, G. (2007) 'Recognising the limits to community-based regeneration', Paper presented at 'What is the added value of the community-based partnership approach', School of Oriental and African Studies, 16 July, http://extra.shu.ac.uk/ndc/ndc_presentations.htm

Garrett, M. (1973) 'By whose authority?', *Case Con*, April, pp.3-6.

Garrett, P. M. (2009) *Transforming children's services? Social work, neoliberalisim and the 'modern' world*, Maidenhead: Open University Press.

Gentleman, A. (2009) 'How do you solve a problem like 50,000 chaotic families?', *The Guardian*, 2 November.

Gentleman, A. (2010) 'It makes you feel like you are a failure', *Society Guardian*, 13 January.

Giddens, A (1998) *The Third Way: The renewal of social democracy*, Cambridge: Polity. (佐和隆光訳〈1999〉『第三の道：効率と公正の新たな同盟』日本経済新聞社)

Gilroy, P (1987) *There ain't no black in the Union Jack: The critical politics of race and nation*, London: Hutchinson. (田中東子、山本敦久、井上弘貴訳〈2017〉『ユニオンジャックに黒はない：人種と国民をめぐる文化政治』月曜社)

Glass, N. (2005) 'Some mistake surely', *The Guardian*, 8 January.

Glen, A. and Pearse, M (1993) *A survey of community practitioners*, Bradford: Bradford and Ilk1ey Community College.

Glen, A., Henderson, P., Humm,J., Meszaros, H. and Gaffney, M. (2004) *Survey of community development workers in the UK*, London: Community Development Foundation / Community

Development Exchange.

Gluckstein, D (1999) *The Nazis, capitalism and the working class*, London Bookmarks.

Glynn, M., Beresford, P., Bewley, C., Branfield, F., Butt, J., Croft, S., Dattani, K. and Pitt, T. (2008) *Person-centred support: What service users and practitioners say*, York: Joseph Rowntree Foundation.

Goehler, G. (2000) 'Constitution and the use of power', in H. Goverde, P. Cerny, M. Haugaard and H. Lentner (eds) *Power in contemporary politics. Theories, practices, globalizations*, London: Sage.

Goldthorpe, J.H. and Lockwood, D. (1968) *The affluent worker in the class structure*, Cambridge: Cambridge University Press.

Gough, I (1979) *The political economy of the welfare state*, London Macmillan. (小谷義次ほか訳〈1992〉『福祉国家の経済学』大月書店)

Gould, J (1977) *The attack on higher education: Marxism and radical penetration*, London: Institute for the Study of Conflict.

Graham, H. (1987) 'Being poor: perceptions and coping strategies of lone mothers', in J. Brannen and G. Wilson (eds) *Give and take in families*, London: Allen & Unwin.

Gulbenkian Foundation (1973) *Current issues in community work*, London: Routledge and Kegan Paul.

Gulbenkian Study Group (1968) *Community work and social change*, London: Longman.

Habermas, J (1987) *The theory of communicative action, Vol 2. Lifeworld and system: A critique of functionalist reason*, Cambridge: Polity.

Hadjis, T. (1981) *The victorious revolution that was lost*, Athens: Dorikos.

Halifax, N (1988) *Out, proud and fighting: Gay liberation and the struggle for socialism*, London. SWP.

Halliday, J. (1975) *A political history of Japanese capitalism*, New York Monthly Review Press.

Halmos, P (1978) *The personal and the political: Social work and political action*, London: Hutchinson.

Handler, J. (1968) 'The coercive children's officer', *New Society*, 3 October.

Harding, T. and Beresford, P. (eds) (1996) *The standards we expect: What service users and careers want from social services workers*, London: National institute for Social Work.

Harman, C. (1988) *'The fire last time: 1968 and after*, London: Bookmarks.

Harman, C. (2009) *Zombie capitalism: Global crisis and the relevance of Marx*, London: Bookmarks.

Harris, J. (2003) *The social work business*, London: Sage.

Harris, J. and White, V. (eds) (2009) *Modernising social work: Critical considerations*, Bristol: The Policy Press.

Hartlepool New Deal for Communities (2010) *Hartlepool New Deal for Communities succession strategy*, Hartlepool: Hartlepool New Deal for Communities.

Harvey, D. (2005) *A brief history of neoliberalism*, Oxford: Oxford University Press. (渡辺治監訳〈2007〉『新自由主義：その歴史的展開と現在』作品社)

Haynes, M. (2009) 'Capitalism, health and medicine', *International Socialism*, no 123, pp.137-60.

Healy, L. M. (1987) 'International agencies as social work settings opportunity, capability and commitment', *Social Work*, vol 3, no 5, pp.405-9.

Healy L. (2001) *International social work: Professional action in an interdependent world*, Oxford: Oxford University Press.

Heath, A., Rothon, C. and Ali, S. (2010) 'Identity and public opinion', in A. Bloch and J. Solomos, *Race and ethnicity in the 2lst century*, London Palgrave Macmillan.

Hekimoglu, E. (2005) 'Waiting for the allies', *E Istorika*, no 288, pp.6-10.

Henderson, P. and Salmon, H. (1995) *Community organising*: The UK context, London: Community Development Foundation.

Henwood, M. and Hudson, B. (2008) 'Checking the facts: the government's current system of delivering social care will seriously limit the potential benefits of personalised budgets', London: *The Guardian*, 13 February.

Heraud, B. J. (1967) 'Teaching of Sociology in professional social work courses', unpublished paper to Sociology Teachers Section, British Sociological Association Annual Conference.

Hering, S. (2003) 'A soldier of the 3rd International: the social activities of the Swiss communist Mentona Moser', in S. Hering and B.Waaldijk (eds) *History of social work in Europe (1900-1960): Female pioneers and their influence on the development of international social organizations*, Opladen: Leske und Budrich.

Heywood, A (1994) *Political ideas and concepts: An introduction*, Basingstoke: Macmillan.

Heywood, A. (2000) *Key concepts in politics*, Basingstoke: Palgrave.

Hills, J. (2010) *An anatomy of economic inequality in the UK: Executive Summary*, January, London: National Equality Panel.

Hills, J., Brewer, M. ,Jenkins, S., Lister, R., Lupton, R., Machin, S., Mills, C., Modood, T., Rees, T. and Riddell, 5. (2010) *An anatomy of economic inequality in the UK*, January, London: National Equality Panel.

HMSO (1972/76) *Health and Personal Social Services Statistics*, London HMSO.

Hodge, M. (2005) 'A reply to Norman Glass', *The Guardian*, 8 January.

Hodgson, L. (2004) 'Manufactured civil society: counting the cost', *Critical Social Policy*, vol 24, no 2, pp.139-64.

Hogan, M. (1991) 'The Marshall plan', in Charles S. Maier (ed) *The cold war in Europe: Era of a divided continent*, New York: Markus Wiener Publishing.

Hoggett, P (1997) 'Contested communities', in P. Hoggett (ed) *Contested communities: Experiences, struggles, policies*, Bristol: The Policy Press.

Hoggett, P, Mayo, M. and Miller, C. (2008) *The dilemmas of development work: Ethical challenges in regeneration*, Bristol: The Policy Press.

Home Office (2004a) *Building civil renewal: Government support for community capacity building and proposals for change*, London: Home Office.

Home Office (2004b) *Active learning for active citizenship: A report by the civil renewal unit*, London: Home Office.

Horgan, G. (2007) *The impact of poverty on young children's experiences of school*,York: Joseph Rowntree Foundation.

Hubbard, R. and Rossington, J. (1995) *As we grow older. A study of the housing and support needs of older lesbians and gay men*, London. Polari Housing Association.

Husband, C. (1980) 'Culture, context and practice: racism in social work', in M. Brake and R. Bailey (eds) *Radical social work and practice*, London: Edward Arnold.

Hutchings, J., Bywater, T., Daley, D., Gardner, F., Whitaker, C., Jones, K., Eames, E. and Edwards, R.T. (2007) 'Parenting intervention in Sure Start services for children at risk of developing conduct disorder pragmatic randomized controlled trial', *British Medical Journal*, vol 334, no 7595, doi: 10.1136/bmj.39126.620799.55.

Hutton, W (2010) 'Of course class still matters - it influences everything that we do', *The Observer*, 10 January.

IFSW (International Federation of Social Workers) (2000) *The definition of social work*, www.ifsw.org/f38000138.html

IFSW (2006) *50 year jubilee. 'making a world of difference'*, www.ifsw.org/p38001381.html

Ioakimidis, V. (2008) *A critical examination of the political construction and function of Greek social work*, unpublished PhD thesis, Liverpool University of Liverpool.

Ioakimidis, V. (2011) 'Welfare under warfare', in M. Lavalette and V. Ioakimidis (eds) *Social work in extremis*, Bristol: The Policy Press.

Jones, C (1978) *An analysis of the development of social work education and social work 1869-1977*, unpublished PhD thesis, Durham: University of Durham.

Jones, C (1983) *State social work and the working class*, Basingstoke Macmillan.

Jones, C. (1989) 'The end of the road? Issues in social work education', in P. Carter, T. Jeffs and M. Smith (eds) *Social work and social welfare*, pp.204-16, Milton Keynes: Open University Press.

Jones, C. (1999) 'Social work and society', in R. Adams, L. Dominelli and M. Payne (eds) *Social work: Themes, issues and critical debates*, London Macmillan.

Jones, C. (2005) 'The neoliberal assault: voices from the front line of British state social work', in I. Ferguson, M. Lavalette and E. Whitmore (eds) *Globalisation, global justice and social work*, London: Routledge.

Jones, C. and Lavalette, M. (2011) '"Popular social work" in the Palestinian West Bank: dispatches from the frontline, in M. Lavalette and V. loakimidis (eds) *Social work in extremis*, Bristol: The Policy Press.

Jones, C. and Novak, T (1999) *Poverty, welfare and the disciplinary state*, London: Routledge.

Jones, C., Ferguson, I., Lavalette, M. and Penketh, L. (2004) *The social work manifesto*, www.socialworkfuture.org/index.php/swan-organisation/manifesto.

Jordan , B. (2000) *Social work and the Third Way: Tough love as social policy*, London: Sage.

Joyce, P., Corrigan, P. and Hayes, M. (1988) *Striking out: Trade unionism in social work*, London: Macmillan.

Keeley, M. (1962) 'Unitarian Universalist institutional records', Andover-Harvard Theological bMS 16121-2, Greek Program, p.5.

Kendall, K. (1978) 'The IASSW from 1928-1978: a journey of remembrance', in K. Kendall (ed) *Reflections on social work education 1950-1978*, New York: International Association of Schools and Social Work.

Kincaid, J. (1973) *Poverty and equality in Britain*, Harmondsworth Penguin. (一圓光彌訳 (1987)『イギリスにおける貧困と平等：社会保障と税制の研究』光生館)

Kirkwood, C. (2007) 'Interview with Cohn Kirkwood by Emilio Lucio', unpublished manuscript obtained from Cohn Kirkwood, later published as: Kirkwood, C. (2010) 'Freirean approaches to citizenship an interview with Cohln Kirkwood by Emilio Lucio-Villegas', in E. Lucio-Villegas (ed) *Citizenship as politics: International perspectives from adult education*, Rotterdam: Sense Publishers.

Kirkwood, G. and Kirkwood, C. (1989) *Living adult education: Freire in Scotland*, Milton Keynes: Open University Press.

Kofas, J. (1989) *Intervention and underdevelopment: Greece during the cold war*, London: Pen State University Press.

Koliopoulos, J. and Veremis, Th. (2002) *Greece. The modern sequel: From 1831 to the present*, London: C. Hurst and Co Publishers Ltd.

Laing, R.D. (1965) *The divided self*, Harmondsworth: Penguin.（天野衛訳〈2017〉『引き裂かれた自己：狂気の現象学』筑摩書房）

Laird, S. E. (2008) *Anti-oppressive social work. A guide for developing cultural competence*, London.Sage.

Lally, D. (1987) 'International social welfare organizations and services', in A. Minahan (ed) *Encyclopedia of social work* (18th edn), pp.969-86, Silver Spring, MD: National Association of Social Workers Press.

Langan, M. (1993) 'The rise and fall of social work', in J. Clarke (ed) *A crisis in care: Challenges to social work*, London: Sage.

Langan, M. (2002) 'The legacy of radical social work', in R. Adams, L. Dominelhi and M. Payne (eds) *Social work: Themes, issues and critical debates*, London: Macmillan.

Langan, M. and Lee, P. (1989) (eds) *Radical social work today*, London Unwin Hyman.

Larkin, P (1988) *Collected poems*, London: Faber & Faber.

Lavalette, M. (2006a) 'Marxism and welfare', in M. Lavalette and A. Pratt (eds) *Social policy: Theories, concepts and issues* (3rd edn), London: Sage.

Lavalette, M. (2006b) *George Lansbury and the rebel councillors of Poplar*, London: Bookmarks.

Lavalette, M. (2007) 'Social work today: a profession worth fighting for?', in G. Mooney and A. Law (eds) *New Labour, hard labour?*, Bristol: The Policy Press.

Lavalette, M (2011) 'Social work in extremis: disaster capitalism, "social shocks" and "popular social work", in M. Lavalette and V. loakimidis (eds) *Social work in extremis*, Bristol: The Policy Press.

Lavalette, M. and Ferguson, I. (eds) (2007) *International social work and the radical tradition*, Birmingham: Venture Press.

Lavalette, M. and Ioakimidis, V. (eds) (2011) *Social work in extremis lessons for radical work internationally*, Bristol: The Policy Press.

Lavalette, M. and Levine, B. (2011) 'Samidoun: grassroots welfare and popular resistance in Beirut during the 33 day war of 2006', in M Lavalette and V. loakimidis (eds) *Social work in extremis*, Bristol: The Policy Press.

Lavalette, M. and Mooney, G. (2000) *Class struggle and social welfare*, London: Routledge.

Lawless, P. (2006) 'Area-based interventions. Rationale and outcomes the New Deal for Communities programme in England', *Urban Studies*, vol 43, no 11, pp.1991-2011.

Layard, R. (2007) 'The teaching of values', Ashby Lecture, University of Cambridge, *Centre Piece*, Summer.

Ledwith, M. (2005) *Community development: A critical approach*, Bristol: The Policy Press.

Ledwith, M. and Springett, J. (2010) *Participatory practice: Commmity-based action for transformative change*, Bristol: The Policy Press.

Lent, A. (2002) *British social movements since l945. Sex, colour, peace and power*, Basingstoke: Paigrave Macmillan.

Lentell, H. (1998) 'Families of meaning: Contemporary discourses of the family', in G. Lewis (ed) *Forming nation, framing welfare*, London: Routledge.

Leonard, P (1975) 'Towards a paradigm for radical practice', in R. Bailey and M. Brake (eds) *Radical social work*, London: Edward Arnold.

Lewis, G. (2000) *Race, gender and social welfare: Encounters in a postcolonial society*, Cambridge: Polity Press.

Lewis, J (1986) (ed) *Labour and love. Women's experiences of home and family 1850-1940*, Oxford: Basil Blackwell.

Lexmond, J. and Reeves, R. (2009) *Building character*, London: Demos.

LGA (Local Government Association) (2009) 'Challenges remain in social work retention and recruitment', London: Local Government Association, www.lga.gov.uk

Lifelong Learning UK (2009) 'National occupational standards for community development', www.lluk.org

Lindow, V. (2001) 'Survivor research', in C. Newnes, G. Holmes and C. Dunn (eds) *This is madness too: Critical perspectives on mental health services*, Ross-on-Wye: PCCS Books, pp.135-46.

Lister, J. (2008) *The NHS after 60: For patients or profits?*, Middlesex: Middlesex University Press.

Lloyd, E. (2008) 'The interface between childcare, family support and child poverty strategies under New Labour', *Social Policy and Society*, vol 7, no 4, pp.479-94.

London-Edinburgh Weekend Return Group (1979) *In and against the State*, London: Collective of Socialist Economists.

Loney, M (1983) *Community against government*: The British Community Development Project 1968-78, London: Heinemann Educational Books.

Lorenz, W. (1994) *Social work in a changing Europe*, London. Routledge.

Lowes , L. and Hulatt, I. (eds) (2005) *Involving service users in health and social care research*, London: Routledge

Lupton, R. (2003) Poverty street: *The dynamics of neighbourhood decline and renewal*, Bristol: The Policy Press.

Macpherson, W. (1999) *Report into the death of Stephen Lawrence*, London The Stationery Office.

Marshall, T. H. (1965) *Social policy*, London: Hutchinson. (岡田藤太郎訳〈1981〉『社会政策：二十世紀英国における』相川書店)

Martinez-Brawley, E. and Vazquez Aguado, O. (2007) 'The professionalization of Spanish social work: moving closer to Europe or away from its roots?', *European Journal of Social Work*, 1468-2664, vol 11,no l, pp.3-13.

Mayer, J. E.and Timms, N (1970) *The client speaks. Working class impressions of casework*, London: RKP.

Mayo, M. (1975) 'Community development: a radical alternative?', in R Bailey and M. Brake (eds) *Radical social work*, London: Edward Arnold.

Mayo, M. (1980) 'Beyond CDP: reaction and community action', in M. Brake and R. Bailey (eds) *Radical social work and practice*, London: Edward Arnold.

Mayo, M. (2005) Global citizens: Social movements and the challenge of globalization, London: Zed.

Mayo, M. and Robertson, J. (2003) 'The historical and policy context setting the scene for current debates', in S. Banks, H. Butcher, P Henderson and J. Robertson (eds) *Managing community practice Principles, Policies and Programmes*, Bristol.The Policy Press.

Mazower, M. (1993) *Inside Hitler's Greece*, New Haven and London: Yale University Press.

McCann, E. (1974) *War and an Irish town*, London: Pluto Press.

McLaughlin, K. (2005) 'From ridicule to institutionalization: anti-oppression, the state and social work', *Critical Social Policy*, vol 25, pp.283-305.

McLaughlin, K. (2008) *Social work, politics and society: From radicalism to orthodoxy*, Bristol: The Policy Press.

McLennan, G. (2010) 'Progressivism reinvigorated', in J. Pugh (ed) *What is radical politics to-day?*, London: Paigrave Macmillan.

Michael, G. (1976) *Content and method in fieldwork teaching*, unpublished PhD Thesis, Edinburgh: University of Edinburgh.

Michaels, W. B. (2009) 'What matters: review of Who cares about the white working class?' edited by K. P. Sveinsson, *London Review of Books* [Online] vol 31, no 16, pp. 11-13; www.lrb.co.uk/v31/n16/walter-benn-michaels/what-matters

Mickel, A. (2009) 'Exclusive survey reveals workforce that is dedicated but less than happy', *Community Care*, 30 July.

Millar, M. (2008) 'Anti-oppressiveness: critical comments on a discourse and its context', *British Journal of Social Work*, vol 38, no 2, pp.362-75.

Milligan, D. (1975) 'Homosexuality: sexual needs and social problems', in R. Bailey and M. Brake, *Radical social work*, London: Edward Arnold.

Mills, C. W (1970) *The sociological imagination*, Harmondsworth: Pelican. (鈴木広訳〈1995〉『社会学的想像力』紀伊国屋書店)

Mooney, G. (1998) 'Class and social policy', in G. Lewis, S. Gewirtz and J. Clarke (eds) *Rethinking social policy*, London: Sage.

Morris, J. (ed) (1996) *Encounters with strangers: Feminism and disability*, London: Women's Press.

Morton, D. and Angel, N. (2010) A report on the Neoliberalism vs Social Justice social work student conference, 17 February, London: London South Bank University, www.bathstudent.com/pageassets/socs/societies/socialworkandsocials/student-social-work--conference.pdf

Munday, B. (1972) 'What is happening to social work students?', *Social Work Today*, 15 June.

Mynott, E. (2005) 'Compromise, collaboration and collective resistance different strategies in the face of the war on asylum seekers', in I Ferguson, M. Lavalette and E. Whitemore, *Globalisation, global justice and social work*, London: Taylor and Francis.

Nadasen, P. (2005) *Welfare warriors: The welfare rights movement in the US, New York*: Routledge.

Neale, J. (2001) *The American war: Vietnam 1960-1975*, London Bookmarks.

Newman, J. (2007) 'Rethinking "the public" in troubled times unsettling state, nation and the liberal public sphere', *Public Policy and Administration*, vol 22, no 1, pp.55-75.

North Tyneside CDP (1978) *North Shields: Organising for change in a working class area*, North Tyneside CDP, final report, voi 3, Newcastle: Newcastle-on-Tyne Polytechnic.

Novak, T. (1988) *Poverty and the state: An historical sociology*, Milton Keynes: Open University Press.

Oakley, A. (1974) *The sociology of housework*, London: Martin Robert. (佐藤和枝、渡辺潤訳〈1980〉『家事の社会学』松籟社)

O'Connor, J. (1973) *The fiscal crisis of the state*, New York: St Martin's Press. (池上惇、横尾邦夫監訳〈1981〉『現代国家の財政危機』御茶の水書房)

Ohri, A., Manning, B. and Curno, P. (1982) *Community, work and racism*, London: Routledge and Kegan Paul.

Oliver, M. (1983) *Social work with disabled people*, Basingstoke: Macmillan. (野中猛監訳〈2010〉『障害学にもとづくソーシャルワーク：障害の社会モデル』金剛出版)

Oliver, M. (1990) *The politics of disablement*, Basingstoke: Macmillan. (三島亜紀子、山岸倫子、山森亮、横須賀俊司訳〈2006〉『障害の政治：イギリス障害学の原点』明石書店)

Oliver, M. (1996) *Understanding disability: From theory to practice*, Basingstoke: Macmillan.

Oliver, M. (2009) *Understanding disability: From theory to practice* (2nd edn), Basingstoke: Palgrave Macmillan.

Oliver, M. and Barnes, C. (1998) *Disabled people and social policy: From exclusion to inclusion*, London: Longman.

Oliver, M. and Sapey, B. (2006) *Social work with disabled people* (3rd edn), Basingstoke: Palgrave.

Orr, J. (2007) *Sexism and the system: A rebefl's guide to womeni's liberation*, London: Bookmark.

Orr, S., Brown, G., Smith, S., May, C. and Waters, M. (2006) *When ends don't meet. Assets, vulnerabilities and livelihoods*, Manchester/Oxford: Church Action on Poverty/Oxfam GB.

Parekh Report (2000) *The future of multi-ethnic Britain*, London: Profile Books.

Parton, N. (2006) *Safeguarding childhood: Early intervention and surveillance in late modern society*, Basingstoke/NewYork: Palgrave Macmillan.

Patel, N. (1995) 'In search of the Holy Grail', in R. Hugman and D. Smith (eds) *Ethical Issues in Social Work*, London: Routledge

Paulo (2002) *National occupational standards for community development work*, www.lluk.org

Payne, M. (2005) *Modern social work theory* (3rd edn), Basingstoke Palgrave Macmillan.

Payne, M. (2009) 'Adult services and health-related work' in R.Adams, L. Dominelli and M. Payne (eds) *Social work: Themes, issues and critical debates* (3rd edn), Basingstoke: Macmillan.

Pearson, G. (1975a) 'Making social workers: bad promises and good omens', in R. Bailey and M. Brake (eds) *Radical social work*, London: Edward Arnold.

Pearson, G. (1975b) *The deviant imagination*, London: Macmillan.

Penketh, L. (2000) *Tackling institutional racism*, Bristol:The Policy Press

Perlman, H. H. (1957) *Social casework: A problem solving process*, Chicago, IL: University of Chicago Press.

Phillips, M. (1993) 'An oppressive urge to end oppression', *Observer*, 1 August.

Phillips, M. and Phihips, T. (1998) Windrush: *The irresistible rise of multi-racial Britain*, London: HarperCollins.

Phillips, T. (2005) 'After 7/7: Sleep walking into segregation', Speech given to the Manchester Council for Community Relations, 22 September, www.humanities.manchester.ac.uk/socialchange/research/social-change/summer-workshops/documents/sleepwalking.pdf

Plant, R. (1974) *Community and ideology*, London: Routledge and Kegan Paul. （中久郎、松本通晴訳〈1979〉『コミュニティの思想』世界思想社）

Popple, K. (1995) *Analysing community work: Its theory and practice*, Buckingham: Open University Press.

Powell, F. (2001) *The Politics of Social Work*, London: Sage.

Powell, M. (ed) (2002) *Evaluating New Labour's welfare reforms*, Bristol: The Policy Press.

Prison Reform Trust (2007) *Women's imprisonment: Corston review provides blueprint for reform*, 14 March.

Purdue, D., Razzaque, K., Hambleton, R. and Stewart, M. (2000) *Community leadership in area regeneration*, Bristol: The Policy Press.

Pyles, L. (2009) *Progressive community organizing. A critical approach for a globalising world*, New York: Routledge.

Reardon, C. (2009) 'Family acceptance project: helping LGBT youth', *Social Work Today*, vol 9, no 6, November/December.

Reed, B., Rhodes, S., Schofield, P and Wylie, R. (2009) 'Gender variance in the UK: Gender identity research and education' (www.gires.org.uk/assets/Medpro-Assets/GenderVarianceUK-report.pdf)

Rees, S. (1975) 'How misunderstanding occurs', in R. Bailey and M Brake (eds) *Radical social work*, London: Edward Arnold.

Reisch, M. and Andrews, J. (2002) *The road not taken: A history of radical social work in the US*, New York: Brunner-Routledge.

Rex, J. (1975) *Race, coloniation and the city*, London: Routledge and Kegan Paul.

Rex, J. and Moore, R. (1967) *Race, community and conflict*, London: Oxford University Press.

Rex, J. and Tomlinson, 5. (1979) *Colonial immigrants in a British city*, London: Routledge and Kegan Paul.

Rivers, I. (2000) 'Social exclusion, absenteeism and sexual minority youth', *Support for Learning*, no 15, pp.13-18.

Runciman, D. (2009) 'How messy it all is', *London Review of Books*, 22 October, pp.3-6.

Sakamoto, I. and Pinter, R. O. (2005) 'Use of critical consciousness in anti-oppressive social work practice: disentangling power dynamics at personal and structural levels', *British Journal of Social Work*, vol 35, no 4, pp.435-52.

Salford National Union of Teachers (2010) Prevalence of Homophobia Survey: May 2010 (Primary and Secondary), (www.schools-out.org.uk).

Salomon, K. (1990) *'The cold war heritage: UNRRA and the IRO as predecessors of UNHCR'*, in G. Rystad (ed) *The uprooted: Forced migration as an international problem in the post war era*, Lund: Lund University Press.

Save the Children (2010) *Measuring severe child poverty in the UK*, London: Save the Children/New Policy Institute.

Saville, J. (1957/58) 'The welfare state: an historical approach', *New Reasoner*, vol 3, Winter

Scottish Home and Health Department and Scottish Education Department (1966) *Children and young persons (Scotland)*. Report by the Committee appointed by the Secretary of State for Scotland, [the Kilbrandon Report] Edinburgh: HMSO.

Seebohm, F (1968) *Report of the Committee on. Local Authority and Allied Personal Services* [the Seebohm Report] London: HMSO. (小田兼三訳〈1989〉『地方自治体と対人福祉サービス：英国シーボーム委員会報告』相川書房)

Seligman, M. (1996) *The optimistic child: A proven program to safeguard children against depression and build lifelong resilience*, New York: Harper. (枝廣淳子訳〈2003〉『つよい子を育てるこころのワクチン：メゲない、キレない、ウツにならないABC思考法』ダイヤモンド社)

Seligman, M. (2004) *Authentic happiness: Using the new positive psychology to realize your potential for lasting fulfillment*, New York: Simon and Schuster. (小林裕子訳〈2004〉『世界でひとつだけの幸せ：ポジティブ心理学が教えてくれる満ち足りた人生』アスペクト)

Shakespeare, T. (ed) (1998) *The disability reader: Social science perspectives*, London: Cassell.

Shaw, M. (2008) 'Community development and the politics of community', *Community Development Journal*, vol 43, no 1, pp.24-36.

Sherry, D. (2010) *Occupy! A short history of workers' occupations*, London: Bookmarks.

Simon, B. (1967) 'The nature and objectives of professional education', unpublished paper to the Annual Conference of the Association of Social Work Teachers.

Simpkin, M. (1979) *Trapped within welfare*, London: Macmillan.

Sivanandan, A. (1985) 'RAT and the degradation of black struggle', *Race and Class*, vol 26, no 4, pp.1-33.

Sivanandan, A. (1990) *Communities of resistance*, London:Verso.

Smith, I. (1989) 'Community work in recession: a practitioner's perspective', in *Radical social work today*, pp.258-78, London: Unwin Hyman.

Smith, M. (2007) 'The shape of the working class', *International Socialism*, no 117.

Social Exclusion Unit (1998) *Bringing Britain together: A national strategy for neighbourhood renewal*, London: Cabinet Office.

Social Exclusion Unit (2001a) *A new commitment to neighbourhood renewal. National strategy action plan*, London: Cabinet Office.

Social Exclusion Unit (2001b) *Preventing social exclusion*, London:The Stationery Office.

Social Perspectives Network (2006) 'Meeting the mental health needs of the LGBT community', (www.spn.org.uk/index.php?id=1023)

Social Work Task force (2009a) *Building a safe, confident future: The final report of the Social Work Task force*, London: Department for Children, Schools and Families; wwwdfcs.gov.uk

Social Work Task force (2009b) *Facing up to the task: The interim report of the Social Work Task force*. London: DCFS.

Statham, D. (1978) *Radicals in social work*, London: Routledge and Kegan Paul.

Stedman Jones, G. (1971) *Outcast London*, Oxford: Clarendon Press.

Stepney, P. and Popple, K. (2008) *Social work and the community. A critical context for practice*, Basingstoke: Palgrave Macmillan.

Stevenson, O. and Parsloe, P. (1993), *Community care and empowerment*, York: Joseph Rowntree Foundation.

Stone, E. (ed) (1999) *Disability and development: Learning from action and research on disability in the majority world*, Leeds: The Disability Press.

Stratton, A. (2010) 'Women bear the brunt of budget cuts', *The Guardian*, 5 March.

Stubbs, P. (1985) 'The employment of black social workers: from 'ethnic sensitivity' to anti-racism?', Critical Social Policy, vol 12, pp.6-27.

Sunderland, R. (2010) 'Cameron's right about marriage, but wrong on how to support it', *The Observer*, 10 January.

Sveinsson, K. P. (ed) (2009) *Who cares about the white working class?*, London: The Runnymede Trust.

SWAN (Social Work Action Network) (2010) Website of the Social Work Action Network: www.socialworkfuture.org.

Syed, A., Craig, G. and Taylor, M. (2002) Black and minority ethnic organisations' experience of local compacts, York: Joseph Rowntree Foundation.

Tarrow, S. (1994) Power in movement, Cambridge: Cambridge University Press. (大畑裕嗣監訳〈2006〉『社会運動の力：集合行為の比較社会学』彩流社)

Tawney, R. H. (1949/1964) 'Social democracy in Britain', in *The Radical Tradition*, London: Pelican.

Taylor, I. (1972) 'Client refusal: a political strategy for radical social work', *Case Con*, No 2, pp.59-68.

Teachernet (2009) Extended Services, www.teachernet.gov.uk/wholeschool/extendedschools/

Teloni, D. (2011) 'Grassroots community social work with the "unwanted": the case of Kinisi and the rights of refugees and migrants in Patras (Greece)', in M. Lavalette and V. Ioakimidis (eds) *Social work in extremis*, Bristol: The Policy Press.

Thomas, C. (2007) *Sociologies of disability and illness: Contested ideas in disability studies and medical sociology*, Basingstoke: Palgrave Macmillan.

Thomas, D. (1983) *The making of community work*, London: Allen & Unwin.

Thompson, N. (1998) *Promoting equality: Challenging discrimination and oppression in the human service*, Basingstoke: Palgrave Macmillan.

Thompson, N. (2006) *Anti-discriminatory practice* (4th edn), Basingstoke: Macmillan.

Timmins, N. (1995) *The five giants: A bibliography of the welfare state*, London: Fontana Press.

Titmuss, R. M. (1974) *Social policy*, London: George Allen & Unwin. (三友雅夫監訳〈1981〉『社会福祉政策』恒星社厚生閣)

Tomlinson, D. R. and Trew, V. (eds) (2002) *Equalising opportunities, minimising oppression: A critical review of anti-discriminatory policies in health and social welfare*, London: Routledge.

Townsend, P. and Abel-Smith, B. (1966) *The poor and the poorest*, Occasional Papers in Social Administration, London: Bedford Square Press.

Toynbee, P. (2010) 'Little by little, the blue seeps through Cameron's silky skin', *The Guardian*, 22 January.

Toynbee, P. and Walker, D. (2008) *Unjust rewards: Exposing greed and inequality in Britain today*, London: Granta. (青島淑子訳〈2009〉『中流社会を捨てた国：格差先進国イギリスの教訓』東洋経済新報社)

Unison (2009) Still slipping through the net? Front-line staff assess children's safeguarding progress, London: Unison.

Unison (2010) Not waving but drowning: Paperwork and pressure in adult social work service, London: Unison.

UPIAS (Union of the Physically Impaired Against Segregation)/Disability Alliance (1976) *Fundamental principles of disability: Being a summary of the discussion held on 22nd November, 1975 and containing commentaries from each organization*, London: The Union of the Physically Impaired Against Segregation and the Disability Alliance.

Vertovec, S. (2007) 'Super-diversity and its implications', *Ethnic and Racial Studies*, vol 30, pp.1024-54

Viney, M. (2009) 'Bending the rules', *Society Guardian*, 28 0ctober.

Waiton, S. (2008) *The politics of antisocial behaviour: Amoral Panics*, Abingdon: Routledge.

Walby, S., Armstrong, J. and Humphreys, L. (2008) *Research report 1: Review of equality statistics*, London: Equality and Human Rights. Commission (www.lancs.ac.uk/fass/dociibrary/sociology/Walby_review_of_equality_statistics_24l008.pdf).

Walter, N. (2010) 'I believed sexism in our culture would wither away. I was entirely wrong', G2, *The Guardian*, 25 January

Weber, M. (1904) *The Protestant ethic and the spirit of capitalism*, London Routledge. (大塚久雄訳〈1989〉『プロテスタンティズムの倫理と資本主義の精神』岩波文庫)

Weeks, J. (2009) *Sexuality: Key ideas* (3rd edn), London: Routledge. (上野千鶴子監訳〈1996〉『セクシュアリティ』河出書房新社)

Weinstein, J. (1986) 'Angry arguments across the picket lines: Left labour councils and white collar trade unionists', *Critical Social Policy*, no 17, pp.32-6.

Weinstein, J. (1989) *Child abuse and the Tyra Henry dispute: A case study of the impact of social policy on social workers and social workers on social policy*, Goldsmiths College unpublished masters dissertation.

Weintraub, p (1945) 'UNRRA: an experiment in international welfare planning', *The Journal of Politics*, vol 7, no 1, pp.1-24.

Westergaard, J. (1995) *Who gets what? The hardening of class inequality in the late twentieth century*, London: Polity Press.

White, C., Warrener, M., Reeves, A. and La Valle, I. (2008) *Family intervention projects: An evaluation of their design, set-up and early outcomes*, Research Report DCSF-RW047, London: National Centre for Social Research.

White, S., Hall, C. and Peckover, S. (2009) 'The descriptive tyranny of the Common Assessment Framework: technologies of categorization and professional practice in child welfare', *British Journal of Social Work*, vol 39, no 7, pp.1197-217.

Whitehead, M., Townsend, P and Davidson, N. (1988) *Inequalities in health: The Black Report and the health divide*, Harmondsworth: Penguin.

Widgery, D. (1988) *The national health: A radical perspective*, London: Hogarth Press.

Wilkinson, R. and Pickett, K. (2009) *The spirit level: Why more equal societies almost always do better*, London: Penguin. (酒井泰介訳〈2010〉『平等社会：経済成長に代わる、次の目標』東洋経済新報社)

Williams, R. (2009) 'Gender pay gap still as high as 50%, UK survey says', *The Guardian*, 30 October.

Williams, C. (2010) 'The extent and nature of cultural diversity training within social work education in Wales', www.wedhs.org.uk

Williams, C. and Johnson, M. (2010) *Race and ethnicity in a welfare society*, Maidenhead: Open University Press.

Williams, C. and Soydan, H. (2005) 'When and how does ethnicity matter? A cross-national study of social work responses to ethnicity in child protection cases', *British Journal of Social Work*, vol 35, no 6, pp.901-20.

Williams, F. (1989) *Social policy. A critical introduction: Issues of race, gender and class*, Cambridge: Polity Press.

Wilson, A. and Beresford, P. (2000) 'Anti-oppressive practice: emancipation or appropriation?', *British Journal of Social Work*, no 30, pp.553-73.

Wilson, C. (2007) 'LGBT politics and sexual liberation', *International Socialism*, no 114, pp.137-70.

Wilson, D. (1974) 'Uneasy bedfellows', *Social Work Today*, vol 5, no 1, pp.6-8.

Wittner, L. (1982) *American intervention in Greece*, 1943-1949, New York: Columbia University Press.

Witte, E.F (1960) 'Developing professional leadership for social programs', *Annals of the American Academy of Political and Social Science*, no 329, pp.123-36.

Woodhouse, C. M. (1976) *The struggle for Greece*, 1941-1949, London: Hart-Davis MacGibbon.

Woodroffe, J. (2009) *Not having it all: How motherhood reduces women's pay prospects*, London: Fawcett Society

Woodward, K. (2006) 'Feminist critiques of Social Policy', in M. Lavalette and A. Pratt (eds) *Social policy: Theories, concepts and issues* (3rd edn), London: Sage.

Wootton, B. (1959) *Social science and social pathology*, London: Allen & Unwin.

Wootton, B. (1978) 'The social work task today', *Community Care*, October, no 4.

Wright, E. O. (2009) 'Class patternings', *New Left Review*, no 60, pp.101-16.

Yelloly, M. (1987) 'Why the theory couldn't become the practice', *Community Care*, vol 9, no 7.

◎**監訳者** **深谷 弘和**（ふかや　ひろかず）
天理大学人間学部講師

石倉 康次（いしくら　やすじ）
総合社会福祉研究所理事長・元立命館大学産業社会学部教授

岡部 茜（おかべ　あかね）
大谷大学社会学部講師

中野加奈子（なかの　かのこ）
大谷大学社会学部准教授

阿部 敦（あべ　あつし）
九州看護福祉大学看護福祉学部教授

現代のラディカル・ソーシャルワーク
─岐路に立つソーシャルワーク

2023年3月31日　初版発行

編　者●ⓒマイケル・ラバレット
監訳者●深谷弘和・石倉康次・岡部茜・中野加奈子・阿部敦
発行者●田島英二　info@creates-k.co.jp
発行所●株式会社 クリエイツかもがわ
　　　　〒601-8382　京都市南区吉祥院石原上川原町21
　　　　電話 075（661）5741　FAX 075（693）6605
　　　　http://www.creates-k.co.jp
　　　　郵便振替　00990-7-150584
デザイン●菅田　亮
印 刷 所●モリモト印刷株式会社
ISBN978-4-86342-347-3 C0036　printed in japan

専門職としての介護職とは　人材不足問題と専門性の検討から
石川由美／著

なぜ介護職の「専門性」は置き去りにされているのか。
混沌とした、歴史的な経過を整理しながら、業務の曖昧さと乱立した資格制度の現状を
分析し、「介護職」の今後を展望する。　　　　　　　　　　　　　　　　　　　2420円

循環型人材確保・育成とベトナムとの国際協力
鈴木清覚・佐野竜平／編著

人材確保に苦慮している福祉現場の挑戦。これまでの一方通行の外国人材確保・育成で
はなく、共生社会の一員として位置づけた取り組み。ベトナムの大学・社会的企業とのパー
トナーシップに基づき、人材の成長や未来まで考慮するビジョンで「循環型人材育成」モ
デルを構築する実践から、真の外国人労働者との協働を展望する。　　　　　　　2200円

子ども・若者ケアラーの声からはじまる　ヤングケアラー支援の課題
斎藤真緒・濱島淑恵・松本理沙・京都市ユースサービス協会／編

事例検討会で明らかになった当事者の声。子ども・若者ケアラーによる生きた経験の多
様性、その価値と困難とは何か。必要な情報やサポートを確実に得られる社会への転換を、
現状と課題、実態調査から研究者、支援者らとともに考察する。　　　　　　　　2200円

認知症で拓くコミュニティ　当事者運動と住民活動の視点から
手島 洋／著

認知症とともに生きるまちとは、どのような構成要素が備わり、その力がどのように発
揮されるまちなのだろうか。認知症の人と家族による当事者運動の実践が果たす役割、
認知症の人や家族と協働することで組織化されてきた住民活動の実践が果たす役割の2
つの視点から検討する。　　　　　　　　　　　　　　　　　　　　　　　　　2640円

認知症のパーソンセンタードケア　新しいケアの文化へ
トム・キットウッド／著　高橋誠一／訳

認知症の見方を徹底的に再検討し、「その人らしさ」を尊重するケア実践を理論的に明ら
かにし、世界の認知症ケアを変革！ 認知症の人を全人的に見ることに基づき、質が高く
可能な援助方法を示し、ケアの新しいビジョンを提示。　　　　　　　　　　　2860円

ソーシャルワークの復権
新自由主義への挑戦と社会正義の確立

イアン・ファーガスン／著
石倉康次・市井吉興／監訳

「社会正義の福祉（ソーシャルワーク）」を提起！ イギリスの福祉の市場化の歴史、
動向を丹念かつ緻密に分析、ソーシャルワークの重要な価値基盤である社会正義
や平等の形骸化に警鐘！ 介護保険導入以来、同じ道をたどる日本、多くの貧困者
を生み出している政治・社会に、社会正義と平等のソーシャルワークの復権を提
起する。　　　　　　　　　　　　　　　　　　　　　　　　　　　　　2640円